DE LA DÉMOCRATIE

DANS SES RAPPORTS AVEC LE DROIT INTERNATIONAL

OUVRAGES DU MÊME AUTEUR,

Recherches historiques du Juste et de l'Autorité. Philosophie appliquée. 2 très forts vol. grand in-8°. Paris, 1873. Guillaumin et C⁰⁰, éditeurs... 25 f. » c.

> Première partie, études philosophiques. — Deuxième partie, études historiques, *antiquité.* — Troisième partie, études historiques, *ère moyenne.* — Quatrième partie, études historiques et économiques, *ère moyenne.*

De la Démocratie en Europe. Questions religieuses et juridiques. — Droit public interne. — Paris, 1875. Guillaumin et C⁰⁰, éd. 1 vol. in-8°.. 7 f.50 c,

---

ANGOULÊME, IMP. NADAUD (G. CHASSEIGNAC ET C⁰⁰, Sⁿⁿ),
Rempart Desaix, 26.

DE
LA DÉMOCRATIE

DANS SES RAPPORTS

AVEC LE DROIT INTERNATIONAL

PAR

H.-C. MAILFER

BIBLIOTHÈQUE NATIONALE
R. F.
IMPRIMÉS

Est quidem vera lex, recta ratio,
naturæ congruens, diffusa in omnes,
constans et sempiterna.
(Cicéron, ap. Lactance, inst. VI, 8.)

PARIS

Chez GUILLAUMIN et Cie, Libraires

Éditeurs du *Journal des Économistes*
et de la Collection des principaux Économistes, etc.

RUE RICHELIEU, 14

1876

DÉPÔT LÉGAL
Charente
1876

PRÉFACE

Fais ce que dois, advienne que pourra.

Il faut un certain courage, ou tout au moins une conviction bien profonde, une foi entière en l'avenir, et un désintéressement presque absolu du présent, pour affronter le courant qui, à l'heure actuelle, excité par le désir de *connaître*, semble entraîner le monde scientifique dans une voie au bout de laquelle se trouve la *négation*. Il faut un certain courage pour lutter, au nom du *Droit*, contre l'adoration idolâtrique des faits, contre la foi exclusive en l'expérience, et contre ces affirmations orgueilleuses des savants qui, n'ayant rencontré dans la nature que de la matière et des forces, n'admettent d'autre existence que celle de la matière et de la force.

Ce courage, cette conviction, cette foi en l'avenir et ce désintéressement du présent, l'auteur des *Recherches historiques du Juste et de l'Autorité* (1) s'imagine en avoir fait preuve, car il a entrepris la défense du spiritualisme contre le positivisme envahissant, et, au nom de la raison, la réhabilitation de la raison. Or, ce courage et cette conviction, l'auteur les a puisés, lui aussi, dans l'examen des faits, qui lui ont appris que *l'évolution* démocratique est aussi certaine, pour le moins, et aussi nécessaire que « l'évolution physiologique, morphologique et psychique, » dont il

(1) Guillaumin, éd. Paris, 1873.

est fait grand bruit, à cette heure, parmi les savants de deux nations voisines. Et comme il a compris que cette *évolution démocratique* est en connexion intime avec celle du Droit, qu'elle ne peut se passer de la notion du Droit, — tandis que le courant d'idées dont il est parlé plus haut exclut le Droit en le remplaçant par la Force, — il est demeuré persuadé que l'avenir réserve à sa conception un accueil que le présent lui refusera peut-être.

C'est donc parce que l'auteur a foi en la Démocratie qu'il refuse d'ajouter foi aux théories transformistes et dynamistes qui, niant tout à la fois la création et le créateur, laissent le droit sans base, l'évolution démocratique sans explication, et le développement de l'humanité sans but. Il est certain cependant que l'avénement de la Démocratie est le résultat d'un mouvement constant et régulier qui, se dirigeant dans un certain sens, suppose l'existence d'un but; il est certain que le mouvement *sociologique*, — pour employer le mot barbare inventé par A. Comte, — est tout aussi réel que le mouvement astronomique, ou tout autre mouvement. Et soit que, avec le même A. Comte, on dise que l'humanité s'est élevée, de la période théologique à la période positive et expérimentale, en traversant la période métaphysique; soit que, plus simplement, on suive, dans nos *Recherches historiques du Juste et de l'Autorité*, le mouvement ascendant qui, de l'anthropophagie, vient, au travers des siècles, aboutir à la civilisation actuelle, il faut reconnaître que l'humanité a marché, qu'elle marche, et que, vraisemblablement, elle marchera.

Or, tout mouvement suppose non-seulement une chose qui se meut, mais une force ou une loi qui la fasse se mouvoir. Ni les Matérialistes, ni les Dynamistes, ni les *Monistes* ne refuseront, sous ce prétexte que l'humanité n'est pas une chose, de nous accorder la nécessité de cette force ou de cette loi; car les uns et les autres, en niant l'existence de la spiritualité, ont, bien certainement, rangé l'humanité dans la classe des choses.

Ainsi l'humanité, qui s'est mue, qui se meut à travers le temps comme au travers de l'espace, obéit, la chose est certaine, à une « force persistante, à une loi immanente, » soit ; mais à une force ou à une loi qui lui a imprimé et lui imprime une direction constante.

Et si, pour les corps célestes, pour la matière en général, la force qui les meut est, comme on le prétend, dépourvue de point initial, de point d'appui ; si la loi n'a point de législateur ; si le mouvement n'a point eu de commencement et si l'évolution n'a point de cause, — ce que nous comprenons fort peu, mais ce que nous n'avons nul besoin de discuter en ce moment, — on nous accordera bien que, pour l'humanité, il n'en est pas ainsi. Le mouvement sociologique a commencé, l'histoire en fait foi ; et la géologie ainsi que la paléontologie lui viennent elles-mêmes en aide en démontrant que, sur notre terre du moins, la race humaine a eu un commencement. Si donc le mouvement social a commencé, et s'il a pris une direction quelconque, il n'a pu la prendre que vers un but quelconque. Et si la force ou la loi qui imprime ce mouvement, — immanent ou non, — a imprimé à l'humanité une direction dont elle ne s'est pas départie, c'est que cette force ou cette loi a un but vers lequel elle dirige l'humanité.

Quel est ce but ?... Nous ne le savons point, et nous serions assez disposé à le classer dans la catégorie de « *l'inconnaissable.* » Mais ce que nous savons, c'est, d'une part, qu'il y a un mouvement, — c'est-à-dire tendance vers un but, — et, d'autre part, que ce but est objectif ; car il ne serait pas un but s'il n'était objectif : conçoit-on un corps mû se servant de but à lui-même ?... Ce que nous savons encore, c'est qu'il nous est absolument impossible de concevoir le but vers lequel tend le mouvement social comme un objet matériel, occupant un point quelconque dans l'espace. Que l'humanité soit une chose, un agrégat matériel contenant une force et se mouvant sous l'empire de cette force, on peut l'accorder, — sans trop pouvoir s'en rendre compte cependant ; — mais ce qu'on ne peut accorder, ce qu'on ne peut concevoir, c'est que, de même que pour un corps qui se meut dans une direction, le but vers lequel tend l'humanité soit une borne, un point résistant et matériel contre lequel elle viendra se heurter tôt ou tard en lui transmettant la force dont elle était animée.

Jusqu'ici nous avons concédé, sans trop de difficulté, aux Dynamistes l'immanence des forces et l'assimilation des lois qui régissent les mouvements morphologiques, biologiques et sociologiques. Une distinction, qu'on ne nous contestera pas, doit être faite, cependant, entre les lois qui déterminent le mouvement de l'humanité et celles qui régissent les mouvements divers de la matière : pour ces dernières, elles sont *subies* par la matière ; mais, malgré leur prétendue immanence, elles ne sont pas *connues* par elle. Il en est autrement des lois qui régissent l'humanité ; celles-ci sont subies, il est vrai, — et nous nous expliquerons bientôt sur ce point, — mais elles sont *connues* par la chose qui les subit. Et non-seulement ces lois du mouvement social sont connues, mais leur direction est connue, et le but vers lequel elles tendent, tout immatériel qu'il soit, est lui-même, non pas connu pleinement, — car nous avons été tenté, plus haut, de le ranger dans la catégorie anglaise de *l'inconnaissable*, — mais soupçonné, mais compris, mais senti en quelque sorte. Bien plus, — tant le mouvement sociologique diffère du mouvement matériel, — l'humanité va jusqu'à connaître, jusqu'à découvrir les lois qui lui sont extérieures, qui ne peuvent lui être « immanentes ; » elle va jusqu'à découvrir, jusqu'à connaître les lois qui président aux mouvements matériels, et à prédire les révolutions sidérales en se basant sur la connaissance de ces lois.

Pourquoi donc cette différence, pourquoi la matière brute

se meut-elle sans avoir conscience de son mouvement, et pourquoi l'humanité marche-t-elle en ayant conscience de sa marche et en percevant de plus en plus clairement le but vers lequel elle se dirige?... On le conçoit de reste; c'est que la matière, n'ayant pas la liberté, ne pouvant résister à la force qui l'entraîne, n'a pas plus besoin, pour obéir, de savoir où elle va que de savoir comment elle va; tandis que l'humanité, douée de liberté, serait indocile à la force qu'elle subit si elle n'avait, tout à la fois, conscience de cette force et du but vers lequel elle se dirige.

Cette conscience de son mouvement, cette aperception du but objectif vers lequel se dirige son mouvement, cette conscience et cette aperception, que l'humanité possède et que la matière brute ne possède pas, constituent ce qu'on appelle la notion du Droit ou notion du Juste. L'humanité possède cette notion; elle obéit cependant à la loi qui la domine, mais elle sait qu'elle obéit : sa marche est libre et consciente, ou plutôt libre parce qu'elle est consciente. La matière ne possède pas cette notion, elle obéit, mais ne sait pas qu'elle obéit : sa marche est fatale et inconsciente; ou plutôt, fatale parce qu'elle est inconsciente.

Donc, assimiler la loi qui régit l'humanité à celle qui régit la matière, c'est refuser à l'humanité aussi bien la faculté de connaître que celle de résister; c'est lui refuser la liberté, l'exonérer de la responsabilité, et la priver de la notion du Droit pour la soumettre à l'empire de la Force. Et puisque l'humanité est incontestablement douée de la faculté de connaître; puisque les Dynamistes eux-mêmes lui reconnaissent à ce point cette faculté qu'ils entendent s'en servir pour pénétrer dans le domaine de ce qu'un de leurs principaux docteurs appelle « *l'inconnaissable*, » il s'ensuit qu'elle possède la liberté, et que, tandis que la matière obéit à la Force, elle, l'humanité, obéit au Droit.

Qu'est-ce donc que le droit, qui n'est pas la Force, et au-

quel cependant l'humanité doit obéir comme la matière doit
obéir à la Force?... Le Droit, cette loi de l'humanité, comme
la Force est la loi de la matière, c'est, ainsi que l'a dit M. Ad.
Franck, après Newton, « la source du devoir ou le bien dans
« l'ordre moral; c'est une application de l'ordre qui embrasse
« tous les êtres. » Ce qui revient à dire, ainsi que nous l'avons
dit ailleurs, que le Droit « est la volonté de Dieu (1). » Non
pas cette volonté contingente et variable qui caractérise la
volonté de l'homme, parce que l'homme est soumis à la durée et, dès lors, à la succession des moments, mais une volonté constante, fixe, immuable, telle que, seule, on la peut
concevoir chez un être ou essence vivant en dehors du temps
et ignorant nécessairement, dès lors, la succession des moments, qui constitue le temps. Le Droit, c'est le but immatériel vers lequel l'humanité se dirige, but dont nous parlions
plus haut; le Droit, c'est le Juste, dont tout homme possède
la faculté de percevoir la notion avec plus ou moins de netteté;
le Droit est, pour l'homme, un objectif vers lequel il tend
invinciblement, et vers lequel il se dirige cependant librement; le Droit, enfin, répétons-le, c'est le but; et la notion
du droit est le moyen, sinon de parvenir à l'atteindre, du
moins de se diriger vers lui et de s'en rapprocher de plus en
plus.

Sans doute il paraît difficile de concilier l'existence d'une
force ou d'une loi suprà-humaine se dirigeant vers un but
suprà-humain, avec la possibilité d'une résistance humaine;
sans doute il paraît difficile de considérer le Droit comme la
volonté de Dieu, et d'admettre cependant la liberté de la
volonté humaine. Mais nous avons expliqué ailleurs cette
apparente antinomie, cause, peut-être, de la dangereuse doctrine des *Monistes* modernes; nous avons reconnu que

____

(1) *Recherches historiques du Juste et de l'Autorité*, t. I", liv. IV,
ch. 3.

l'homme, soumis à l'empire de deux lois, l'une et l'autre inéluctables : l'Égoïsme et la Charité, ou « *altruisme,* » a la liberté de se mouvoir entre elles, et la faculté de concevoir et de poursuivre l'équilibre de leur opposition. De plus, nous avons reconnu que cet équilibre, — s'il était possible à l'humanité de l'atteindre et de le stabiliser, — serait la réalisation humaine de la notion du Juste; mais qu'il serait aussi la fin du mouvement progressif de l'humanité, qui, étant devenue parfaite, cesserait d'être perfectible (1).

D'où il est permis de conclure que, pendant toute la durée du mouvement sociologique, pendant toute la durée de la marche et de la progression, l'humanité, sans atteindre cet équilibre parfait, s'en rapprochera de plus en plus. Et d'où il est permis de conclure aussi que, puisque la marche en avant, la marche vers la réalisation du Juste et du Droit, est, malgré la liberté dont l'homme est doué, une marche nécessaire, il ne lui est pas permis de rétrograder et, une fois parvenu en un point plus rapproché du but, de retourner sur ses pas et de s'en éloigner.

Ainsi, toute notion supérieure du Droit est une notion acquise, définitivement acquise, à laquelle l'humanité, toute libre qu'elle soit, ne peut plus déroger. Et s'il fallait, pour démontrer l'impossibilité de cette rétrogradation, recourir à l'histoire, il serait facile de prouver que les consciences modernes répugneraient invinciblement à la restauration de l'ancien droit; qu'elles répugneraient à l'égorgement des prisonniers de guerre, au rétablissement de l'esclavage, et à celui de tout ce qu'elles qualifient de cruautés et de barbaries, et que les consciences anciennes ne répugnaient pas à considérer comme des actes de justice conformes à leur notion du droit.

____

(1) V° *Recherches historiques du Juste et de l'Autorité*, t. I", 1" partie, liv. III.

Il nous sera possible, maintenant, de justifier notre foi
dans les doctrines que nous avons professées, et d'expliquer
pourquoi nous ne faisons aucun doute de l'insuccès final de
celles qui leur sont opposées. La Démocratie, dont nous avons
reconnu la marche persistante et en quelque sorte fatale à
travers les siècles ; la Démocratie, dont nous avons, pour
ainsi dire, mesuré les étapes successives soit dans nos *Recherches historiques du Juste et de l'Autorité,* soit dans
notre *Démocratie en Europe* (1) ; la Démocratie est bien
ce point plus rapproché de l'équilibre, plus rapproché du but,
plus rapproché du Droit, dont nous venons de parler. Et si,
une fois parvenue en un point supérieur, l'humanité est impuissante à rétrograder, il s'ensuit que toutes théories, toutes
doctrines dont les conséquences tendraient à la faire rétrograder, sont des théories et des doctrines qui ne peuvent
aboutir, qui ne peuvent être acceptées ; qu'elles sont, en un
mot, des *spéculations,* auxquelles l'esprit humain peut bien,
dans sa curiosité, accorder quelque attention passagère,
mais qu'il s'empressera de rejeter dès que, démasquant leurs
tendances, elles voudront pénétrer dans les faits.

Or, ces conséquences des doctrines matérialistes, réalistes,
monistes, et, pour tout dire en un mot, *anti-spiritualistes,*
ces conséquences, il est facile de les déduire dès maintenant,
il est facile de démontrer qu'elles sont entièrement opposées
à la Démocratie, qu'elles ne peuvent se concilier avec elle,
qu'elles tendent à la détruire, et que si les Büchner, les
Spencer, les Haeckel et autres sectateurs du Darwinisme ont
cru que leur doctrine « doit exercer la plus salutaire in-
« fluence sur le perfectionnement de notre civilisation, » ils
se sont grossièrement trompés. Le transformisme, en entreprenant d'expliquer le *mystère* de la création, — ce pourquoi il l'a remplacé par *les mystères* de la sélection natu-

(1) Guillaumin, éd. Paris, 1875.

relle, de la concurrence vitale, de la variabilité des espèces, de l'hérédité, et de l'adaptation autogène, — en arrive à supprimer la création, à nier le *Créateur*, et à confondre les lois qui régissent le mouvement matériel avec celles qui régissent le mouvement social. Tout devient fatal, alors; la Force remplace le Droit; elle régit tout, produit tout, et la liberté humaine cessant d'être une réalité, la notion du Droit comme le Droit lui-même cessent d'être une vérité (1).

La Démocratie, cependant, ne peut se passer ni de la liberté humaine, qui lui sert de base, ni de la notion du droit, qu'elle fait dériver de cette liberté elle-même. Son droit de propriété ne pouvant plus se fonder apodictiquement, redeviendrait soumis à l'empire et à l'instabilité de la force; sa morale, ne pouvant plus dériver d'une source objective, serait remplacée par l'intérêt; — et les antagonismes d'intérêts ne pourraient être conciliés que par la Force; — son droit public interne, ne se pouvant plus baser sur la souveraineté du peuple, — laquelle n'est que l'une des expressions de la liberté individuelle, — demeurerait, lui aussi, basé sur le droit de force; et son droit public international enfin, ne pouvant se fonder ni sur la morale ni sur les inspirations du droit naturel, cesserait d'être un droit véritable pour se transformer en anarchie et en luttes incessantes.

Il est bien permis de croire qu'un pareil retour vers un état de choses dont l'humanité a mis soixante siècles à sortir, n'est ni probable ni possible. Les théories *monistiques* qui, sous un nom nouveau, entreprennent la restauration des

(1) On sait que tous les transformistes, Dynamistes et Monistes nient la liberté de l'arbitre humain. C'est là une conséquence logique et nécessaire de leur doctrine cosmogonique et philosophique. (V° notamment Haeckel, *Histoire de la création naturelle*, p. 211; — Spencer, *Principes de psychologie*, t. I", p. 543; — Büchner, *Force et matière*, p. 324.)

Avant eux, le panthéiste Spinoza avait dit : « La liberté humaine, dont « tous les hommes se vantent, n'est que la conscience de leur volonté et « que *l'ignorance des causes qui la déterminent.* »

anciennes théories panthéiste et matérialiste, — qu'on ne
veut plus avouer, — impuissantes à fournir la notion du
droit, ne sauraient donc prévaloir sur la conception *dualis-
tique,* qui, seule, peut la fournir. Vainement ces théories, se
prévalant des modernes conquêtes de la science, démontrent
les erreurs cosmologiques de la révélation biblique. Que les
lois de la gravitation démentent certains miracles attestés
par les saintes Écritures; que l'antiquité de l'homme soit
démontrée par ses débris, contemporains de l'ours des ca-
vernes et du mammouth; qu'importe? cela ne prouve pas et
ne saurait prouver ni la non-existence de Dieu, ni la non-
existence de l'homme.

Et si la reconnaissance de l'un et de l'autre est nécessaire
à la conception du Droit; si cette conception exige impé·
rieusement la reconnaissance de *Dieu* et de l'*homme,* de la
puissance divine et de la liberté humaine, il s'ensuit que
toutes théories qui nient leur coexistence sont des théories
anti-juridiques et anti-démocratiques, des théories fausses;
il s'ensuit que le Monisme est une contre-vérité, une doctrine
rétrograde; et que le Concile du Vatican, qui a déclaré ana-
thèmes « ceux qui disent qu'il n'y a qu'une seule substance
« de Dieu et de toutes choses, » est plus rapproché de la
conception du Droit, plus rapproché de la Démocratie que
ceux qui, « ne faisant qu'une même substance ou essence de
« Dieu et de toutes choses, » se placent ainsi dans la néces·
sité de nier le Droit et de ne reconnaître que la Force.

Et cependant on paraît si éloigné, à l'heure actuelle, de
croire à la nécessité de cette coexistence de l'humanité et de
la Divinité; on paraît si éloigné de considérer comme logiquement nécessaire la connexion des idées religieuse et juridique; on paraît si loin de croire en l'incompatibilité absolue
de la Démocratie et de l'athéisme, que lorsque, en 1875, nous
avons publié notre livre sur la *Démocratie en Europe,* —
livre dans lequel nous avons essayé de démontrer cette in-

compatibilité, — il a suscité, de divers côtés, des objections, dont certaines avaient l'apparence d'étonnements. Tantôt, considérant comme « singulièrement hardie » ce qu'on appela « notre tentative pour réconcilier la Religion et la Démo-« cratie, » on qualifia cette tentative de « *chimérique* (1). » Tantôt, tout en applaudissant à nos efforts, on nous prédit que nous serions « attaqué, calomnié par les courtisans de « la démagogie, toujours prêts à flatter le peuple, afin de « mieux accaparer ses faveurs (2). » Tantôt, scandalisé de notre audace, un prêtre de l'Oratoire, l'abbé Lescœur, nous accusait d'hérésie pour avoir dit que nous entrevoyions une chance de réconciliation entre la Révélation et la Raison dans le premier canon du Concile du Vatican, qui anathéma-tise ceux qui, professant le *Monisme* et niant la liberté, sont contraints d'exclure le Droit et d'admettre le fatalisme de la *force persistante* (3). Tantôt enfin, et dans un esprit entiè-rement opposé, on nous reprochait « de prendre d'une main « la Démocratie, de l'autre le Catholicisme, et de les faire se « donner, *en rechignant,* le baiser de paix, » comme si, ajoutait-on, la société ne pouvait se passer de morale reli-gieuse, « puisque la morale est *indépendante* de tout habit « religieux (4). »

Nous ne nous arrêterons pas à répondre à ces critiques qui, par leur opposition, se détruisent les unes les autres. Nous ne nous préoccuperons pas davantage du sort que nous prédit le docteur Büchner, lequel prétend que désormais, « aussitôt qu'un livre de philosophie emploiera le mot Dieu, « à moins qu'il ne s'agisse de critique ou de citation, on « devra le jeter de côté (5). » Et comme l'existence de Dieu

(1) *Constitutionnel* du 24 janvier 1875.
(2) *Français* du 11 février 1875.
(3) *Polybiblion* de février 1875.
(4) *La Bibliographie contemporaine,* 4 avril 1875.
(5) *L'Homme selon la science,* p. 292.

est nécessaire à la Démocratie, puisque, sans lui, elle ne saurait s'élever à la conception du Droit, — dont il est la source et l'élément essentiel, — nous persisterons, dans les études qui vont suivre, à considérer Dieu comme un centre juridique, sans l'unité duquel le droit public international ne saurait ni exister ni se concevoir.

DE LA DÉMOCRATIE

DANS SES RAPPORTS AVEC LE DROIT INTERNATIONAL

CHAPITRE PREMIER.

DU DROIT DES GENS.

I. Le déplacement du principe d'autorité, qui exige la modification du droit public interne, exige à plus forte raison celle du droit public externe ou international. — II. Dans l'antiquité et dans le moyen âge, les centres juridiques étaient divers. — III. Le droit démocratique se rattache à un centre unique. — IV. Pourquoi les anciens publicistes n'ont pu fournir de règles uniformes du droit des gens. — V. Le Devoir procède d'un supérieur; ce qui n'exclut pas la liberté, mais implique la responsabilité. — VI. Les anciens ont substitué le droit des gens conventionnel au droit naturel. — VII. D'où est résulté la formation de divers centres juridiques et la méconnaissance réelle du droit des gens. — VIII. Le Christianisme ne modifia pas tout d'abord la conception juridique des rapports internationaux. — IX. Du serment; comment il rendait les traités obligatoires. — X. Comment la Papauté se rendit gardienne de la foi jurée. — XI. Comment la Papauté parvint à se faire l'organe du droit international. — XII. Les monarques réagissent contre le droit international papal et lui substituent le droit érastianique. — XIII. Ce qu'était le droit des gens érastianique. — XIV. L'intérêt substitué à la notion du droit dans les rapports internationaux. — XV. La *politique insulaire* de l'Angleterre. — XVI. La Révolution française ne sait pas substituer à *l'intérêt* un principe de droit. — XVII. Napoléon entreprend de remplacer la Papauté, qu'il appelle *un centre d'harmonie*. — XVIII. Définition du droit des gens démocratique; il se confond avec le droit naturel. — XIX. Pourquoi le droit monarchique ne peut admettre cette confusion. — XX. Après la réformation et l'élimination de la Papauté on entreprit de codifier le droit des gens. — XXI. Causes de l'insuccès de cette tentative. — XXII. Le droit démocratique peut parvenir à formuler des règles uniformes régissant les rapports internationaux. — XXIII. Comment on peut suppléer à l'absence de sanction matérielle de ces règles.

I. Si le mouvement des idées dont nous avons précédemment essayé de décrire la marche et les étapes successives, après avoir abouti à déplacer le principe et la source de l'autorité, a dû modifier profondément la conception du droit intérieur, du droit public, du droit pénal, comme du droit civil ou droit de propriété (1), combien plus encore ce mouvement d'idées, ce déplacement de principes ont-ils dû modifier la conception du droit extérieur !

Le droit extérieur, le droit international, ce qu'on est convenu de nommer le Droit des gens, est, par sa nature même, dépourvu de sanction matérielle; il est également dépourvu de formules écrites et strictement obligatoires. Les rapports des États entre eux ne peuvent donc être régis que par la seule notion du Juste, par le droit naturel; et si cette notion du Juste est changée, si le principe supérieur qui la fournit est déplacé, les rapports internationaux doivent changer à l'instant même; car aucun respect pour un texte écrit sous l'empire d'une autre notion du Juste ne pourra, comme il le ferait pour le droit intérieur, retarder et faire ajourner les modifications.

Nous voulons prouver que, pour les modernes, la notion du Juste est changée; nous voulons prouver qu'elle n'a plus la même source ni la même origine; nous voulons prouver, par conséquent, que le droit public externe, le droit international, le droit des gens ne peut plus être chez les modernes ce qu'il était chez les anciens; nous voulons prouver, en un mot, que le droit des gens démocratique ne peut plus être le même que le droit des gens monarchique, parce que le principe

---

(1) V* *Recherches historiques du Juste et de l'Autorité,* 4* partie, liv. II, ch. 1*.

supérieur auquel il se rattache, la notion du droit dans sa généralité, n'est pas, pour la Démocratie, ce qu'elle était pour la Monarchie, qu'elle n'est pas placée au même lieu, qu'elle ne dérive pas du même point, et que le principe des deux sortes de droit diffère essentiellement.

II. Dans l'antiquité, dans le moyen âge, et jusqu'à la Révolution française, qui mit en haut ce qui était en bas, l'Autorité, affirmait-on, prenait son origine en haut, elle la prenait en Dieu. C'était en Dieu que cette autorité puisait son inspiration de justice, car, disait-on bien haut, le Juste absolu est en Dieu. Mais tout cela n'était qu'une fiction ; la différence des notions de justice inspirées à chaque souverain ou même à chaque peuple prouvait qu'on ne croyait point que la notion de justice absolue fût en Dieu. Elle prouvait, cette différence dans les notions de justice, toutes également révélées, qu'on ne croyait point à l'existence du Juste absolu, puisque le Juste absolu est nécessairement uniforme ; elle prouvait qu'on ne reconnaissait autre chose qu'une notion de justice relative, particulière à chaque souverain, à chaque peuple, à chaque État, petit ou grand ; elle prouvait, enfin, qu'on ne croyait pas soi-même à la révélation dont on se prévalait, puisqu'on se mettait dans l'impossibilité de reconnaître l'existence d'un révélateur unique. Tel était le principe supérieur du droit antique et du droit monarchique, tel était leur principe supérieur du droit des gens ou droit international ; ce qui revient à dire qu'il n'y avait pas, à proprement parler, de droit des gens ou international, puisque, entre les nations, il n'y avait pas de principe de droit qui leur fût commun.

III. Pour les modernes, pour la Démocratie moderne, il n'en est plus ainsi. L'Autorité, il est vrai, prend son origine en bas, elle ne dérive plus de Dieu et n'est plus une délégation divine et spéciale; mais le Juste dérive de Dieu, dont aucune erreur économique n'oblige plus à méconnaître l'unité; il dérive de Dieu, et fournit aux relations des États entre eux cette règle uniforme que pas plus le droit antique que le droit érastianique ne pouvaient reconnaître.

Le droit des gens démocratique diffère donc essentiellement du droit des gens monarchique ou érastianique; il en diffère parce qu'il est inspiré par la reconnaissance de l'unité, par la reconnaissance du Juste absolu, du Juste uniforme, accessible à toutes les consciences : reconnaissance interdite à l'ancien droit, qui avait pour essence la diversité.

Le point qui différencie le droit des gens moderne du droit des gens antérieur consiste donc en ce que le droit moderne peut reconnaître et reconnaît formellement l'existence du Juste absolu, du Juste pénétrant uniformément toutes les consciences humaines, tandis que le droit antérieur ne le reconnaissait pas et ne le pouvait reconnaître, bien qu'il prétendît s'y rattacher. Pour ce droit moderne, l'existence d'une source unique de justice, d'une source objective, entendons-le bien, est tout aussi nécessaire que l'absence de cette source unique était nécessaire sous le droit ancien, qui n'aurait pu la reconnaître sans renoncer à sa diversité. Sans elle, sans cette source objective et unique, le Juste n'existerait pas, et le droit des gens n'existerait pas davantage en tant que droit : le Droit serait remplacé par la Force; et, de même que sous le droit antérieur, l'État le plus fort serait toujours celui dont la cause serait la plus juste, puisque le juste manquerait d'étalon, manquerait de critérium commun et de commune mesure.

IV. C'est pour avoir méconnu la nécessité d'une notion de justice absolue et objective que Vattel a commis tant d'erreurs dans les règles qu'il s'imagina de formuler pour régler ce qu'il appela le Droit des gens. Ce droit, d'ailleurs, pouvait-il recevoir une formule sous l'Érastianisme, qui, d'État à État, ne pouvait reconnaître d'autre droit que la Force? C'était en vain que Vattel, après Wolff, après Grotius, et après tant d'autres — puisant, comme lui, leur inspiration juridique dans l'ordre d'idées produit par la Réforme, — s'efforçait de fournir au droit des gens des règles uniformes, tout en supprimant le centre unique où ces règles auraient pu puiser leur uniformité. La Raison humaine, que Vattel et les autres réformés craignaient de compromettre en admettant l'existence d'une notion de justice objective, était, à elle seule, impuissante à rencontrer la justice absolue et uniforme; pour être affirmée, cette raison, d'ailleurs, n'avait pas besoin qu'on la privât du guide qui la doit diriger.

De même que Reid et Dugald-Stewart ont placé dans

l'âme humaine le type des idées générales, et subjectivé les notions du Beau et du Bon, de même que Kant
a placé, également dans l'âme humaine, le type du
Juste, et subjectivé la notion du Droit, de même Vattel,
afin de sauvegarder la liberté humaine, — qui lui parut
compromise par les théories de Puffendorf et de Barbeyrac, — a affirmé que le principe du Juste réside dans
l'homme et ne lui provient pas d'une source qui lui soit
extérieure (1). C'est là une erreur, une dangereuse
erreur, qu'un publiciste érastien pouvait commettre sans
contredire les notions juridiques propres à l'Érastianisme, mais qu'un publiciste démocratique, un publiciste pénétré des idées du droit nouveau, ne pourrait
imiter sans donner un démenti au principe essentiel de
la Démocratie, qui est l'exclusion du droit de Force
aussi bien en droit externe qu'en droit interne.

Certes, la volonté supérieure qui crée le devoir moral,
la volonté qui fournit la notion du Juste, ne l'impose
pas à l'homme d'une façon telle que la désobéissance
lui soit impossible : cette désobéissance est trop prou-
vée par l'histoire pour qu'il soit possible de soutenir une
semblable thèse, et ce n'était vraisemblablement point
en ce sens que l'entendaient Puffendorf et Barbeyrac.
Mais si cette volonté supérieure n'impose pas le Devoir,
il ne s'ensuit pas qu'elle n'impose pas la Responsabilité comme correctif de la liberté de désobéir qu'elle
accorde. Soutenir comme le fait Vattel, comme le fait

______

(1) V° Vattel, *Essai sur le fondement du droit naturel*, § 18 et s.,
t. 1", p. 10 et s., éd. Guillaumin,

Kant, comme le fait l'école écossaise, que l'homme est à lui-même toute sa loi comme tout son critérium du Vrai, du Beau, du Bon, etc., c'est, évidemment, supprimer l'erreur aussi bien que la responsabilité, c'est éliminer l'Absolu, c'est professer l'anarchie morale et la nécessité permanente du conflit entre tous les critéria individuels comme entre tous les critéria nationaux; c'est enfin dépasser l'Érastianisme, et nier l'existence du droit des gens comme de toute autre espèce de droit pour n'affirmer que celui de la Force.

Puffendorf et Barbeyrac avaient donc raison de dire que l'obligation naturelle, le Devoir, procède d'un supérieur; et Vattel se méprenait singulièrement sur leur pensée en s'imaginant que si le devoir provenait d'un supérieur, l'homme cesserait d'être libre et dès lors responsable. C'est tout le contraire qu'il fallait dire : l'homme est responsable précisément parce qu'il y a un supérieur pour lui infliger la responsabilité, un supérieur qui lui fournit les notions de justice dont il a besoin, et qui lui a laissé la faculté de les discerner en plaçant dans son cœur la Charité et l'Égoïsme.

L'idée de Dieu est donc absolument nécessaire à la conception du Devoir, et par conséquent du Droit. Elle est nécessaire à ce point qu'elle agit même sur les athées, ou prétendus tels, qui, ainsi que l'observe Leibnitz, « possèdent comme tous autres un certain sentiment du « droit naturel. » Peu importe que, à l'exemple de l'érastien Vattel, ces athées disent que ce « sentiment du droit naturel » vient de *la nature des choses.* Qu'est-ce

que cette nature des choses?... Qu'est-ce que ce sentiment, qu'ils ne se sont pas donné et qu'ils ne peuvent
s'enlever? que ce sentiment qui les retient et qui, quelque affamés qu'ils soient, les empêche d'enlever à ce
faible enfant, affamé lui aussi, le pain qu'ils dévorent
des yeux, et qu'ils lui laissent cependant quand il leur
serait si facile de le prendre?... Quel est ce sentiment?
Est-ce l'Égoïsme?... est-ce la Charité?... n'est-ce pas
plutôt l'équilibre de ces deux lois?

Et ces athées, qui nient le Juste absolu, le Juste objectif, peuvent-ils, tout athées qu'ils soient ou qu'ils se
disent, et tout en prétendant que la notion du Juste est
subjective, s'affranchir du sentiment du droit qu'a cet
enfant de satisfaire sa faim à l'aide du morceau de pain
qu'il ne peut défendre, mais qui est à lui?... Si la notion
du Juste était subjective, cependant, elle serait soumise
à la volonté: d'où vient donc que la volonté soit impuissante à la détruire?... Si les athées respectent le droit
du faible, si même, sans le respecter, ils ne peuvent le
violer sans remords, n'est-ce donc pas que ce respect du
droit, ce sentiment du Juste ne vient pas d'eux? car s'il
en venait, ils seraient libres de le détruire : chacun a un
empire absolu sur ses propres créations.

Donc l'athée lui-même a le sentiment de Dieu, puisqu'il a, qu'il le veuille ou non, le sentiment du Juste
et de l'Injuste. Rousseau s'est trompé en voulant que
l'État pût bannir les athées, parce que, dit-il, « ils sont
incapables d'aimer sincèrement les lois et la justice (1). »

(1) *Contrat social,* liv. IV, ch. 8.

Il s'est trompé, car il n'y a pas d'athées puisqu'il n'y a pas d'hommes absolument incapables d'aimer la justice. Les criminels eux-mêmes éprouvent ce sentiment; et si l'on pouvait lire au fond de la conscience, même des plus endurcis, on y verrait le remords rongeant leur cœur, troublant leur sommeil, et les poussant incessamment vers l'orgie qui, seule, en les privant de la raison, apanage de l'homme, efface ce remords, que l'homme ne se donne pas à lui-même puisqu'il ne peut s'en délivrer.

Et il y a si peu d'athées, il y a si peu d'hommes absolument incapables d'aimer la justice, que ceux-là mêmes qui font profession d'éliminer l'Absolu affirment la nécessité d'un *supérieur* commun pour fournir à chacun la notion du devoir; notion qui ne peut exister qu'à la condition d'être commune à tous. A quoi bon ce supérieur, à quoi bon l'aréopage de savants dont parle Auguste Comte, si chacun de nous était à soi-même toute sa loi, et si les *sens moraux* étaient suffisants à fournir les divers critéria du Vrai, du Beau, du Bien et du Mal (1)?

VI. Si l'antiquité ne nous avait appris pourquoi il en fut ainsi, nous ne comprendrions pas, puisque tous les hommes, même les athées, ont en eux-mêmes la notion de Justice absolue et d'un Juste objectif, comment il se peut faire qu'ils aient mis en oubli cette notion et inventé un Droit des gens qui en accusait la méconnais-

____

(1) A. Comte, *Philosophie positive*, t. VI, p. 437.

sance. Mais comment aurait-on justifié la guerre entre
les États si la notion de justice absolue, unique et uniforme, eût été maintenue?...Comment aurait-on pu expliquer qu'un homme eût droit d'en tuer un autre, si
l'on n'avait pas persuadé à l'un et à l'autre que la notion
de justice qu'ils portaient en eux n'avait pas le même
centre, le même point d'attache, et qu'elle était *subjective*, en ce sens qu'elle se rattachait au chef qui per-
sonnifiait l'État auquel appartenait chacun d'eux?

Et cependant cette antiquité, qui nous explique comment les principes du droit des gens furent séparés de
la notion supérieure du droit naturel, aurait pu savoir,
elle aussi, que toute justice vient de Dieu et qu'elle est,
par conséquent, uniforme et objective. Socrate l'avait
appris aux Athéniens, et Cicéron, en le rappelant aux
Romains, leur disait : « *Socrates autem primum phi-*
« *losophiam devocavit è cœlo et in urbibus collocavit,*
« *et in domos introduxit, et coegit de vitâ et moribus*
« *rebusque bonis et malis quærere* (1). » Mais si l'antiquité eût écouté la voix de Socrate, elle aurait puisé
en Dieu sa loi morale, et elle aurait entendu cette parole adressée à tous les hommes, quels que soient leur
patrie et le lieu qu'ils habitent : « *Tu ne tueras point,
tu ne déroberas point.* » Il lui eût été difficile, alors,
d'aller au loin *dérober* les esclaves dont on avait besoin, et *tuer* le père qui s'opposerait à ce qu'on lui
enlevât son fils pour le réduire en servitude.

(1) *Tuscul.*, epist. 5.

Aussi l'antiquité ne fit point *descendre du ciel* sa loi morale, elle versa la ciguë à celui qui avait voulu lui apprendre que le type de toute justice est en Dieu, et que tous les hommes, « *en se connaissant eux-mêmes,* » peuvent en retrouver l'uniforme reflet. L'antiquité sépara donc le droit des gens du droit naturel ; ou plutôt elle nia le droit des gens, car ce qu'elle nomma *jus gentium,* étant toujours suivi de la restriction : *ipsius civitatis,* fut un droit local, un droit égoïste en quelque sorte, qui n'eut avec ce que les modernes ont nommé Droit des gens aucun rapport de similitude.

VII. Entre les États, entre les cités, ainsi que l'a fort bien remarqué Grotius, il n'existait aucun lien autre que celui que des traités, des pactes réciproques pouvaient avoir établi. Le droit des gens était véritablement un droit contractuel. Le *jura inventa metu injusti fateare necesse est* devait s'interpréter dans le sens le plus positif ; et, en dehors du pacte, en dehors de la loi écrite, *inventa,* il n'existait pas de droit. On égorgeait l'étranger sans aucun scrupule, on le réduisait en servitude sans aucun remords, et l'on s'emparait de ses terres et de ses biens en vertu du *jus gentium ipsius civitatis,* si l'on avait la force de le faire. Seuls, des traités formels, plaçant des États voisins sous la protection de la foi jurée, pouvaient opposer un fragile obstacle à cet abus de la force (1).

VIII. Après la chute du système antique, après que

<hr>

(1) V° Grotius, *Droit de la paix et de la guerre,* liv. II, ch. 15, art. 5, n° 2.

l'existence d'un Dieu unique comme source de la loi morale commune à tous eût été rappelée au monde, après qu'il lui eût été dit, non-seulement « *vous ne tuerez point et ne déroberez point,* » mais « *vous vous aimerez les uns les autres,* » il aurait dû sembler difficile de continuer de donner au Droit des gens le sens du *jus gentium ipsius civitatis* de l'antiquité, ou de lui conserver le caractère purement contractuel que cette même antiquité lui avait accordé. Mais les habitudes étaient prises, l'usage des traités subsista, et le droit des gens, tout en prenant sa source en un Dieu désormais unique, ne s'en fia point aux consciences pour obtenir sa sanction.

Il aurait été difficile qu'il le fit, au surplus, car on avait, en quelque sorte, étouffé les consciences individuelles lors de la condamnation de Pélage. Le droit des gens, en devenant universel, continua donc de demeurer positif; et positif à tel point que Dieu lui-même se constitua le gardien de la foi jurée, — mais lorsqu'elle était jurée par écrit, — et plaça, comme sentinelles destinées à le prévenir des infractions, les saints, sur les reliques desquels on prêtait serment lorsque des traités intervenaient entre les princes (1).

Chose bizarre, le droit des gens se trouvait ainsi tout à la fois universel et contractuel. S'il n'y avait pas de contrat, s'il n'y avait pas de traité, le droit des gens, tout universel qu'il fût, n'existait pas. Dieu, source de

______

(1) V. Mably, *Droit public de l'Europe,* ap. œuvres, t. V, p. 383 et s.

toute justice, devait être averti et invoqué par un serment solennel; sans cela sa justice demeurait en lui, et son rayon ne s'abaissait point sur la terre.

Il est assez curieux de scruter, au moyen de l'analyse, l'ordre d'idées qui enfanta cet usage de serment; usage qui, bien qu'aboli en droit public, est encore maintenu en droit privé, surtout en Angleterre, où, d'après Stuart-Mill (1), le témoignage n'est ac... que si le témoin affirme qu'il croit en Dieu.

IX. Très certainement, le serment, qui est un appel à Dieu, — et qui n'a de valeur que pour celui qui croit en Dieu, dit Mill, — est basé sur cette fausse idée, reste des temps antiques, que Dieu s'occupe, par le menu, des choses de ce monde, et qu'il punira temporellement ceux qui, en prêtant serment, ont accepté sa juridiction. Il est évident, en effet, que si le mensonge est par lui-même une mauvaise action qui engage la responsabilité morale de celui qui la commet, le serment faussé ne la peut rendre pire, et que, qu'il y ait ou non serment, la responsabilité morale sera engagée d'une égale façon. Jésus-Christ en disant : « Vous avez en-« tendu qu'il a été dit aux anciens : Tu ne te parjureras « pas, mais tu t'acquitteras envers le Seigneur du *ser-* « *ment* que tu lui auras fait; et moi je vous dis : *Ne* « *jurez en aucune sorte;* » Jésus-Christ, disons-nous, avait annoncé clairement aux hommes, — qui ne le comprirent pas, — que Dieu ne peut se mêler de leurs

____

(1) *La Liberté,* p. 143 et s., éd. Guillaumin.

débats, qu'il leur en abandonne la direction, et que, « *son royaume n'étant pas de ce monde,* » c'est dans un autre monde que les questions de responsabilité doivent être vidées.

Mais l'usage du serment prévalut sur la parole du Maître : Dieu continua d'être considéré comme un juge qui ne pouvait être saisi que par le consentement formel et articulé de ses justiciables; et, bien qu'on affirmât l'existence du Juste absolu, bien qu'on affirmât que ce Juste absolu était incessamment agissant, et qu'on allât même jusqu'à nier toute autre action que la sienne, on n'en continua pas moins à considérer le droit des gens comme purement contractuel, et à méconnaître l'intervention de la justice divine là où les rapports d'États à États n'avaient pas été réglés par des traités. Entre des États semblables, puisqu'il n'existait pas de traités, puisqu'il n'existait pas de serments, il n'y avait pas de Droit : le Juste n'avait rien à voir dans leurs rapports.

X. La Papauté, on l'a vu, parvint à se faire l'organe de ce nouveau droit des gens placé sous la sauvegarde du Dieu unique. Le vicaire de ce Dieu unique recevait les serments; serments dont la nécessité était considérée comme évidente si l'on voulait que Dieu se mêlât, *par le menu,* des débats que les princes et les États pouvaient avoir entre eux. En recevant ces serments, le vicaire de Dieu obligeait Dieu à les faire respecter et à interposer sa puissance là où nulle autre que la sienne ne pouvait imposer l'obéissance et empêcher les conflits violents. De là à examiner la teneur même des traités, à en apprécier la convenance ou la justice, il n'y avait qu'un pas, et l'on sait que ce pas fut fait.

Le droit des gens se trouva alors transformé; et sans cesser d'être, tout à la fois, contractuel et inspiré par une notion de justice absolue, il fut en quelque sorte incarné : le vicaire de Dieu devint la source charnelle du Juste international, mais il limita son action aux puissances qui s'étaient soumises à sa juridiction en faisant entre elles des traités.

XI. Une autre transformation ne tarda pas à succéder à la première. Le vicaire de Dieu ne se contenta bientôt plus d'une juridiction en quelque sorte arbitrale et d'un contrôle qu'il n'était appelé à exercer que lorsqu'on l'y conviait; il voulut être, non plus le juge, non plus le conseiller des traités, mais l'inspirateur et le rédacteur des traités ; il voulut plus, il voulut être l'organe absolu du Juste international, et interposer sa voix et son droit, alors même qu'aucun traité formel ne l'aurait investi de ce droit. N'était-il pas le représentant de Dieu sur la terre, et la justice de Dieu avait-elle besoin d'un consentement pour régler les rapports divers que les États pouvaient avoir entre eux?... Aussi le Pape, qui jusque-là avait été considéré comme ayant seul le pouvoir d'obliger Dieu à punir les infracteurs de la foi jurée, se prévalut-il du droit de retirer, à son gré, la protection qu'il avait promise, de relever de leur serment ceux des princes qui lui parurent mériter cette faveur, et, finalement, de suppléer à l'insuffisance ou à l'absence des traités en ordonnant aux États soit de cesser de se faire la guerre, soit de prendre les armes et de se ruer, à sa voix, sur les peuples qui se refusaient à reconnaître sa puissance.

De ce système, dont nous avons parlé ailleurs (1), il pouvait bien résulter que les conflits sanglants dont l'antiquité avait été le théâtre devinssent moins fréquents et finissent même par cesser; il en pouvait bien résulter que la loi morale qui défend de tuer et de voler serait imposée uniformément à tous ceux qui reconnaîtraient la juridiction universelle du Pape; mais il en pouvait résulter, et il en résultait que les Papes et Dieu, qu'ils représentaient, se mêlaient d'une foule de choses dont les hommes, jusque-là, et les princes surtout, avaient pris l'habitude de s'occuper.

XII. Il y eut une réaction contre cette intervention trop détaillée. Les princes, en voulant éliminer le vicaire de Dieu de la réglementation de leurs rapports, ne trouvèrent rien de mieux que d'en éliminer Dieu lui-même. Eux aussi, ils éliminèrent l'Absolu; ils l'éliminèrent du droit international, et les traités qu'ils firent désormais n'appelèrent plus, au moyen du serment, l'intervention divine. Dieu ne fut plus chargé de punir les infracteurs de la foi jurée; la sanction morale ne fut plus chargée de faire respecter les traités, et la sanction matérielle, la Force, devint la seule régulatrice des rapports internationaux. Le principe du nouveau droit des gens qui, ainsi que le disait Vattel, fut inspiré d'une justice en-

____

(1) V° *Recherches historiques du Juste et de l'Autorité*, 3° partie, liv. II, ch. 4.

tièrement subjective, personnifiée en chacun des chefs qui s'étaient emparés de la direction des divers États de l'Europe, cessa de se rattacher à un point commun où il pût s'unifier, et le droit des gens redevint encore une fois le *jus gentium ipsius civitatis.*

Cette troisième transformation du droit des gens moderne de l'Europe s'accusa nettement lors de la paix de Westphalie. Louis XIV aussi bien que les autres princes, catholiques ou protestants, qui souscrivirent les traités qui la consacrèrent, fondèrent le droit érastianique, qui succédait au droit catholique ou grégorien. Lors de ces traités, on négligea, à dessein, d'appeler le Pape à en examiner la teneur; on négligea d'en assurer l'exécution par des serments qui, selon les idées précédemment reçues, eussent été une soumission à la juridiction divine et à celle du vicaire de Dieu. Celui-ci protesta; il protesta en son nom, il protesta au nom du Dieu unique, dont on méconnaissait le pouvoir, sinon l'existence; il protesta au nom du Dieu unique, source unique du Juste et seul régulateur du droit international (1).

Mais cette protestation fut vaine; la Réforme avait, ainsi que le remarque M. Ch. Vergé, « fait prévaloir « politiquement les doctrines d'indépendance des États, « de souveraineté et d'égalité, et de rapports réguliers « *de paix et de guerre* entre les nations (2). » L'Éras-

---

(1) V° *Histoire des traités de Westphalie,* par le Père Bougeant, t. VI, p. 413 et s.

(2) *Le Droit des gens avant et depuis 1789.* ap. Martens, t. Ier, p. 13, éd. Guillaumin.

tianisme succédait au Papisme; et la notion du Juste, la notion du droit des gens, cessait de dériver du point élevé et unique où la Papauté avait prétendu la puiser. — Elle cessait de descendre de ce point élevé et unique, et elle ne provenait point cependant de la conscience de tous, elle ne se confondait point avec le droit naturel, elle ne se confondait point avec la *recta ratio diffusa omnes* dont Cicéron avait en vain parlé à ses contemporains, et dont on ne voulait point, tout en préparant son avénement, reconnaitre l'existence.

Les traités de Westphalie accusèrent donc le triomphe du droit des gens érastianique sur le droit grégorien, qui se rattachait à Dieu; mais ils ne furent que le couronnement de l'œuvre dès longtemps entreprise par la Royauté contre le Papisme. Déjà, et dès l'année 1505, on avait essayé de soustraire les traités à la sanction de Dieu et de son vicaire : le traité de Blois, du 10 octobre 1505, avait confié au roi d'Angleterre le soin de veiller à son exécution (1). Après la paix de Westphalie, on persista dans cet usage d'appeler la force matérielle à sanctionner, non plus le droit des gens, mais le droit contractuel : les traités d'Oliva et de Copenhague, notamment, furent garantis par le roi d'Angleterre, par le roi de France et par les Provinces-Unies.

L'érastien Vattel, qui soutenait, contre Puffendorf et Barbeyrac, que la loi morale ne dérive point de Dieu,

(1) V° Mably, *Droit public de l'Europe,* œuvres, t. V, p. 389, éd. de l'an III.

mais qu'elle résulte « *de la nature des choses,* » applaudissait fort, on le conçoit, à cette transformation du droit des gens. C'était bien fait, disait-il, de soustraire ainsi le droit des gens à la juridiction des Papes, « qui « avaient voulu juger de la vitalité des traités, rompre « les alliances et les déclarer nulles. » Il se pourrait que le droit démocratique, qui est bien l'opposé de l'érastianisme que professait Vattel, ne confirmât pas, aussi résolûment que ce publiciste, la transformation juridique accomplie par les traités de Westphalie.

XIII. Certes, sous le régime grégorien, il y avait envahissement du spirituel sur le temporel. La Papauté, en *ordonnant,* au nom de Dieu, d'exécuter la loi qui dérive de sa justice souveraine, ne laissait pas assez à l'humanité, elle ne lui laissait pas, théoriquement, la faculté de désobéir. Mais l'Érastianisme lui accordait-il donc cette faculté, et les Rois puisaient-ils dans l'humanité, dans la libre volonté et dans la libre conscience de leurs sujets leur puissance et leur notion de justice internationale?... La notion du Juste, dont ces Rois se prétendaient être les seuls dépositaires, leur provenait, à eux aussi, disaient-ils, d'une Révélation; et cette Révélation avait, sur la Révélation papale, ce désavantage d'être multiple, d'écarter par suite, logiquement, la notion d'une justice universelle, et de détruire le droit des gens, qui ne pouvait plus être un droit du moment où il ne pouvait plus dériver de l'Être unique dont la volonté crée le droit. La Papauté, au moins, si elle déniait elle aussi la liberté et la Raison humaines, remplaçait cette Raison par une Révélation unique, qui laissait subsister dans toute son intégrité, mais avec trop de puissance, la notion du Juste unique et la source unique de tout droit. Avec l'Érastianisme, c'était la force, c'était le droit du plus fort qui redevenait le *jus gentium ipsius civitatis.* Les garants, les *conservateurs de la paix,* — qui remplaçaient le vicaire de Dieu, — s'ils s'acquittaient de leurs promesses, — feraient, il est vrai, respecter la paix; mais la feraient-ils respecter au nom du Droit ou de la Force?

Sous la Papauté, sous le régime grégorien, il n'existait aucunes règles destinées à régir les rapports des États entre eux; il n'existait, non plus, dans les consciences individuelles, — à qui la liberté était refusée, — aucuns principes à l'aide desquels on pût organiser ces rapports : la Révélation s'en chargeait. Le Pape était le seul lien qui rattachât entre eux les États de la Chrétienté, il était le seul organe qui pût leur fournir une loi morale commune et uniforme capable de prévenir les conflits et de terminer amiablement les contestations. N'avait-on pas à craindre que, en brisant ce lien avant que la *recta ratio diffusa in omnes* eût pu le remplacer par un autre, le faisceau ne se déliât, et que, de même qu'à la chute de l'Empire romain, l'anarchie et les guerres incessantes ne succédassent à l'ordre et à la pacification que la Papauté s'était efforcée d'obtenir?

Peut-être que si, comme aujourd'hui, les consciences humaines, les consciences de tous les hommes eussent été reconnues posséder la faculté de puiser en Dieu, directement et sans intermédiaire, la notion du Juste et du Droit; peut-être que si la Papauté eût renoncé à ses prétentions d'en puiser le monopole dans la Révélation; peut-être que si cela eût été, si l'on fût parvenu à ce degré d'émancipation individuelle, peut-être Vattel eût-il été moins affirmatif et aurait-il reconnu que les Papes, dépositaires de la saine doctrine, chargés d'enseigner l'unité et de prêcher la charité, sont, mieux que tous autres, en état de formuler les préceptes qui en dérivent et, sinon de les imposer aux puissants de la terre, du moins de les conseiller à la Raison humaine éclairée par sa liberté. Napoléon Ier, qui, sans posséder le sens du droit nouveau, usa ses forces contre l'Érastianisme westphalien, reconnaissait à la Papauté cette faculté, il lui reconnaissait ce droit de centraliser les rapports internationaux, et il appelait le Saint-Siége « *un centre d'harmonie.* »

XIV. La révolution juridique qui plaçait la notion du droit des gens, non pas dans la raison humaine, mais dans l'intérêt d'une multitude de princes, plus ou moins ambitieux, que les traités de Westphalie avaient déclarés parfaitement indépendants les uns des autres, ne pouvait tarder à manifester le vice radical de son principe. Ce principe était *l'intérêt,* l'intérêt de chaque potentat. Cet intérêt, cette ambition, n'étant plus contenue par le Droit, ne pouvait plus l'être que par la Force. Le *quid aliud quam bella omnium inter se gentium* de Tacite allait se réaliser. La pensée ninivite se réveilla alors encore une fois, et l'esprit de conquête surgit tout naturellement de l'Érastianisme, dans le but avoué ou senti d'en réprimer les excès.

Mais cette révolution juridique, cet esprit de conquête, qui avaient substitué ainsi *l'intérêt* des princes aux droits de la Papauté, suscitèrent un adversaire dont ils ne se défiaient point, ils suscitèrent *l'Aristocratisme*, qui, lui aussi, voulait bien placer la notion du Droit dans son intérêt, mais qui, par cela même, se trouvait en opposition avec l'intérêt érastianique. Le stathouder de Hollande, devenu plus tard le roi d'Angleterre Guillaume III, fut l'âme de la coalition qui se forma, en 1689, contre l'œuvre accomplie par les traités de Westphalie, et surtout contre le Ninivisme que Louis XIV avait rêvé de faire sortir de ces fameux traités.

Des éléments bien divers se réunirent à la voix du chef de l'aristocratique Angleterre : on rencontrait dans la coalition de 1689 la catholique Espagne, la protestante Hollande, l'aristocratique Angleterre, l'empereur d'Allemagne, et jusqu'au Pape lui-même. Très certainement tous ces éléments, tous ces potentats n'étaient pas également hostiles à la révolution juridique dont nous venons de parler, mais tous étaient disposés à s'opposer à ce que le roi de France, remplaçant la Papauté, devînt, pour l'Europe, le « *centre d'harmonie*, » dont ils voyaient tous la nécessité, mais qu'ils n'auraient voulu placer que chez eux. L'Empereur, notamment, qui avait bien quelque raison d'en vouloir aux traités d'Osnabruck et de Munster, avait cependant des doutes au sujet de la guerre que les coalisés allaient entreprendre contre l'auteur de ces traités; il sentait vaguement que le *centre d'harmonie* est une nécessité du droit des gens, et, dit Macaulay, « il s'imaginait que « la guerre contre la France était en quelque sorte une « guerre contre la religion catholique (1). »

Mais le Pape ne s'y trompait point ainsi; il savait bien que ce n'était pas le Catholicisme, que ce n'était pas l'influence juridique et pacificatrice du Pape que représentait celui qui, à Munster et à Osnabruck, avait remanié la carte de l'Europe sans réclamer ni même accepter l'intervention du Pontife, qui avait été autrefois considéré comme le seul dispensateur des couronnes et le seul dépositaire charnel *« de la puissance qui vient de Dieu. »* Le Pape se plaignait lui aussi, cependant, d'être entraîné dans une coalition dont les protestations de son prédécesseur, les protestations des 14 et 28 octobre 1648 avaient été le germe; mais il s'en plaignait, non pas parce que cette coalition était dirigée contre un prince catholique, mais parce que, au lieu d'être la suite des protestations de Munster, au lieu d'avoir pour but de rétablir la Papauté dans ses anciens droits, elle avait pour objet d'affirmer le droit humain, et de nier, non moins que le niait l'Érastianisme, le droit divin et unique que représentait la Papauté.

Aussi le pape Innocent XII, tout en persistant dans son alliance avec le protestant Guillaume, disait-il

____

(1) *Histoire d'Angleterre depuis Jacques II,* t. VI, p. 6.

tristement : « Je ne suis pas comme les anciens Papes :
« Les Rois ne veulent pas m'écouter comme ils écou-
« taient mes prédécesseurs. Il n'y a plus de religion
« maintenant, il n'y a plus *qu'une politique mondaine*.
« Le prince d'Orange est le maître, il nous gouverne
« tous (1). »

Ce fut, en définitive, cette *politique mondaine*, cette
politique aristocratique, dont le principe est *l'intérêt*,
et dont les conséquences sont l'exclusivisme, qui triom-
pha des velléités ninivites et conquérantes du roi
Louis XIV : dans le traité de Ryswick, le grand Roi
fut obligé de reconnaître la légitimité du chef élu de
l'aristocratie anglaise. Plus logique que l'Érastianisme
westphalien qui, tout en laissant dériver d'un Dieu
unique la loi morale qui doit inspirer le droit des gens,
emprisonnait cette loi dans l'enceinte des États divers,
au risque de placer la volonté divine en contradiction
perpétuelle avec elle-même; plus logique que le droit
divin érastianique, la *politique mondaine* du roi Guillaume se mit peu en peine de chercher une origine
quelconque à la loi morale, et elle aurait pu, comme
Vattel, dire que cette loi résulte « *de la nature des
choses.* »

Or, on sait ce que c'est que la nature des choses.
Cela peut s'appeler l'intérêt bien entendu; cela peut
s'appeler « *l'utilité qui est le premier principe de toute
obligation,* » selon Vattel (2); cela peut même s'appeler

____

(1) V' Macaulay, *Hist.*, t. VI, p. 9.
(2) *Essai sur le droit naturel*, §22, p. 12, éd. Guillaumin.

le *sens moral;* mais cela ne saurait aller chercher sa définition ni dans les entretiens de Socrate, ni dans les dissertations de Puffendorf et de Barbeyrac.

La nature des choses, cependant, pourrait donner à la loi morale et au droit des gens son origine légitime; mais il faudrait que cette nature des choses signifiât la Raison humaine répandue en tous et conforme à la loi naturelle, dont a parlé Cicéron; et non pas la raison humaine répandue en quelques-uns et conforme à leurs intérêts; c'est-à-dire la raison humaine de l'aritocratisme. Celle-ci, cette raison aristocratique, ne recherche point en haut la nature des choses; et si elle dicte le droit des gens, on peut être sûr qu'elle ne le dictera que dans son intérêt propre, dans l'intérêt de la classe privilégiée qui a seule droit de la posséder.

Aussi cette politique mondaine n'ayant d'autre principe que l'intérêt; cette politique qui, après Ryswick, remplaça la politique érastienne des traités de West-phalie, ne changea rien au droit des gens adopté lors de ces traités et se borna à en faire disparaître l'illogisme : le Droit se résigna à passer à l'état de fait. Par suite de cette nouvelle transformation du droit des gens, l'exclusivisme, l'indépendance absolue des États les uns vis-à-vis des autres, les relations réglées par des traités et dominées uniquement par l'intérêt, demeurèrent, après comme avant, le droit international de ce qu'on avait nommé la République chrétienne.

XV. L'Angleterre en donna la preuve dès le règne de ce même roi Guillaume, qui avait inauguré *la politi-*

que mondaine dont se plaignait Innocent XII; elle proclama ce qu'on appelait alors *la politique insulaire;* politique consistant à se désintéresser complétement des affaires du continent, à se renfermer dans une sorte d'égoïsme collectif favorable à la classe dominante et privilégiée, à laisser le Juste absolu dans les régions sereines où les stoïciens antiques l'avaient relégué, et, dit Macaulay, à ne reconnaître, en droit public, d'autres questions de principes que celles relatives à l'État anglais et aux intérêts du peuple anglais, c'est-à-dire de l'aristocratie anglaise.

L'Angleterre protestante, l'Angleterre de Henri VIII, était toute disposée, du reste, à adopter le principe de politique insulaire, car elle n'en avait guère pratiqué d'autre. Même au temps de Cromwell, même au temps où les Puritains et les Indépendants étaient en possession du droit de formuler la loi morale à laquelle le peuple anglais devait se soumettre, cette loi ne s'était inspirée que de l'intérêt du peuple anglais. Les regards des *Saints* ne s'étaient pas élevés, dans les régions juridiques, — et vraisemblablement aussi dans les régions métaphysiques, — au delà du point d'où l'on pouvait apercevoir les limites de l'État anglais : leur démocratisme n'aspirait pas à allonger le rayon de l'Érastianisme. Aussi fut-ce sous Cromwell, sous le règne des *Saints,* sous le règne de la Démocratie que fut passé le fameux acte de navigation, qui entoura l'Angleterre de prohibitions destinées, pensait-on, à l'enrichir promptement aux dépens de ses voisins, ou plutôt aux dépens du monde entier; aussi encore fut-ce sous le même Cromwell et pendant la durée de la sorte de Démocratie dont il était le chef, que fut adopté l'acte dit d'Établissement; acte qui dépouilla les Irlandais de leurs propriétés en faveur des Anglais, leurs vainqueurs. La notion du Juste, on le voit, était bien la même, en Angleterre, pour la Démocratie que pour la Monarchie; elle devait, à plus forte raison, demeurer la même pour l'Aristocratie.

Tel fut donc le nouveau droit des gens qui s'établit en Europe à la suite de la paix de Ryswick; il procédait tout à la fois de l'érastianisme et de l'aristocratisme; il avait pour principe *l'intérêt*, et pour chef doctrinal l'Angleterre de Guillaume III. On sait que l'Angleterre, et à sa suite le monde européen, ont persisté jusqu'à nos jours dans ce droit, dans cet exclusivisme qui caractérise la doctrine de 1689; mais il peut être intéressant d'en acquérir la preuve, non-seulement en lisant les écrits des philosophes et des économistes anglais, — qui, les uns comme les autres, ont justifié l'exclusivisme en écartant la notion de justice absolue, qui ne le saurait admettre, — mais en parcourant les faits récents de l'histoire dans lesquels l'Angleterre montra l'esprit qui l'animait et le principe juridique auquel elle obéissait.

Or, ce principe, elle le montra dans la longue guerre qu'elle soutint contre la Révolution française qui, dès ses débuts, annonça l'intention de changer aussi bien le principe du droit des gens que celui d'Autorité. Dans cette guerre, la *politique insulaire* de l'Angleterre, bien qu'associée à la politique monarchique des autres États de l'Europe, ne se donna point un démenti, et, tout en paraissant soutenir une guerre de principes, ne fit autre chose qu'une guerre d'intérêt. C'est ainsi que, en 1792, l'Angleterre déserta en quelque sorte la coalition qu'elle avait formée, et ne songea qu'à ses intérêts propres en s'efforçant de s'emparer du port de Dunkerque. C'est ainsi que, en 1794, elle accusa son intention de s'enrichir au milieu des désastres que subissaient ses alliés, en s'emparant de la flotte hollandaise et des riches colonies de la Hollande. C'est ainsi encore que, à Quiberon, elle montra tellement à découvert le sentiment qui lui avait mis les armes à la main, que l'un de ses orateurs les plus éminents, Shéridan, ne put s'empêcher de dire « que si le sang « anglais n'avait pas coulé, l'honneur anglais avait « coulé à plein bord. »

Les hommes d'État anglais ne faisaient aucune difficulté, d'ailleurs, d'avouer le principe auquel ils rattachaient leur notion du droit des gens. Lors de la guerre d'Espagne, en 1823, le ministre du Royaume-Uni, M. Canning, témoignait à l'ambassadeur de France son étonnement de voir cet État s'engager dans une guerre où il ne s'agissait que d'un principe juridique, et il disait : « C'est donc une croisade pour des théories po- « litiques que vous entreprenez? Quant à moi, je con- « nais la guerre de conquête, qui ne dure pas, la guerre « d'invasion, qui y fait suite, la guerre pour *les inté-*

« *rêts commerciaux*, LA PLUS RAISONNABLE DE TOUTES;
« mais la guerre pour modifier le pouvoir des deux
« Chambres ou l'extension de la prérogative royale,
« celle-là me passe (1). »

C'était bien là, accusé dans toute sa sécheresse, le principe de la *politique insulaire*, L'INTÉRÊT. Rien autre chose que l'intérêt ne devait dominer le droit des gens; et, dans les relations entre les États, le Droit devait être remplacé par la Force ou l'habileté. Du Juste absolu, il n'en pouvait être question, car on était dégoûté de sa recherche depuis le règne des *Saints*, qui s'étaient vainement efforcés de le rencontrer.

On peut excuser le positivisme anglais, on peut excuser son mépris orgueilleux pour les principes abstraits. Les principes, chez les Anglais, ont, lors de la première et de la seconde révolution qui éclatèrent au milieu de ce peuple, joué un rôle qui les en a dégoûtés. Ayant trouvé faux et dangereux les principes qui les passionnèrent si longtemps soit pour les théories de Laud et de Filmer, soit pour celles de Knox et de Calvin, de Sancroft et de Tillotson, ils se sont mis à dédaigner les principes et à n'accorder créance qu'aux faits et à la tradition.

Quoi d'étonnant à cela !... aussi bien en métaphysique qu'en politique, les principes qui les avaient si longtemps agités étaient des principes faux, répétons-le, des principes dont les conséquences ne pouvaient être

(1) V° *Histoire de la Restauration*, par M. de Viel-Castel, t. XII, p. 79.

que désastreuses. La doctrine de *non-résistance* de Filmer et de la haute Église ne pouvait procéder que d'une métaphysique erronée, qui transformait le souverain en une sorte de demi-Dieu local, et cachait, sous des apparences de piété et d'orthodoxie, un véritable athéisme. La doctrine de Knox et de Calvin devait, poussée par la logique, aboutir à une sorte d'anarchie théocratique. Mieux valait repousser toutes ces théories, professer pour le fait un respect absolu, et s'abstenir de chercher le Droit, de chercher son origine, toujours dangereuse à dévoiler dans un pays aristocratique.

XVI. Le principe supérieur du droit public externe demeura placé là où le traité de Ryswick l'avait placé en réalité; l'Angleterre continua d'être le chef doctrinal de l'Europe; et le droit des gens s'éclaira à l'aide des doctrines philosophiques que répandirent successivement les Locke, les Schaftesbury, les Hume, les Hutcheson, les Reid et les Dugald-Stewart. Aussi, lorsque la Révolution française éclata, si, en religion, on était encore soit catholique, soit protestant, on peut dire qu'on n'était ni l'un ni l'autre en droit international.

Il faut peu s'étonner dès lors des erreurs étranges qui signalèrent le premier réveil de la raison humaine s'affirmant à la face du monde comme source d'autorité et organe des principes de justice. On avait voilé le flambeau qui, seul, pouvait éclairer cette raison, on avait systématiquement nié l'existence d'un principe supérieur dominant les rapports internationaux; et la Démocratie française ne sut pas, tout d'abord, diriger ses regards vers ce flambeau, qui l'aurait dirigée et lui aurait permis de percevoir la notion de justice qui doit dominer les rapports entre les États aussi bien que les rapports entre les particuliers.

La France, du reste, a payé cher ses erreurs, car ce fut par suite de ses erreurs en droit international que non-seulement, pendant vingt ans, elle arrosa les divers champs de bataille de l'Europe de son sang le plus généreux, mais que, pendant plus de trois quarts de siècle, elle vit, tout à la fois, et ses principes juridiques repoussés, et ses destinées agitées par des révolutions périodiques, dont le terme n'est peut-être pas arrivé encore.

La France révolutionnaire ne comprit pas, en effet, tout d'abord que, en renversant, chez elle, le système qui avait si longtemps emprisonné la notion du Juste dans l'État, elle devait puiser cette notion à sa source unique et universelle; elle ne comprit pas que si cette notion du Juste universel lui permettait de s'appliquer à elle-même, d'appliquer à son droit public interne le principe de souveraineté du peuple, elle devait permettre aux autres peuples de se l'appliquer à eux-mêmes. Aussi lorsque, après la campagne de 1705, après la paix faite avec la Prusse et avec l'Espagne, l'Angleterre et l'Autriche étaient disposées à renoncer à la guerre de principe qui leur avait mis les armes à la main, la France, donnant un démenti au principe dont elle s'était constituée l'apôtre, donnant un démenti au principe de souveraineté populaire qui devait rayonner sur le monde entier, contraignit, en quelque sorte, ces deux dernières puissances à reprendre les armes, à réarborer le principe du droit public qu'elles étaient sur le point de déserter, et à continuer une guerre qui, si elle s'était terminée alors, aurait assis sur des bases solides le principe au nom duquel la France avait fait sa révolution.

En effet, la France, qui avait annexé la Belgique, qui s'était emparée de Nice et de la Savoie, qui avait étendu ces conquêtes jusqu'au Rhin, ne voulait point restituer ces conquêtes. C'était bien là donner un démenti à son propre principe, c'était associer l'esprit de conquête du droit érastianique à l'esprit de justice du droit démocratique; esprit qui, aussi bien en droit public qu'en droit privé, aussi bien en morale publique qu'en morale privée, ne permet pas de faire aux autres ce qu'on ne voudrait pas que les autres vous fissent.

Soit que l'Angleterre et l'Autriche s'aperçussent de cette contradiction, soit qu'elles ne fussent frappées d'autre chose que de l'agrandissement qu'aurait obtenu la France si elle eût conservé ses conquêtes, elles résistèrent à ses prétentions d'accroissement territorial, et la guerre dut se poursuivre. Il fallait un général pour la poursuivre; ce général se trouva, et, abusant de la renommée que lui acquirent ses victoires, il confisqua dans son pays la souveraineté nationale que son pays avait voulu confisquer chez les autres. Ce fut ainsi que le droit des gens demeura, après la Révolution française ce qu'il avait été avant cette Révolution, c'est-à-dire un droit exclusif, local, éliminant la notion de justice dans les rapports de peuple à peuple pour ne laisser subsister que celle de force ; ce fut ainsi que l'Europe, révoltée des injustices que les débuts de la Révolution française lui avaient appris à comprendre, se souleva contre la France, et, sans le vouloir peut-être, prolongea, par sa victoire, le règne du droit des gens érastianique auquel elle avait paru tout d'abord vouloir rénoncer ; ce fut ainsi, enfin, que la guerre continua, et que la France expia ses erreurs juridiques en voyant ajourner, chez elle comme en Europe, le triomphe que son principe eût obtenu si, en 1795, elle avait compris que l'esprit démocratique est l'opposé direct de l'esprit de conquête.

Cette erreur, ce désaccord entre le principe supérieur de tout droit, — principe vers lequel on revenait parce que les nécessités économiques n'obligeaient plus à le méconnaître, — et les conséquences nécessaires dérivant de ce principe ; cette erreur, ce désaccord, disons-nous, persistèrent pendant toute la durée de cette période, qu'on a appelée glorieuse, et qui fut surtout sanglante ; — car il n'est guère permis de prodiguer l'épithète de glorieuse lorsqu'il s'agit de qualifier des faits où le droit fait absolument défaut. — Après la brillante campagne d'Italie, on vit le Directoire constituer, il est vrai, des Républiques, mais on le vit aussi leur imposer des Constitutions sans consulter le vœu de leurs habitants. Lors du traité de Campo-Formio, du 17 octobre 1797, on vit mieux encore, on vit la France, reprenant les errements des traités de Westphalie, concourir à des distributions de territoires sans s'enquérir le moins du monde de la volonté de ceux qui les habitaient : l'Autriche, par exemple, cédait à la France le pays de Liége, les Pays-Bas, Juliers et une partie du Palatinat, — qui n'était pas à elle, — et, de son côté, la France abandonnait à l'Autriche les États de Venise, — qui ne lui appartenaient point.

Tel fut le droit des gens pendant la durée de la République : « L'épée française devait être plantée sur la « frontière délivrée, » dit à ce sujet un éloquent publiciste (M. Jouffroy), « on la promena en Allemagne, en « Hollande, en Suisse, en Italie. Elle fit partout de « funestes miracles. On vit bien qu'elle pouvait tout, « mais on ne vit pas ce qu'elle pouvait respecter. » Ce fut autre chose encore sous l'Empire ; on se serait cru revenu aux temps de la souveraineté territoriale dont parle Grotius.

XVII. Il est vrai que, plus tard, le conquérant, qui, sans consulter le vœu ni la convenance des peuples, avait bouleversé la carte de l'Europe, créé des rois, et placé sur son front une triple couronne, allégua que, trouvant vide la place que la Papauté avait occupée, il avait voulu devenir à son tour ce « *centre d'harmonie,* » que Charlemagne, puis Charles-Quint, puis Louis XIV avaient, tour à tour, voulu réaliser. « Dans cette im- « mense lutte, » dit-il, « du présent contre le passé, je suis « l'arbitre et le médiateur naturel entre les souverains et « les peuples ; j'avais aspiré à en être le *juge suprême.* »

Mais ce n'est pas la Force qui peut aspirer à devenir jamais l'organe et la dispensatrice du Droit : Napoléon l'oubliait, comme le Directoire et la Convention l'avaient oublié. Le restaurateur de la religion catholique, l'auteur du concordat de 1801, ne comprit, pas plus que les souverains érastianiques qui l'avaient précédé, le véritable sens du mot *catholicisme;* il ne comprit pas qu'en restituant à son pays la notion religieuse, — que celui-ci avait si inconsidérément méconnue, — il lui restituait la notion du Droit dans toute sa plénitude, et que cette notion devait illuminer toutes les catégories du Droit : droit du peuple français, droit des autres peuples, justice pour tous.

Or, cette justice, puisqu'on reconnaissait enfin la source d'où elle émane, cette justice, élevée comme un phare brillant au-dessus du monde entier, aurait dû faire comprendre à l'empereur Napoléon que si le peuple français avait fait chez lui une révolution pour conquérir sa souveraineté, il ne pouvait empêcher les autres peuples de jouir eux aussi de leur souveraineté. « Un « peuple ne doit tirer l'épée, » a dit le publiciste que nous venons de citer (M. Jouffroy), « que pour défendre ou « conquérir son indépendance. S'il attaque ses voisins « pour les soumettre à son pouvoir, il se déshonore; s'il « envahit leur territoire sous prétexte d'y fonder la li- « berté, on le trompe ou il se trompe lui-même. Violer « tous les droits d'une nation pour les rétablir est à la « fois l'inconséquence la plus étrange et l'action la « plus injuste. »

Mais ni la Convention, ni le Directoire, ni l'empereur Napoléon ne purent avoir conscience de cette injustice ; ils ne purent être retenus par ce principe d'équité élémentaire qui interdit de faire aux autres ce qu'on ne voudrait pas que les autres vous fissent ; ils ne purent être retenus par cette pensée que puisque la France voulait jouir de sa souveraineté, elle devait respecter la souveraineté des autres peuples : ni la Convention, ni le Directoire, ni l'empereur Napoléon ne pouvaient considérer, comme une action juste à l'extérieur, la reconnaissance d'une souveraineté qu'ils avaient violée sans scrupule à l'intérieur. Leur conscience, dès lors, n'était point troublée, elle ne se contredisait pas, elle ne scindait pas sa notion du Juste en faisant, en droit externe, ce qu'elle leur avait permis de faire en droit interne : mais leur conscience méconnaissait l'existence du Juste.

XVIII. Ce n'est donc ni dans les conceptions juridiques du Directoire et de la Convention, ni, malgré sa restauration de l'idée religieuse, dans celles de l'empereur Napoléon, qu'il faut aller chercher les règles du nouveau droit des gens qui doit remplacer celui qui fut créé par les traités de Westphalie et de Ryswick. Ces règles, il faut les puiser au fond des consciences de tous, et non plus au fond des consciences soit d'une classe privilégiée, à qui son intérêt ne permet pas de percevoir et d'appliquer la notion du Juste en toutes choses, soit des princes, que leur ambition et leurs préoccupations dynastiques ne rendent pas plus clairvoyants.

L'État moderne, l'État composé du concours har-
monieux de toutes les volontés de ceux qui en font partie, est aussi composé de toutes les notions de justice
formées dans le cœur de chacun par les lois naturelles
dont nous avons si souvent parlé. L'État, ainsi compris, peut bien contenir tout ce qui est contenu dans la
volonté et dans le sens moral de chacun de ses membres, il peut, il doit en être le résumé, il doit en être la
plus pure essence, pourrait-on dire; mais il ne peut
contenir rien de plus, et sa morale, sa notion du Juste
ne peuvent être autres que la morale et la notion du
Juste contenues dans le cœur de tous et de chacun : notion progressive, qui se rapproche de plus en plus du
droit, mais qui ne peut l'atteindre pleinement puisqu'elle
est progressive et non révélée : ce qui voudrait dire parfaite. Cette notion du droit des gens, dérivant de la loi
morale, qui est une, se confond avec elle : il n'y a pas,
il ne peut pas y avoir deux morales, l'une pour les
individus et l'autre pour les États, dit à ce sujet M. Bé-
lime (1).

Donc le droit des gens moderne ne peut être autre
chose que le droit naturel proprement dit. Tout ce
que le droit naturel défend ou permet à l'individu,
le droit des gens moderne doit le permettre ou le
défendre aux collections d'individus qui s'appellent des
États, des Peuples, des Nations. Déjà Vattel, malgré
les erreurs étranges que son érastianisme lui fit com-

____

(1) *Philosophie du droit*, t. 1ᵉʳ, liv. 1ᵉʳ, ch. 18.

mettre, avait entrevu cette vérité; car, bien qu'il eût subjectivé le principe du Juste et du Droit, il ne craignit pas de dire, au risque de professer l'anarchie juridique individuelle : « Le droit des gens n'est originairement « autre chose que le droit de la nature appliqué aux « nations (1). » Wolff, son maître, lui avait inspiré cette doctrine, que Puffendorf et Thomasius partagèrent, mais à laquelle ils eurent le bon esprit d'ajouter celle du Juste objectif dont Vattel niait inconsidérément l'existence. Cette opinion de Vattel, cette opinion de Wolff, de Puffendorf et de Thomasius, est devenue celle de tous les publicistes modernes; elle est notamment celle de M. Ch. Vergé, qui, dans une fort bonne introduction au traité de Martens, intitulée : *Le Droit des gens avant et après 1789*, démontre que le droit des gens ne peut être autre chose que le droit naturel.

XIX. Mais cette confusion du droit des gens et du droit naturel, — confusion que certains publicistes du droit antérieur avaient déjà admise, et que les publicistes du droit moderne doivent unanimement professer, — le monarchisme érastianique ne pouvait l'admettre, car elle eût privé les chefs d'États de leur révélation spéciale et de l'indépendance absolue que cette révélation spéciale leur conférait les uns par rapport aux autres. C'est là la différence essentielle qui existe entre le nouveau et l'ancien droit. Le droit nouveau, la nouvelle notion du Juste, faisant dériver le Droit, dans toutes ses catégories, d'un Être suprême essentiellement *un,*

(1) V° *Droit des gens,* préliminaires, § 6.

admet, entre les États, des rapports susceptibles d'être appréciés au point de vue de la justice absolue qui domine les uns et les autres. Le droit ancien ne pouvait permettre une semblable appréciation, car, entre les États, il ne pouvait exister aucun critérium du Juste qui leur fût commun : chaque prince contenait en lui et pour lui son propre critérium de justice qui s'appelait : *ultima ratio regum.*

Cette définition du droit des gens par le droit naturel est embarrassante, nous le verrons plus loin, pour ceux qui ont entrepris de légitimer le droit de guerre et tous les excès qui sont la suite de l'état de guerre. Elle eût été embarrassante pour la Convention, pour le Directoire et pour Napoléon Ier, qui ne se donnèrent point, il est vrai, le souci de légitimer théoriquement l'état de guerre, mais qui pratiquèrent la guerre sans scrupules. C'est pourquoi leur droit des gens, emprunté au droit antérieur, demeura ce qu'il avait été sous le droit antérieur ; et c'est pourquoi aussi Grotius et Leibnitz, qui voulaient, eux, légitimer théoriquement l'état de guerre, se sont donné tant de peine pour créer l'école historique qui, fondant le droit des gens sur la tradition, n'éprouvait aucune difficulté à prouver que la guerre est légitime parce qu'elle a toujours été pratiquée.

Nous n'avons point pour but de légitimer l'état de guerre, et il nous sera permis, par conséquent, de nous séparer de l'école historique qui, en fondant le droit sur la tradition, lui interdit tout progrès et confond l'avenir dans le passé. Le droit est un si sa source est unique; le droit est un si cette source est extérieure à l'humanité, extérieure à l'homme, et s'il ne lui est donné que d'en percevoir plus ou moins clairement la notion; mais non pas de la créer en la puisant en lui-même. Le droit est un, il est naturel, soit qu'il s'applique aux relations individuelles, soit qu'il s'applique aux relations internationales, car Dieu règne aussi bien au-dessus des peuples qu'au-dessus des individus, et si les uns et les autres sont libres, ils sont responsables aussi. Certes, la perception du droit peut varier; elle peut varier d'État à État comme d'individu à individu; mais elle ne peut varier que par suite d'erreurs, que les progrès indéniables de la raison humaine tendent sans cesse à rectifier.

Cette rectification incessante qui, dans le sein de chaque État particulier, constitue le travail du législateur; cette rectification qui parvient à formuler une notion du Juste commune à tous les individus d'un même État, malgré la diversité des perceptions individuelles; cette rectification peut-elle être également obtenue entre les États, et peut-elle parvenir à formuler une notion du Juste uniforme, malgré les diversités de perception qui, venons-nous de dire, peuvent exister d'État à État?

XX. Ce travail fut entrepris après que la Réforme, en déplaçant le critérium de certitude, eut laissé à la raison humaine le soin de pondérer entre eux les rapports et les intérêts humains. « L'origine du droit des « gens positif, » dit à ce sujet Klüber, « date de l'épo-« que où l'on s'est efforcé à réprimer les usurpations

« des Papes sur les Souverains, principalement depuis
« le concile de Bâle (1). » Ces efforts n'eurent pas de
succès; l'accord ne fut pas obtenu entre les États, qui
continuèrent à prouver, par leurs incessantes guerres,
que la notion du Juste était perçue très diversement
par chacun d'eux.

XXI. Il n'y a pas lieu de s'étonner de cet insuccès :
l'accord n'existait pas plus entre les écrivains, qui en
cherchaient la formule, qu'entre les États, qui ne recherchaient que la prévalence de leurs intérêts. Et cet
accord n'existait ni entre les écrivains, ni entre les États,
parce que les uns comme les autres ne recherchaient
point la notion du Juste à une seule et même source, à
une source unique. Non-seulement la sanction manqua
aux codes divers du droit des gens, mais la formule
elle-même différa.

XXII. Cette impuissance de l'ancien droit à formuler
les règles du droit international d'une façon uniforme,
provenant de la diversité des points de vue et de l'isolement systématique de chaque État, ne saurait se continuer sous le droit moderne qui, en confondant le droit
des gens avec le droit naturel, permet d'en formuler
partout les règles d'une façon semblable. Il n'y a pas
un droit naturel Allemand, un droit naturel Français,
un droit naturel Anglais : partout le droit est le même,
parce que partout le cœur de l'homme renferme les
mêmes sentiments. Comment donc pourrait-il se ren-

____

(1) *Droit des gens moderne de l'Europe*, §§ 12 et 13.

contrer un droit des gens dissemblable si, comme le droit naturel, il était inspiré par les sentiments que Dieu, en créant les hommes, a partout introduits dans les cœurs!... Ce n'est qu'en méconnaissant les lois de Dieu que l'homme, abusant de sa liberté, est parvenu à séparer ce que Dieu avait uni, à diviser l'espèce humaine en corps isolés et hostiles les uns aux autres et ne pouvant avoir de rapports les uns avec les autres qu'autant que des traités, bien peu durables, les établissaient et les garantissaient. Le progrès, — nous l'avons vu soit en recherchant les origines historiques du Juste, soit en étudiant les règles logiques de la Démocratie moderne, — consiste à revenir vers les lois naturelles, qui n'ont pu être violées sans attirer sur l'humanité les souffrances les plus cruelles et les plus prolongées; et la Démocratie, qui est un progrès, signalera son triomphe par son retour vers les lois naturelles, par la confusion, dès longtemps entrevue, du Droit naturel et du Droit des gens.

Cependant le commandeur Pinheiro-Ferreira objecte que, de l'état d'indépendance des nations les unes vis-à-vis des autres, — indépendance qui ne peut cesser sans réaliser l'utopique République universelle que nous avons, ailleurs, déclarée impossible, — il suit qu'il ne peut se former entre ces nations un pouvoir véritablement législatif, ayant le droit de formuler et faire exécuter les règles des rapports internationaux (1).

(1) Sur Martens, t. Iᵉʳ, p. 51, éd. Guillaumin.

Cette objection est sérieuse ; il ne peut exister en effet, en dehors et au-dessus des nations, aucun législateur commun entre elles, puisant en dehors d'elles les moyens de coercition matérielle destinés à sanctionner ses prescriptions. Mais, et le jurisconsulte portugais l'observe lui-même, les lois internes des États ne sont pas, en droit moderne, formulées par une volonté qui leur soit extérieure, par un législateur qui puise ses moyens coercitifs en dehors de ceux sur qui la coercition doit s'exercer. Pourquoi donc un législateur semblable ne pourrait-il se rencontrer entre les nations? Les lois sont, à proprement parler, un contrat entre les particuliers, qui les ont *voulues;* et, sous ce rapport, il est permis de concevoir un ensemble de règles internationales également *voulues* par les diverses sociétés.

XXIII. A la vérité, ces règles de droit international paraissent ne pouvoir être accompagnées de l'organisation d'un pouvoir judiciaire chargé d'en faire l'application. Mais l'absence de pouvoir judiciaire dans un État, si elle est une lacune, n'implique pas cependant l'absence d'accord législatif. Autre chose est la loi pourvue de sanction matérielle, autre chose est la loi qui, pour en être dépourvue, n'en est pas moins une loi si elle trouve sa sanction dans la conscience. N'en est-il donc pas ainsi des sociétés les unes vis-à-vis des autres, et si leur code ne peut être coercitivement obligatoire, ne peut-il donc être formulé au titre de *raison écrite?*

Au surplus, l'opinion, qui ferait ce code, aurait aussi le pouvoir de le sanctionner, puisque tout prouve que les tendances générales, en Europe du moins, vont à rendre l'opinion uniforme en tous lieux et à formuler pour tous des règles semblables du Juste et de l'Injuste. Comment, avec cette uniformité, que la Presse entretient, un État pourrait-il braver cette autorité de l'opinion? Ne devrait-il pas, pour violer l'un des articles de la jurisprudence générale admise par l'opinion des peuples, commencer par violer chez lui cette opinion?... Et comment le pourrait-il faire si, chez lui, cette opinion était souveraine?... Pour qu'il en fût ainsi, pour que le code du droit des gens édicté sous l'empire du principe de souveraineté nationale, fût violé par un gouvernement quelconque, il faudrait que ce gouvernement n'émanât pas de la souveraineté nationale, qu'il fût en dehors du droit moderne, et que la source de son autorité fût demeurée là où le droit ancien l'avait placée.

Or, si cela était, s'il se trouvait un État qui, ne subissant pas la puissance de l'opinion, aurait la faculté d'en méconnaître et d'en violer les prescriptions, cet État, ne puisant pas sa notion du Juste à la même source que les autres États, serait exclu de leur concert ; comme on excluait autrefois du concert européen, nous dit Martens, les États musulmans qui, soumis au fatalisme, ne pouvaient accepter les règles du droit des gens que la raison humaine, croyait-on, avait tracées (1).

Ainsi, le droit des gens véritablement moderne ne saurait plus se distinguer du droit naturel : les de-

____

(1) Vᵉ Martens, *Précis du droit des gens moderne de l'Europe*, introduction, § 9.

voirs qu'il impose, pas plus que ceux imposés à l'homme par le droit naturel proprement dit, ne peuvent résulter que d'une cause extérieure, et supérieure aussi bien à l'homme qu'aux États, qui, eux non plus, ne peuvent être à eux-mêmes toute leur loi. Ces devoirs, les hommes comme les États ont la faculté de s'y soustraire en y laissant leur responsabilité engagée : ils ont aussi celle de les discerner, guidés qu'ils sont par l'Égoïsme et par la Charité. Tel est le nouveau droit des gens, se distinguant du droit antique, et de celui qu'avait enfanté la dernière partie du moyen âge, par l'unité de sa source; unité qui ne saurait plus comporter la diversité, l'antagonisme et l'antinomie qui caractérisent si nettement le droit des gens antérieur.

CHAPITRE II.

DE L'ÉQUILIBRE EUROPÉEN. — DES RACES ET DES NATIONALITÉS.

I. Après la Réforme, le monde se trouvant privé de centre juridique, les princes essaient d'y substituer l'équilibre des forces. — II. C'était là, en réalité, éliminer la notion du droit et celle de l'unité divine. — III. Élisabeth d'Angleterre et Henri IV de France conçoivent la première idée de l'équilibre européen. — IV. L'équilibre, pour être permanent, devait s'opposer aussi bien à l'accroissement de population et de richesse qu'à l'accroissement de territoire. — V. L'hérédité des pouvoirs le menaçait. — VI. Les alliances dérangeaient l'équilibre des forces entre États. — VII. Loin de prévenir la guerre, le système des alliances la fait naître. — VIII. L'équilibre européen suscite la guerre des Pays-Bas. — IX. Le système d'équilibre tendait à déchiqueter les États afin de les affaiblir. — X. Pourquoi la Révolution française fut impuissante à remplacer l'équilibre européen par un « centre d'harmonie. » — XI. Les traités de 1814 et de 1815 rétablissent l'équilibre européen. — XII. Ils ont si peu pour but la pacification qu'ils omettent de statuer sur les cas de conflit maritime. — XIII. L'empereur Alexandre tente de substituer son influence pacificatrice à celle de la Papauté : mysticisme de la Sainte-Alliance. — XIV. L'Angleterre ne pouvait accéder à la confédération érastianique de 1815. — XV. L'ancien système ne pouvait proscrire l'esprit de conquête au nom de la justice; le nouveau ne le peut proscrire au nom de l'équilibre des forces. — XVI. Le nouveau droit permet à la Prusse et à l'Italie de détruire l'ancien équilibre. — XVII. Le principe d'équilibre est abjuré dans le lieu même où il a été organisé. Par quoi est-il remplacé? — XVIII. Le principe des *races* essaie de remplacer celui de l'équilibre. — XIX. Ancienneté de ce principe. — XX. La race est l'un des éléments de la *nationalité,* mais ne la constitue pas à elle seule. — XXI. Elle ne peut rencontrer ni le centre juridique ni le « centre d'harmonie. » — XXII. C'est la volonté qui constitue et conserve la nationalité. — XXIII. La conformité d'idiome ne constitue pas la nationalité. — XXIV. Ni les races ni les nationalités ne peuvent donner le centre juridique et pacificateur. — XXV. Est-il possible de le rencontrer. — XXVI. La Papauté ne pourrait-elle reprendre le rôle de *centre d'harmonie* que l'Érastianisme lui a refusé?

I. Après que la Réforme eut détruit l'influence juridique et pacificatrice de la Papauté, les publicistes et les jurisconsultes, avons-nous dit, s'efforcèrent de relier entre eux les divers membres du faisceau qui se déliait, et de substituer l'action de la raison humaine à celle exercée jusque-là, — mais sans grand succès, il faut bien le dire, — par la Révélation divine. Ces publicistes et ces jurisconsultes ne furent pas les seuls à s'apercevoir que la Réforme, en dépouillant la Papauté de sa prépondérance et de sa prépotence, avait absolument isolé les États les uns des autres, et ils ne furent pas les seuls à entrevoir les conséquences anarchiques de cet isolement : les princes, eux aussi, virent bien que, dans le monde moderne, la Papauté avait repris le rôle de l'Empire romain en l'appropriant aux idées modernes, — qui ne permettaient plus la centralisation de la *force* pacificatrice, mais qui exigeaient la centralisation de la *persuasion* pacificatrice.— Et comme la Réforme détruisait cette centralisation pacificatrice dans la seconde forme qu'elle avait revêtue, les princes se prirent à se ressouvenir du mot de Tacite, du *pulsis Romanis, quid aliud quam bella omnium inter se gentium existent :* ils voulurent alors remplacer cette centralisation, non pas, comme les jurisconsultes, par des règles fixes, par une sorte de législation internationale inspirée par la raison humaine, mais par quelque chose d'intermédiaire entre la *force* antique et la *persuasion* moderne, par un système d'équilibre ayant pour effet, pensaient-ils, de neutraliser les forces hostiles en les opposant les unes aux autres dans un rapport d'intensité suffisant à produire la stabilité de cet équilibre.

Machiavel avait appris à ces princes que leur intérêt devait seul leur servir désormais de règle de conduite;

il leur avait appris que tout État, contenant en lui-même son critérium de droit et de justice, peut, très légitimement, imiter l'antiquité, qui appelait les étrangers des ennemis, et qui, pour les uns comme pour les autres, n'avait, ainsi que l'a remarqué Grotius, qu'un seul mot, *hostis ;* il leur avait appris, enfin, que le droit git tout entier dans le succès, et que les faits accomplis deviennent légitimes par cela seul qu'ils sont accomplis.

II. C'était bien là le droit de la force ; Dieu était écarté de cette théorie ; le droit des gens machiavélique n'admettait ni son intervention ni son existence ; il éliminait l'Absolu comme incapable de fournir la notion du Juste soit aux États, soit aux princes qui les gouvernaient en vertu d'un droit dont il était difficile de découvrir les racines.

On comprend dès lors que les princes, alors même que les idées religieuses de la Réforme n'eussent pas pénétré leur esprit, ne pouvaient manquer d'adopter les idées politiques professées par cette même Réforme ; on comprend que ces princes, considérant la Force comme le critérium du Droit, n'aient pu continuer d'accorder créance à l'influence persuasive de la Papauté ; on comprend, enfin, que les règles juridiques tracées par les jurisconsultes, peu d'accord entre eux, que la raison humaine voulait substituer à l'inspiration juridique de la Papauté, n'aient pas trouvé chez ces mêmes princes un accueil entièrement favorable, et qu'ils aient préféré à ces règles quelque chose se rapprochant de l'ancien principe de Force, que Machiavel leur enseignait être le seul principe efficace en matière de droit international.

III. Du reste, si l'avenir de l'Europe, livré aux hasards de la Force, —hasards qui ne pouvaient plus même s'appeler le jugement de Dieu,—pouvait paraître inquiétant à tous ces princes, il était naturel que la pensée de remédier aux redoutables éventualités qu'on prévoyait .vînt tout d'abord à ceux d'entre eux qui les avaient fait naître en renversant le système qui, jusque-là, les avait prévenues. Ce fut, en effet, dans l'esprit d'une reine protestante, dans l'esprit de l'héritière de Henri VIII d'Angleterre, que naquit la première pensée de remplacer le système grégorien par le système d'équilibre européen; et ce fut à un prince, protestant comme elle, malgré sa récente conversion au catholicisme, qu'elle s'en ouvrit.

L'Autriche était alors toujours redoutable; la solution ninivite imaginée par Charles-Quint était toujours menaçante; et pour éviter cette solution, la reine Élisabeth proposa au premier ministre de Henri IV de diminuer la puissance de l'Autriche : « Pour assurer, « dit-elle, la liberté publique, il faut rendre aux prin- « ces allemands leur ancienne dignité, seconder les « efforts des Provinces-Unies (1). »

C'était bien là le germe de l'idée qui devait se réaliser plus tard par les traités d'Osnabruck et de Munster : créer des États indépendants, s'opposer à leur absorp-

____

(1) V' Mably, *Principes des négociations,* ch. 6, œuvres, t. V, p. 68, éd. de l'an III.

tion par la puissance qui avait menacé l'Europe de relever l'empire de Charlemagne, équilibrer autant que possible les forces des grandes puissances, faire de leur rivalité la sauvegarde de l'indépendance des États plus petits, placer entre les grandes puissances, non plus la ligne ou zone inculte et dévastée dont les anciens Germains aimaient à s'entourer, mais une multitude de petits États sans cesse occupés de leurs petites querelles, et invoquant tour à tour l'un ou l'autre de leurs puissants voisins, dont ils occuperaient assez l'activité ambitieuse pour les empêcher de s'attaquer directement l'un à l'autre. Tout cela était au fond de la proposition faite par la reine Élisabeth.

IV. Certes, l'idée était bonne, en ce sens que le but qui l'avait inspirée était louable; mais le moyen imaginé pour atteindre ce but prêtait quelque peu le flanc à la critique. L'équilibre des forces ayant seul le pouvoir de produire la pacification, non-seulement ne rattachait pas le faisceau délié, mais ne pouvait produire la pacification qu'au prix d'un *statu quo* difficile à obtenir. Pour être permanent, cet équilibre exigeait que chacun des États de l'Europe se renfermât scrupuleusement dans ses limites territoriales et dans ses limites présentes de population et d'armement. La force, en effet, ne résulte pas seulement de l'étendue territoriale, elle résulte surtout du nombre des habitants, — de ce que Sully avait appelé les *subjets;* — elle résulte de l'armement créé par ces habitants, de leur intelligence à le perfectionner, de l'esprit public, du patriotisme que sait développer l'éducation, et du courage que les mœurs et les habitudes inspirent.

V. Il était difficile de maintenir un pareil équilibre après l'avoir créé; il était difficile d'empêcher le nombre des habitants de s'accroître si leur sol ou leur intelligence industrielle et commerciale venaient à permettre cet accroissement; il était difficile, enfin, de maintenir même le *statu quo* territorial, car les lois successionnelles admises dans tous les royaumes de la Chrétienté avaient pour effet de changer incessamment les limites de ces royaumes. Ce fut cette dernière difficulté qui frappa surtout le publiciste érastien Vattel, — grand partisan, d'ailleurs, du système d'équilibre,—qui, tout en justifiant ce système, ne put s'empêcher de dire : « Le droit d'héritage, même en faveur des femmes et de « leurs descendants, établi avec tant d'absurdité pour « les souverainetés, mais établi enfin, *bouleversera* « *votre système* (1). »

Et ce n'était pas seulement la logique qui dictait à Vattel cette prédiction. Le système d'équilibre européen fonctionnait de son temps, et le système d'héritage fonctionnait lui aussi, menaçant à chaque instant de *bouleverser* les combinaisons de forces savamment établies par les princes, par les hommes d'État et par les diplomates. Quelques années avant l'époque où Vattel écrivait, la mort du roi d'Espagne, Charles II, avait été sur le point de réunir l'Espagne à la France, au grand

____

(1) *Droit des gens*, liv. III, ch. 3, § 48.

péril de l'équilibre européen, et ce n'était ni sans grand'-
peine, ni sans de sanglants combats que ce péril avait
été conjuré. Le droit héréditaire avait été alors incontestablement en faveur de la France, mais les principes
de l'équilibre européen étaient contre elle; et, lors du
traité d'Utrecht, en 1713, ces principes l'avaient enfin
emporté en proclamant une fois de plus que la force
prime le droit, et en prouvant irréfutablement, en outre,
que le but pacificateur poursuivi lors de l'établissement
du système fuyait devant ceux qui s'étaient ainsi proposé de l'atteindre : l'équilibre, qui devait produire la
paix, avait enfanté la guerre.

VI. L'une des premières causes de l'échec du système
d'équilibre comme moyen pacificateur était donc le
droit d'héritage que, dans sa passion dynamique, Vattel, oubliant pour un instant son érastianisme, osa
qualifier *d'absurde*. Mais le droit d'héritage n'était pas
le seul qui s'opposât invinciblement à ce que le système
pût aboutir ; il y avait aussi le droit d'alliance qui, tout
admis qu'il fût en vue de produire la pacification, ne
savait engendrer autre chose que des compétitions diplomatiques, d'abord, puis des querelles et des conflits
sanglants.

On avait jeté, avons-nous dit plus haut, une multitude de petits États entre les grandes puissances, d'une
part, afin d'amortir les chocs que leur voisinage im-
médiat aurait pu produire, et, d'autre part, afin de permettre que ces petits États, en se coalisant, servissent
de contre-poids s'ajoutant aux forces de l'une des grandes

puissances contre celle d'entre elles qui serait parvenue
à rompre l'équilibre en sa faveur.

Le moyen était ingénieux, mais il avait pour effet
d'offrir les alliances des petits États à la convoitise
des plus puissants, qui ne manqueraient pas de rechercher ces alliances aussi bien dans le but de s'opposer
aux envahissements d'un État devenu trop puissant
que dans celui de servir les vues ambitieuses même de
ce plus puissant. C'était là un champ tout grand ouvert
aux habiletés diplomatiques et à toutes les passions,
bonnes ou mauvaises, qu'elles sont appelées à servir ;
mais c'était là surtout un champ ouvert aux conflits
qu'on avait cependant pour but de prévenir.

VII. En effet, et Vattel l'a encore remarqué, les
alliances, dont aucun des grands États ne pouvait se
passer, et que chacun d'eux recherchait avidement,
donnaient lieu à une foule de cas de guerre. Tantôt il
s'agissait de déterminer ce qu'on appelait le *casus fœderis,* chose souvent peu facile, et qui se décidait le
plus ordinairement par les armes; tantôt, après la paix
faite entre les grands belligérants, il s'agissait de ven-
ger les rancunes et de punir les auxiliaires qui s'étaient
mêlés d'une querelle qui ne les regardait pas directement. Le petit État, inquiété pour avoir, en vertu de
son alliance, prêté secours à un État plus puissant, ne
manquait pas alors d'appeler celui-ci à son aide; et la
guerre, qu'on avait crue terminée, recommençait de
plus belle (1).

(1) V° Vattel, *Droit des gens,* liv. III, ch. 6, § 95 et s.

Ce résultat infaillible du système des alliances, lequel faisait partie intégrante et nécessaire du système d'équilibre européen, n'a point empêché cependant Vattel d'être partisan de ce système d'équilibre, qui permettait de faire la guerre à un voisin uniquement parce qu'il paraissait devenir trop puissant (1). Il n'a pas empêché non plus Montesquieu d'admettre la parfaite justice des guerres d'équilibre (2), et il n'a pas empêché Martens, — qui venait de soutenir la parfaite légitimité du droit de conquête, — de soutenir la parfaite légitimité des guerres destinées à maintenir l'équilibre s'opposant à la conquête (3).

Ce qui revient à dire, — et nous en sommes fâché pour M. de Martens, — que tous les États ont le droit de faire la guerre pour s'agrandir, tandis que tous les États ont le droit de faire la guerre pour les en empêcher. Donc droit des deux parts. Il serait difficile de faire une critique plus amère d'un système dont on s'intitule le défenseur, et qui, destiné à prévenir la guerre, n'a pour effet que d'en établir le règne permanent.

VIII. Malgré ces résultats, malgré les conflits nombreux que suscitait à chaque instant le système d'équilibre européen, ce système fut maintenu tant que la politique de Munster et d'Osnabruck, la politique de Ryswick et d'Utrecht fut maintenue. Ce fut lui, ce fut ce système qui contraignit les Pays-Bas à demeurer si

(1) V° Vattel, *Droit des gens*, liv. III, ch. 3, § 42.
(2) V° *Esprit des lois*, liv. X, ch. 2.
(3) V° Martens, *Précis du droit des gens moderne de l'Europe*, liv. IV, ch. 1er, §§ 120 et 121.

longtemps espagnols, et qui, si longtemps, transforma cette riche contrée en un champ-clos où la fameuse question d'équilibre européen venait périodiquement s'agiter. Il ne saurait être inutile ou superflu de nous arrêter quelques instants sur cette question des Pays-Bas, qui met si bien en lumière le vice du système que la politique des Princes avait prétendu substituer à la politique des Papes.

Il importait aux puissances, il importait à l'Angleterre, dominées les unes et les autres par le principe d'intérêt dont nous avons parlé, il leur importait, disons-nous, non-seulement que la France n'accrût pas sa puissance territoriale et maritime en s'annexant les Pays-Bas, mais encore que cette même France fût enserrée, au nord et au midi, par les possessions d'une autre puissance, à peu près égale en forces, et qui, la comprimant dans une sorte d'étau, paralyserait ses mouvements et l'empêcherait de rompre ce fameux équilibre si difficile à maintenir. D'un autre côté, la possession des Pays-Bas par l'Espagne n'accroissait point la puissance de cette dernière, et les États de l'Europe pouvaient, sans danger, lui maintenir ces provinces. En effet, les Pays-Bas, séparés de l'Espagne par la France et par la mer, ne pouvaient être, pour l'ancienne monarchie de Charles-Quint, qu'une véritable colonie : et l'on sait que les colonies sont loin d'augmenter les forces de leur métropole.

L'Europe et surtout l'Angleterre avaient un autre intérêt à conférer à l'Espagne la possession des Pays-

Bas. Si ceux-ci étaient empêchés de s'annexer à la France, leur voisine d'un côté, ils pourraient s'annexer aux Provinces-Unies, à la Hollande, leur voisine de l'autre côté. Or, la Hollande avait eu son Ruyter, l'Angleterre s'en souvenait; elle avait de plus un commerce prospère. En s'annexant les Pays-Bas, la Hollande serait devenue un État très puissant, dont les côtes se seraient allongées en face des côtes de l'Angleterre, et dont les ports, devenus les plus nombreux et les plus beaux de l'Europe, auraient promptement enfanté une marine puissante en état de disputer à la trop fière Albion l'empire des mers, auquel celle-ci, à qui la nature ne permettait pas d'accueillir l'esprit de conquête territoriale, aspirait autant par nécessité que par orgueil. L'Espagne se trouvait là merveilleusement à propos pour servir les intérêts anglais et détenir, sans aucun inconvénient, la riche proie qui se trouvait entre la France et la Hollande.

Aussi, et sans calculer les convenances ni les vœux des habitants des Pays-Bas, les diplomates du XVIIᵉ siècle les obligèrent à demeurer espagnols.

IX. La politique d'équilibre, n'ayant d'autre but que de s'opposer à l'accroissement des forces, ne proscrivait les accroissements territoriaux qu'autant qu'ils pouvaient avoir pour effet d'augmenter les forces. Cette politique tendait à déchiqueter les États, à en séparer les membres divers, et elle s'opposait, autant que possible, à leur concentration. C'était là sa notion de justice, c'était là sa notion du droit. Nous venons d'en avoir la preuve dans la question des Pays-Bas, et nous pouvons confirmer cette preuve en nous reportant à ce qui se passa entre la France et l'Angleterre lors du traité de Loo.

L'Angleterre, alors, l'Angleterre qui s'opposait si énergiquement à ce que les Pays-Bas fussent réunis soit à la France, soit à la Hollande, — qui leur confinaient l'une et l'autre, — ne voyait aucun inconvénient, aucun danger de rupture pour l'équilibre à ce que la France s'appropriât le royaume de Naples. Elle eût acquis, cependant, par cette appropriation, un plus vaste territoire et une plus nombreuse population que par l'appropriation des Pays-Bas ; mais peu importait. L'Angleterre savait bien que le royaume de Naples ne serait, pour la France, qu'une simple colonie, comme elle savait que les Pays-Bas n'étaient qu'une colonie pour l'Espagne ; elle savait bien que les colonies n'augmentent pas la force des métropoles, et l'Angleterre était toute disposée à favoriser à la France l'acquisition du royaume de Naples.

Du consentement des habitants, des convenances de langage, de mœurs, de religion, il n'en était pas question ; ou s'il en était question, c'était pour interdire la réunion des populations qui avaient entre elles des rapports de mœurs, de langage et de religion ; car celle-ci, cette réunion, aurait fait des États plus compacts, des États plus forts dès lors, et c'est là ce qu'on ne voulait pas. Mais si, au contraire, le langage, les mœurs, les croyances se disconvenaient, oh ! alors l'annexion était possible, elle était facilitée : on aurait volontiers obligé la France à conquérir Naples malgré elle; ne serait-ce pas pour elle la robe de Nessus?

X. Tel était donc le droit d'équilibre européen : il foulait aux pieds non-seulement les volontés des sujets, mais leurs aspirations les plus légitimes; tel était le système qui, mettant en mépris la notion du Juste, introduisait, avec le droit de force, le matérialisme le plus complet dans le droit international. Vainement la Révolution française entreprit de briser ce système, elle ne sut enfanter aucun droit à substituer à ce droit; et nous savons d'où lui provint cette impuissance, car nous savons qu'elle eut l'orgueilleuse folie, après avoir détruit la divinité érastianique, de s'écrier : Il n'y a point de Dieu. La Révolution ne sut donc enfanter rien de meilleur que ce qui avait été créé par les traités de Munster, d'Osnabruck et de Ryswick; et lorsque, vaincue enfin, elle fut obligée de subir à son tour le joug de la Force, qu'elle avait longtemps imposé à ses voisins, le système westphalien fut solennellement réinstallé au milieu de l'Europe.

XI. En effet, lors des traités de Paris, des 30 mai 1814 et 20 novembre 1815, le principe d'équilibre européen fut nettement invoqué : « voulant, » dit le préambule de 1814, « établir une paix solide *fondée* « *sur une juste répartition des* FORCES *entre les puis-* « *sances,* etc. (1). » On ne pouvait restaurer plus expli-

---

(1) Ve Bull. 16, n° 130, et Bull. 64, n° 401.

citement le système que la Révolution avait voulu détruire. L'efficacité de la *Force* était affirmée au même titre que la pacification était indiquée comme le résultat d'une *juste répartition des forces entre les puissances;* et le mot *juste,* employé dans cette phrase diplomatique, y était bien entendu dans son acception matérielle, dans son acception dynamique, car le Juste moral ne pouvait être invoqué par les princes qui, en continuant l'Érastianisme du siècle précédent, répudiaient l'intervention du Juste dans le droit international. Du reste, l'histoire n'avait pas eu de voix apparemment pour les diplomates qui, en 1814, affirmèrent avec tant d'assurance qu'une *paix solide* doit naître de l'équilibre des forces.

Quoi qu'il en soit, après avoir ainsi dogmatisé, on agit, et l'on se mit à créer une Europe équilibrée en la déchiquetant le plus possible, sans se demander ni d'où provenait le droit en vertu duquel les diplomates du Congrès constituaient des États et des Royaumes, ni si la volonté ou la convenance des peuples était d'accord avec la volonté et les convenances des princes appelés à les gouverner.

Si, réellement et de bonne foi, les princes qui, en 1814 et 1815, restaurèrent le système d'équilibre européen, avaient pu croire que ce système pouvait établir « *une paix solide,* » on pourrait, en faveur de leur bonne intention, les excuser d'avoir négligé de s'enquérir de la source de leur droit. Mais leur ignorance de l'histoire, ignorance dont nous les avons accusés plus haut, n'était qu'une ignorance feinte ; ils savaient bien que l'équilibre européen, que l'équilibre des forces n'avait pas produit de pacification dans le passé ; et s'ils invoquaient ce motif, c'est qu'il fallait bien qu'ils s'appuyassent sur quelque chose pour justifier le droit qu'ils s'attribuaient de disposer du sort des peuples sans prétendre en avoir reçu de Dieu la mission, et sans recourir à la volonté ou aux convenances de ceux qu'on obligeait à former une nation ou à faire partie d'une nation.

XII. En fait, ce n'était point la pacification qu'on poursuivait : si on l'avait poursuivie, on se serait occupé de prévoir les cas qui la pouvaient faire cesser, on se serait occupé de la mer, par exemple, et des cas fréquents de conflits qui peuvent naitre de l'usage de la mer ; usage nécessairement commun, et où les rencontres d'intérêts divers et opposés sont fréquentes. On n'en fit rien, on parut oublier la grande querelle doctrinale de Grotius et de Selden, on laissa la question indécise entre le *de mare clusum* et le *de mare liberum*, on ne s'occupa point de convenir de certaines règles à observer pour prévenir les différends qui surviennent si fréquemment à propos des intérêts maritimes. La mer ne pouvait point augmenter ou diminuer le nombre des habitants d'un État, elle ne parut point pouvoir en augmenter les forces, on ne s'occupa pas de la mer, et on l'abandonna, sans y penser, aux conflits qui pouvaient y survenir.

Encore une fois, ce n'était point la pacification que

les diplomates de 1815 avaient en vue lorsqu'ils restaurèrent le système d'équilibre, ils ne pouvaient se faire d'illusion sur ce point. Quel était donc leur but?... S'ils eussent approfondi le système, s'ils en eussent apprécié les conséquences logiques et nécessaires, ils se seraient aperçus qu'il conduit à des résultats fort singuliers. Ce système interdit, non point l'élargissement territorial, — peu importe cet élargissement, observe avec justesse Pinheiro-Ferreira, si les terres annexées sont inhabitées (1), — mais ce qu'il interdit, c'est l'augmentation du nombre des habitants. Pour obtenir l'équilibre stable des forces, il faut que les États ne contiennent qu'un nombre déterminé d'habitants : accroître ce nombre c'est rompre l'équilibre, c'est donner, par conséquent, ouverture au *casus belli;* et voilà pourquoi le système d'équilibre est opposé au droit de conquête. Mais la conquête n'est pas le seul moyen que possède un État d'augmenter le nombre de ses habitants et, par suite, d'accroître ses forces : le commerce, l'industrie, la civilisation sont, en ce point, plus puissants que la conquête. Il fallait donc proscrire l'industrie, proscrire le commerce, proscrire la civilisation, surveiller sans cesse les dénombrements de population, et faire un *casus belli* de la prospérité!

XIII. Est-ce parce qu'on entrevit ces conséquences rigoureuses d'un système qui, pour donner la paix, n'avait su que produire la guerre, qu'on voulut y re-

_____

(1) Sur Martens, liv. IV, ch. 1er, § 121.

noncer au moment même où on le restaurait? L'empereur Alexandre de Russie, si influent lors des négociations qui amenèrent le traité du 30 mai 1814, frappé sans doute du vide que faisait, au milieu de la république chrétienne, l'absence de la Papauté, — qu'il considérait, lui aussi, comme un *centre d'harmonie*, — aspira à la remplacer. « Il se croyait appelé par une « mission divine, » dit M. de Viel-Castel, « à la double « et glorieuse tâche de maintenir l'ordre dans le monde, « et de frayer partout la voie aux changements, aux « améliorations exigées par le progrès des lumières (1). »

C'était là précisément la mission que s'était donnée Grégoire VII ; et pour imiter plus complétement ce grand Pape, le chef de l'Église grecque, en s'adjoignant, dans le traité dit de la Sainte-Alliance, du 26 septembre 1815, l'empereur d'Autriche et le roi de Prusse, déclara que cette union, faite au nom de « *la très sainte et indivisible Trinité*, » avait pour but « d'asseoir la « marche à adopter par les Puissances dans leurs rap« ports mutuels sur les vérités sublimes que nous en« seigne l'éternelle religion du Dieu sauveur, et de « prendre pour règle de conduite les préceptes de *jus« tice, de paix et de charité* donnés par cette reli« gion (2). »

On était loin de l'équilibre européen qui, lui, n'invoquait ni la *sainte Trinité*, ni les préceptes *de justice, de paix et de charité;* mais on était loin aussi du prin

(1) *Histoire de la Restauration*, t. VI, p. 247.
(2) Voir le texte dans le *Moniteur* de 1816, n° 37.

cipe moderne de souveraineté basée sur l'autœrgie et l'autonomie humaine; car les trois princes, associés dans un but, il est vrai, très louable, déclaraient que *la divine Providence* les avait placés à la tête de leurs peuples, et que ces peuples, incarnés, comme au temps de Jornandès, en la personne de leurs rois, n'étaient que le troupeau sans initiative et sans volonté dont nous a parlé précédemment M. de Broglie (1).

On ne sait trop quel rapprochement put se faire dans l'esprit de l'autocrate russe entre la trinité métaphysique qu'il invoquait, et la trinité très physique qu'il organisait « à l'effet de faire régner les principes de « *justice, de paix et de charité* » dans les rapports des Puissances; mais il est permis de croire que, dans ses aperceptions suprà-humaines, le chef de la Sainte-Alliance ne découvrit point d'une façon bien nette la source éthérée d'où peut découler la justice absolue, et il est permis de croire, en outre, que l'Érastianisme ne reçut pas un démenti de la doctrine cachée sous les formules mystiques et peu précises du pacte de 1815.

XIV. On comprend de reste que ce mysticisme juridique ne pouvait convenir à la positive Angleterre, qui ne s'était pas affranchie du joug d'un Pape orthodoxe pour se placer sous celui d'un Pape schismatique. D'ailleurs, sa position insulaire et sa politique insulaire faisaient qu'elle ne s'intéressait que dans un sens en quelque sorte personnel aux questions de paix et de

____

(1) V* *Démocratie en Europe*, p. 105. Paris, 1875, Guillaumin, éd.

guerre. L'Angleterre n'accéda pas au traité de la Sainte-Alliance, elle se maintint dans les principes du droit des gens de Ryswick; et lorsque, en 1854, éclata la guerre de Crimée, — entreprise dans un but d'équilibre européen, — peut-être ne fut-elle pas fâchée d'affirmer ses principes juridiques à l'encontre de ceux que le traité du 26 septembre 1815 avait voulu substituer à ce même équilibre européen.

Nous avons dit plus haut que, dans le but de maintenir l'équilibre des forces, le droit érastianique était opposé à l'esprit de conquête. Mais quelques-uns des jurisconsultes qui écrivirent sous l'empire de ce droit ne se bornèrent pas à refuser le droit de conquête, en se basant sur ce motif que la conquête détruirait l'équilibre; ils y ajoutèrent que la conquête est injuste en elle-même; et ils la proscrivirent, non moins comme injuste que parce qu'elle rompait l'équilibre des forces. Ce fut ainsi que Vattel, ce partisan déclaré du système d'équilibre, dit formellement qu'il est permis de faire la guerre aux États qui veulent s'agrandir, non-seulement parce que, en s'agrandissant, ils augmentent leurs forces, mais aussi parce que, en s'agrandissant aux dépens de leurs voisins, ils donnent la preuve de leur injustice. Or, ajoute-t-il, de même qu'il est permis de faire la guerre aux pirates, de même il est permis de faire la guerre à ceux qui, en mettant en oubli la justice, ne sont, après tout, ainsi que le disait saint Augustin, que de véritables pirates (1).

(1) V° Vattel, *Droit des gens*, liv. III, ch. 3, §§ 42, 43 et 46.

On ne peut qu'approuver les scrupules de ces jurisconsultes; mais il faut bien dire que, en invoquant la justice en faveur de leur thèse, en ajoutant ce motif à celui qu'ils tiraient de la rupture de l'équilibre, ils se créaient des difficultés dont il leur était difficile de sortir sans abjurer les principes qu'ils avaient pour but de défendre. Quelle était, quelle pouvait être cette justice qui s'opposait à ce qu'un prince s'emparât des États d'un autre prince? D'où provenait-elle? — D'une source commune, d'un supérieur placé au-dessus de l'un et de l'autre? Cela ne se pouvait, car ces princes étaient parfaitement indépendants aussi bien l'un de l'autre que de tout supérieur; Vattel l'avait soutenu contre Barbeyrac et Puffendorf, et l'Érastianisme, au surplus, n'avait pas conservé le *fors que Dieu* des États de 1302. — Il fallait donc ou renoncer à l'Érastianisme, ou renoncer à invoquer la justice contre le droit de conquête en s'en tenant à la Force.

En droit moderne, la difficulté que rencontraient les jurisconsultes érastiens n'existe plus, et l'on peut proscrire le droit de conquête au nom de la justice, parce que la justice, en droit moderne, exige que chacun jouisse de sa souveraineté sur lui-même, que chacun soit libre de sa volonté; ce qui ne serait pas si la conquête venait confisquer la souveraineté des citoyens conquis en méprisant leur volonté.

XV. Tandis que, en droit érastianique, on ne pouvait proscrire le droit de conquête qu'en alléguant la rupture de l'équilibre des forces, et qu'il était interdit d'alléguer l'injustice; en droit démocratique, au contraire, on ne peut proscrire ce même droit de conquête qu'en se basant sur son injustice, c'est-à-dire en établissant qu'il dénie aux populations conquises l'exercice de leur souveraineté et l'indépendance de leurs volontés. Si la conquête tient compte de cette souveraineté, si elle s'accomplit conformément aux vœux des populations soit-disant conquises, le droit nouveau la justifie, et, à l'encontre du droit ancien, il interdit aux autres puissances de s'y opposer, quelle que soit d'ailleurs la rupture d'équilibre qui en puisse résulter.

XVI. La guerre que la Prusse fit à l'Autriche en 1866, puis à la France en 1870, prouve que c'est bien ainsi, en effet, que le droit de conquête est compris par l'Europe à l'heure actuelle, même par les Puissances qui s'imaginent en être demeurées au droit érastianique et à l'équilibre européen des traités de Westphalie et de Vienne. Par cette double guerre, la Prusse est parvenue à détruire l'œuvre des traités de Westphalie de 1648, et des traités de Paris et de Vienne de 1814 et de 1815. — Par elle, par cette double guerre, la confédération allemande du 8 juin 1815 a été détruite, et le peuple allemand a cessé d'être divisé en une multitude de petits États, parlant la même langue, appartenant à la même race et ayant les mêmes mœurs.

Certes, par suite de cette guerre faite successivement à l'Autriche et à la France, l'interdiction d'agrandissement, qui formait l'essence même de l'ancien droit, fut ouvertement violée, et l'équilibre européen fut rompu.

La Prusse, foulant aux pieds les traités de 1815, s'agrandit démesurément, elle tripla son territoire et sa population, elle dépouilla des princes voisins au mépris de la fameuse maxime *omnis potestas à Deo*. Pourquoi donc l'Europe n'intervint-elle pas? Pourquoi la Russie, pourquoi l'Angleterre, qui avaient signé et presque dicté les traités de 1815, furent-elles plutôt sympathiques à la Prusse, qui les violait, qu'à l'Autriche et à la France, qui les défendaient ?

Pourquoi?... Nous venons de le dire, c'est que, sans que les Puissances européennes s'en rendissent précisément un compte bien net et bien fidèle, la notion du droit public avait changé depuis 1815; c'est que, en s'emparant de l'empire allemand, la Prusse ne parut ni à la Russie, ni à l'Angleterre commettre une injustice alarmante pour leur repos; c'est que la Prusse n'agissait pas contre le vœu du peuple allemand, qu'elle ne s'emparait pas de lui malgré lui; c'est que, au contraire, les vœux de la population allemande étaient du côté de la Prusse; c'est que, enfin, le principe des *Nationalités*, qui n'est autre chose que celui de Souveraineté du peuple, parut, en 1866 et en 1870, être un principe juste, et que l'Europe, enfin désabusée des appréhensions qui avaient prévalu lors des traités d'Aix-la-Chapelle, de Troppau, de Laybach et de Vérone, reprenait le cours des idées que les violences de Napoléon Ier avaient interrompu (1).

<hr>

(1) V⁰ Pinheiro-Ferreira, sur Martens, liv. IV, ch. 1ᵉʳ, § 121. — Klüber,

XVII. L'œuvre des traités de Westphalie, l'œuvre de Louis XIV fut détruite dans le palais même de Louis XIV. Le droit moderne semblait, en choisissant ainsi le lieu de son triomphe, convoquer l'ombre du grand roi et réclamer d'elle-même l'aveu de sa défaite. L'Allemagne, dont le morcellement avait été médité et préparé sous ces mêmes lambris, en sortit unifiée, réalisant les vœux qui, dès 1807, s'étaient traduits dans l'association organisée par le baron de Stein sous le nom d'*union de la vertu*. L'ancien droit des gens était fini, et le nouveau droit prenait naissance. Naissance mal réussie toutefois, naissance inavouée de ceux-là mêmes qui la produisirent.

Si nous n'avions précédemment critiqué *l'adroite Providence* de Vico (1), nous serions tenté de voir sa main dans cette reconnaissance du droit nouveau imposée à la nation qui, la première, en 1789, en avait formulé le principe autoritaire, par la nation qui, la première aussi, s'était posée en adversaire résolu du nouveau principe. Certes, en 1871, la volonté consciente et intelligente fit défaut au roi de Prusse qui, tout en détruisant le droit des gens érastianique, était tellement imbu des principes de ce droit que, en annonçant à la reine Augusta, sa femme, les succès inouïs et inespérés qu'il venait d'obtenir, il eût volontiers dit comme le

Droit des gens moderne de l'Europe, §§ 6 et 42. — Wheaton, *Éléments de droit international*, t. Iᵉʳ, p. 77 et s.

(1) *Recherches historiques du Juste et de l'Autorité*, 2ᵉ partie, liv. Iᵉʳ, ch. 3.

fataliste Soliman : « Hélas ! sans la main de Dieu, cette épée ne serait ni plus lourde ni plus tranchante que celle de Pharadok le poète. » Cependant il est permis de soupçonner que, près de ce monarque, se trouvait un conseiller dont la vue était plus perçante ; et il est même permis de supposer que l'intelligence perspicace de ce conseiller lui fit entrevoir les conséquences futures de ses actes, et qu'il ne recula cependant devant aucunes d'elles.

Quoi qu'il en soit, bien que le nouveau droit des gens dût sortir tout naturellement de l'abandon du droit ancien, et que, à l'équilibre des forces, —qu'on détruisait, —on dût, à peine d'anarchie internationale, substituer soit un principe, soit un mécanisme quelconque destiné à remplacer l'ancien *centre d'harmonie*, — que le roi luthérien Frédéric-Guillaume n'entendait point restaurer, — on ne fit rien de semblable ; on détruisit et l'on ne remplaça point, laissant à l'avenir le soin d'achever l'œuvre et de rétablir partout l'harmonie entre les principes du droit public interne et les principes du droit public externe. À l'heure actuelle, la question est encore indécise ; et, pour la résoudre, des publicistes ont mis en avant, les uns la question des *Races*, les autres celle des *Nationalités*.

XVIII. La Prusse elle-même était, on n'en peut douter, imbue, en 1870, de cette pensée que la réunion des Races est un principe de justice appelé à remplacer le principe d'équilibre, définitivement abandonné ; et elle était persuadée que si la guerre ayant pour objet de maintenir l'équilibre des forces est devenue injuste, celle qui a pour but de réunir les populations appartenant à la même race est une juste guerre. Aussi la Prusse ne se borna point à réunir sous son empire tous les peuples de race germaine qui aspiraient à cette réunion, elle y joignit l'Alsace et la Lorraine, — qui étaient loin de désirer une réunion semblable, — mais qui, appartenant à la race germaine, lui parurent de voir, par cela seul, faire partie de l'empire germanique.

Ainsi, pour la Prusse, la question des Races n'avait aucun rapport avec le principe de Souveraineté nationale : on pouvait admettre l'une et repousser l'autre ; on pouvait conquérir des populations et leur imposer un gouvernement et une nationalité qu'elles repoussaient ; il suffisait pour cela que les populations conquises appartinssent à la même race que les populations conquérantes. Tel était le droit nouveau qui venait remplacer l'ancien droit.

Certes, il y avait là une étrange méprise et une singulière confusion d'idées ; mais on ne peut s'étonner de les rencontrer dans les agissements d'un conquérant, car on les rencontre sous la plume d'un publiciste éminent qui, lui aussi, semble croire que les principes de Race et de Nationalité sont destinés à remplacer le principe d'équilibre qui servait de critérium de justice à l'ancien droit international. M. Guizot nous a dit, en effet, « que les questions de *Race* et de *Nationalité* sont « des problèmes s'élevant et repoussant dans l'ombre,

« comme une routine usée, l'ancien droit public et les
« maximes de l'équilibre européen. »

Nous devons chercher à faire cesser cette méprise et
à débrouiller cette confusion d'idées; nous devons,
puisque le droit ancien est abandonné, même par ceux
qui, il y a peu d'années, l'avaient restauré, examiner
si la question des Races ou celle des Nationalités sont
de nature à être résolues de façon à fournir au droit
nouveau un principe qui prenne la place de l'ancien
équilibre; nous devons examiner, enfin, si ces questions
de Race et de Nationalité sont à tel point distinctes du
principe de Souveraineté populaire, qu'on puisse les
admettre pleinement tout en repoussant entièrement le
principe de Souveraineté du peuple.

XIX. La question des Races n'est pas une question
nouvelle, elle s'agitait déjà entre Arioviste et César,
elle s'agitait dans l'esprit de Charlemagne et de Charles-
Quint, elle s'agitait lors de la fameuse guerre de Trente
Ans, et elle ne fut peut-être pas étrangère au succès de
la réforme luthérienne en Allemagne. Cette question
des Races s'était aussi emparée, vraisemblablement,
de l'esprit des Bourbons de France, qui parvinrent à
placer sur presque tous les trônes érigés par la race
latine un prince de leur maison. Enfin, lorsque l'empereur Napoléon Ier, après s'être fait couronner roi d'Italie, parvint à se faire céder le trône d'Espagne, il
entendait peut-être, lui aussi, résoudre cette question
de Races qui, dans le Nord, a reçu les noms de Panger-
manisme et de Panslavisme.

La question des Races n'est donc pas une question nouvelle, et il serait bien étrange que le droit nouveau pût avoir recours à elle pour obtenir le principe qui lui fait défaut. Au surplus, tout ce passé, troublé, sanglant, dans lequel elle s'est agitée, ne permet guère, on en conviendra, de considérer la question des Races comme le mécanisme destiné à réaliser le *centre d'harmonie* que l'Europe est, depuis le seizième siècle, en train de rechercher.

XX. Les Races, il est vrai, peuvent, ainsi que l'a fait M. H. Passy (1), être considérées comme l'un des éléments de la Nationalité. En tenant compte de la race dans la composition des nations, on peut, tout à la fois, diminuer le morcellement actuel des États et rencontrer au sein de chacun d'eux une unité de vues, de mœurs, de sentiments qui permette à la volonté collective de se dégager. A ce point de vue, la question des Races a son importance, elle concourt à former des Nationalités compactes qui, pour se maintenir et éviter l'anarchie, n'ont pas besoin d'être dominées par une force autre que celle de la volonté nationale, toujours facile à reconnaître quand les éléments de la Nationalité ne sont pas hétérogènes. En adoptant le principe des Races dans la composition des États on réalisera très certainement un progrès, on obtiendra des Nationalités plus compactes et plus unies que celles composées par les anciens diplomates ou formées par la conquête, on diminuera

______

(1) Ve *Des formes de gouvernement*, par M. H. Passy, ch. 15, éd. 1870.

même, vraisemblablement, le nombre des États indépendants les uns des autres et disposés, par cette indépendance, à entrer en conflit les uns envers les autres ; mais ce sera là tout, et la question du centre d'harmonie ne sera point résolue.

XXI. C'est donc à tort que la question des Races a été considérée comme un nouveau principe destiné « à re- « pousser dans l'ombre, comme une routine usée, l'an- « cien droit public et les maximes de l'équilibre euro- « péen. » Les Races n'ont rien de commun avec cet équilibre, rien de commun avec le droit public international ; et alors même que, renonçant à l'ancien ordre d'idées, qui tendait à faire des États peu cohésifs et à les composer d'éléments divers et hétérogènes, on adopterait pour règle de tenir compte de la race dans leur composition, afin de réunir ensemble des populations mieux disposées à vivre unies, on ne serait parvenu qu'à ce résultat de composer l'Europe d'États moins nombreux, mais plus forts, dont l'homogénéité n'aurait d'autre effet que de rendre plus tranchées les différences de mœurs et d'habitudes. Or, ces différences de mœurs et d'habitudes ne peuvent, à elles seules, que produire des effets entièrement opposés au but pacificateur qui est le problème en cours de recherche. Quelle que soit la solution que reçoive cette antique question de Races, elle ne saurait donc inculquer aux nations que des notions d'unité et d'indépendance plus complètes, elle ne leur inspirerait pas un sentiment plus vrai et plus net de la justice universelle.

XXII. Remarquez, au surplus, que la race n'est et ne peut être que l'un des éléments de la nationalité, mais qu'elle ne la constitue pas à elle seule. Ce qui la constitue, ce qui constitue la nationalité, ce qui fait qu'un peuple existe, nous l'avons déjà dit (1), c'est la volonté de ceux qui en font partie. La conformité de race peut être un motif déterminant de cette volonté, mais elle ne la remplacerait pas. Prendre, ainsi que l'a fait la Prusse en s'annexant l'Alsace et la Lorraine, la race comme cause unique de la nationalité, c'est violer en réalité le principe supérieur du droit public moderne, et rétrograder au delà de l'ancien principe d'équilibre qui, s'il tenait peu compte des races, interdisait du moins la conquête, sinon au point de vue du droit, du moins à celui du fait.

La volonté des citoyens peut, d'ailleurs, très légitimement contredire la conformité de race, — l'Amérique l'a prouvé en se détachant de l'Angleterre, — et ce serait une singulière erreur que de considérer l'union politique des races comme un principe de droit naturel. Pour le soutenir, pour soutenir que la réunion en un même corps social de tous les hommes appartenant à la même race est dans les vues de l'Être suprême, qu'elle est juste par conséquent et conforme aux lois de la nature, il faudrait supposer que le lien du sang, le lien de la famille, traverse, sans rien perdre de sa puissance effective, toutes les générations qui se succèdent au

____

(1) *Démocratie en Europe*, liv. III, ch. 1ᵉʳ. Paris, 1875, Guillaumin, éd.

travers des siècles; et c'est là une erreur que les faits démontrent.

La nature n'a pas plus établi de liens perpétuels de famille qu'elle n'a établi entre les hommes de différences congéniales qui les parquent chacun dans sa race. Aucune loi naturelle n'interdit le mélange des races, car ces mélanges, quelles que soient les différences apparentes, sont des mélanges féconds; tandis que, pour les races que la nature a réellement parquées et séparées, ils ne le sont pas. D'où il est permis de conclure, ce semble, que les lois de la nature, les lois divines, n'ayant rien à voir dans la constitution des nationalités, dans le triage ou la confusion des races, ce triage ou cette confusion sont uniquement soumis aux lois humaines, c'est-à-dire à la volonté des individus, qui se réunissent ou se séparent selon que leur volonté les porte à s'unir ou à se séparer.

L'observation ethnographique signale, entre les hommes, des différences, il est vrai; mais nous ne pouvons croire que l'observation psychologique puisse signaler de semblables différences entre des êtres doués de la faculté d'élever leur âme jusqu'à Dieu, leur père commun. Encore une fois, la question des Races qui, quelle que soit sa solution, ne produirait pas l'universelle pacification, ne peut, à elle seule, produire les Nationalités, et ne constitue que l'un des éléments qui déterminent les volontés à s'unir pour composer ces Nationalités.

Quant à cette dernière question des Nationalités, que

certains publicistes modernes mettent en avant, et que M. Guizot a considérée, elle aussi, comme appelée à « repousser dans l'ombre l'ancien équilibre européen, » elle ne peut, sous ce rapport, soutenir un examen quelque peu attentif. Le mot Nationalité n'est qu'un mot, il n'est pas et ne peut être un principe. La Nationalité, nous nous sommes déjà expliqué sur ce point (1), est le résultat d'un concours de volontés plus ou moins nombreuses, déterminées à s'unir et à rester unies par diverses conformités d'habitudes, de mœurs, de langage, de religion, de race même. La force, la conquête, la violence ne constituent pas la Nationalité, elles constituent l'asservissement. D'où il suit que le mot Nationalité ne se distingue pas sensiblement de celui de Souveraineté du peuple. En fait, la volonté, la souveraineté de la volonté est la seule chose qui détermine la Nationalité et la rende vivace et persistante.

Mais le mot Nationalité a été trop récemment inventé pour avoir acquis la valeur d'un mot défini. En général, ceux qui s'en servent l'emploient comme un postulat indéfini, pouvant, par cette indéfinition même, servir dans les circonstances les plus diverses en les colorant d'une certaine apparence juridique. Ce fut ainsi que l'empereur Napoléon III considérait ce mot Nationalité, et s'en servait pour faire la guerre d'Italie, tandis qu'il se servait du mot Équilibre pour déclarer à la Prusse la guerre dont nous connaissons la funeste

____

(1) *Démocratie en Europe*, liv. III, ch. 1er, Paris, 1875, Guillaumin, éd.

issue. Du reste, Napoléon III se faisait, très certainement, une singulière idée de la valeur du mot Nationalité : il lui refusait la valeur du mot Souveraineté
populaire, et, mélangeant ensemble, dans la notion
qu'il s'en formait, les idées de conformité de races à
celles de conformité d'idiome, il en arrivait à légitimer
à ses yeux la conquête,—qu'il méditait,—de ce qu'on a
appelé les frontières naturelles de la France. Il nous
en a laissé une preuve singulière.

XXIII. Après la guerre de Bohême de 1866, la Prusse
s'étant agrandie aux dépens de l'Autriche en alléguant,
comme nous l'avons vu, le principe de Nationalité, l'empereur Napoléon III qui, en Italie, lors de la campagne
de 1859, avait, lui aussi, soutenu le principe des Nationalités, revint aux idées d'équilibre européen, et, pour
compenser l'agrandissement de la Prusse, voulut s'annexer la Belgique. Mais quelques-uns de ses conseillers
lui objectèrent l'inconséquence d'une annexion semblable : Ne serait-ce pas, lui dirent-ils, donner un
démenti au principe des Nationalités, mis en avant lors
de la guerre d'Italie; ne serait-ce pas détruire une nationalité après avoir combattu pour constituer une nationalité?... Du tout, répondit Napoléon III dans une note
trouvée dans le cabinet de M. Conti, son principal
secrétaire, car *il n'existe pas de nationalité Belge* (1).»

Il n'existe pas de nationalité Belge!... Qu'était-ce
donc que la Nationalité pour l'empereur Napoléon III?

____

(1) V° *Correspondance de la famille impériale.* Garnier frères, éditeurs, 1871, pièce n°6, t. Iᵉʳ, p. 14.

La possession d'un idiome spécial apparemment. Mais est-ce que la conformité de langage suffit à elle seule pour déterminer la nationalité?... On parle anglais en Amérique, et les Américains ne veulent point être Anglais; on parle espagnol au Mexique, au Pérou; on parle espagnol dans toute l'Amérique du Sud, s'ensuit-il que l'Amérique du Sud veuille être espagnole, et qu'il soit légitime de la réannexer à son ancienne métropole?

XXIV. Les Nationalités, alors même qu'elles seraient formées conformément à la volonté de ceux qui habitent les États divers, ne peuvent, du reste, pas plus que les Races, remplacer le *centre d'harmonie* auquel la Prusse, disions-nous plus haut, a préparé la place. A l'heure actuelle, le principe d'équilibre des forces, institué dans un but pacificateur, n'existe plus; et aucun obstacle ne s'oppose à ce que tous les États de l'Europe entrent en conflit. Ni les Races ni les Nationalités ne peuvent atteindre le but pacificateur que se proposait l'ancien équilibre; le droit international manque d'organisation, il manque de mécanisme, et l'anarchie est entière. Le principe juridique qui domine la question des Nationalités, le principe de Souveraineté du peuple, peut, il est vrai, permettre de tracer les règles de justice destinées à régir les rapports des divers États entre eux; mais un principe n'est pas plus un mécanisme qu'une institution, et, même avec l'adoption générale de ce principe, même avec la rédaction d'un code de droit international qui en formulerait les conséquences, il resterait toujours à dire, avec M. Ch. Vergé : « Il y a

« un code ou un ensemble de règles généralement ad-
« mises, et ce code n'a pas de sanction, il n'a ni tribunal
« qui prononce les sentences, ni pouvoir institué qui les
« fasse exécuter (1). »

XXV. Déjà Grotius s'était efforcé de rencontrer ce
tribunal, qui se substituerait à la brutale solution par
les armes, sorte de jugement de Dieu vestige d'un autre
âge : il proposait la voix du compromis, la voix de l'arbitrage (2). Mais on pouvait lui objecter ce que le cardinal de Fleury objecta au bon abbé de Saint-Pierre, —
qui, lui aussi, voulait substituer l'action d'un tribunal
amiable à celle des armes, — on pouvait lui dire :
« Vous avez oublié un article essentiel, celui d'envoyer
« des missionnaires pour toucher le cœur des princes. »

Bentham, Kant, Fichte, voulurent, eux aussi, créer
au sein de l'Europe un tribunal international, car ils
s'apercevaient bien que l'équilibre européen manquait
son but pacificateur; et depuis que ce principe d'équilibre est tombé en désuétude, Auguste Comte a proposé
de le remplacer par un aréopage de savants. Mais si
ces écrivains, si ces philosophes ont trouvé ainsi le
moyen de faire prononcer des arrêts équitables dans les
différends que les princes et les États peuvent avoir entre
eux, ils n'ont pas rencontré celui de rendre ces arrêts
obligatoires; et l'objection du cardinal de Fleury à l'abbé
de Saint-Pierre reste toujours entière, car, ainsi que l'a
remarqué Grotius, « les formes de la justice sont em-

(1) *Le Droit des gens après et avant 1789*, ap. Martens, t. I'', p. 30.
(2) *Droit de la paix et de la guerre*, liv. II, ch. 23, art. 8, n° 1.

« caces contre ceux qui se sentent impuissants à résis-
« ter; quant à ceux qui peuvent lutter ou qui pensent
« le pouvoir, on emploie les armes contre eux (1). »

Cependant, remarquons-le, le cardinal de Fleury ob-
jectait la difficulté de vaincre l'obstination des *princes:*
les sentences que prononcerait le tribunal international
ne recevraient point leur exécution parce que, pensait-
il, la raison des princes, obscurcie par leurs passions,
ne se laisserait point persuader de la justice de l'arrêt
rendu contre eux. Cette objection, parfaitement fondée
en droit érastianique, l'est-elle encore en droit démocratique?

Dans le précédent chapitre, nous avons reconnu la
complète identité du droit des gens et du droit naturel;
nous avons dit que l'existence de celui-ci était indépendante de la sanction matérielle,—qui peut lui être accordée ou refusée, — et que dans le cas où la sanction
matérielle n'existe pas la sanction conscientielle y
supplée. Or, cette sanction conscientielle qui, pour le
cardinal de Fleury, ne pouvait être rencontrée dans le
cœur des rois, parce que les passions égoïstes, les passions personnelles l'étouffaient, il n'y a point lieu de
croire qu'on ne la puisse rencontrer dans le cœur des
peuples, soumis à l'égarement des passions, eux aussi,
il est vrai, mais contenu cependant par un sentiment
de responsabilité matérielle et effective, qui ne pouvait
réprimer les égarements ambitieux des princes.

(1) Prolégomènes, art. 25.

L'opinion, en droit démocratique, est entièrement souveraine; et si, pour guider cette opinion, pour lui inculquer les notions de justice dont elle ne peut se départir que par suite d'erreurs dont il est toujours possible de la convaincre, on avait, au centre de l'Europe, au centre du monde civilisé, un organisme puissant, éclairé, possédant au plus haut degré toutes les notions à l'aide desquelles la raison humaine peut discerner, dans les cas divers, le juste de l'injuste, croit-on que l'opinion ne fournirait pas aux sentences la sanction que M. Ch. Vergé regrette de n'y pas pouvoir trouver ?

XXVI. Cet organisme existe : la Papauté, nous l'avons dit, offre aux nations une admirable organisation propre à assurer l'efficacité de ses bons offices. Ce médiateur universel, dont l'influence serait plus salutaire que celle de la Presse,—à laquelle Auguste Comte refuse, à bon droit, la compétence scientifique aussi bien que morale (1), — ce médiateur universel, parfaitement en harmonie avec le dogme juridique de la Souveraineté du peuple, serait, plus qu'aucun autre, en état de ramener à effet ses bons offices pacificateurs. La milice dont il dispose est en état d'agir, partout à la fois, sur les consciences individuelles; et puisque les volontés individuelles constituent, après tout, les États modernes et dirigent leurs agissements, n'est-il pas permis de croire que la médiation pacificatrice disposant

_____

(1) V° *Philosophie positive*, t. VI, p. 446.

de pareils moyens d'influence serait la plus efficace de toutes ?

Il ne faut pas s'y tromper, la création d'un organisme central, d'un *centre d'harmonie,* est devenue la plus urgente des nécessités du siècle. L'équilibre européen, inventé par les promoteurs du système érastianique, a fait ses preuves, et il est tombé en même temps que le système dont il faisait partie. Les Races, les Nationalités ne peuvent le remplacer, et ne peuvent pas plus être considérées comme des principes juridiques que comme un moyen pacificateur. D'un autre côté, le Ninivisme, qui imposait la pacification par l'emploi de la force, ne peut plus être renouvelé depuis que le règne de la Force a été remplacé par celui du Droit. Il faut donc organiser le droit nouveau comme il avait fallu organiser le droit ancien ; il faut un système nouveau et complet approprié au droit nouveau, à la nouvelle source d'autorité ; il faut un système pour remplacer les anciens systèmes, il faut un système qui relie entre eux les États divers et fasse cesser l'anarchie qui, à l'heure actuelle, existe entre eux à l'état de droit. Qui donc, mieux que la Papauté catholique, serait en mesure de faire cesser cette anarchie, de former la clé du nouveau système, et d'établir, entre les États, le lien qui leur manque?

On peut objecter l'insuccès du Grégorisme ; on peut objecter ses contradictions métaphysiques, ses allures envahissantes, ses complaisances pour les puissants et ses rigueurs pour les faibles. Mais le Grégorisme n'est pas le Catholicisme, nous croyons l'avoir prouvé (1). Le Grégorisme se fondait sur la révélation de la notion du Juste. A ce titre, il était et devait être tout à la fois envahisseur et intolérant : Dieu n'admet pas la résistance, et le Juste révélé ne peut rencontrer de limites à son action. Mais pourquoi la Papauté continuerait-elle à se prévaloir d'une révélation semblable, qui serait en opposition directe avec la raison et la liberté humaines? Ne saurait-elle se contenter de la révélation du vrai métaphysique, et laisser à César ce qui appartient à César?

Si, abandonnant à l'humanité ce qui appartient à l'humanité, c'est-à-dire la direction, à ses risques et périls, de ses propres affaires, la Papauté se bornait à diriger, par la persuasion, la raison humaine dans les applications de la notion du Juste, la séparation complète du spirituel et du temporel, vainement poursuivie jusque-là, serait enfin obtenue. N'ayant plus besoin du bras séculier pour étendre l'empire de ses foudres, la Papauté se passerait du bras séculier et pourrait faire des conquêtes sans violer les préceptes de la Charité, puisqu'elle n'emploierait que la persuasion pour les faire.

Est-il téméraire, malgré les apparences, actuellement bien opposées, de croire et de prévoir que la Papauté saura se renfermer dans la sphère d'action que le droit nouveau et la marche des idées peuvent lui réserver?...

(1) V° *Recherches historiques du Juste et de l'Autorité*, 3° partie, liv. II, ch. 4.

Dès le commencement du siècle, un écrivain, qui était loin de favoriser le développement des idées nouvelles, éclairé par une lumière dont il voulait se dissimuler l'origine, semble avoir prévu une solution semblable au grand problème que, lui aussi, il voyait s'agiter autour de lui. Joseph de Maistre, ce grand partisan du théocratisme, a dit en effet :

« Il faut nous tenir prêts pour un événement im-
« mense dans *l'ordre divin*, vers lequel nous marchons
« avec une vitesse accélérée qui doit frapper tous les
« observateurs. *Il n'y a plus de religion sur la terre*,
« le genre humain ne peut rester en cet état... Mais
« attendez que L'AFFINITÉ NATURELLE DE LA RELIGION ET
« DE LA SCIENCE les réunisse dans la tête d'un seul
« homme de génie. L'apparition de cet homme ne sau-
« rait être éloignée, et peut-être existe-t-il même déjà.
« Celui-là sera fameux et mettra fin au XVIIIe siècle,
« qui dure toujours ; car les siècles intellectuels ne
« se règlent pas sur le calendrier comme les siè-
« cles proprement dits... *Tout annonce je ne sais*
« *quelle* UNITÉ *vers laquelle nous marchons à grands*
pas (1). »

Ce serait donc la Papauté qui, reprenant son ancienne place au milieu de l'Europe, viendrait en relier le système, non plus en *ordonnant* à tous d'obéir à la même loi, mais en *persuadant* à tous que la volonté du Dieu unique leur ayant imposé la Charité, ils ne peuvent,

(1) *Soirées de Saint-Pétersbourg*, t. II, p. 270, 288, 204, éd. de 1831, Lyon.

sans engager leur responsabilité, se soustraire à l'empire de cette loi !

Nous nous garderons bien d'affecter le ton prophétique avec lequel Joseph de Maistre a cru pouvoir annoncer au monde la prochaine apparition de *l'unité* et la réunion inévitable *de la religion et de la science;* nous consentirons même à laisser qualifier d'utopie notre croyance en ce point : mais, quelque utopique que soit cette croyance, cette espérance plutôt, elle nous a paru à sa place, au moment où, après avoir signalé les insuccès de l'équilibre européen, du principe des Races et de celui des Nationalités, nous allons aborder le droit de guerre, c'est-à-dire le droit qu'aurait un homme d'exterminer un autre homme.

CHAPITRE III.

DU DROIT DE GUERRE.

I. La loi morale antique pouvait légitimer le droit de guerre; difficultés de le légitimer rencontrées par les publicistes chrétiens. — II. Pour ce faire, Grotius distingue le droit des gens du droit naturel. — III. Il rattache toutefois le droit de guerre au droit de conservation. — IV. Il le fait dériver du droit de *punir*. — V. Le droit de punir est un droit érastien, qui place ceux qui l'exercent, en s'en prétendant investis, en dehors et au-dessus de l'humanité. — VI. Le droit de guerre était confondu avec le droit de juridiction. — VII. Le droit de juridiction suppose une supériorité de la part de celui qui en est investi. Les États n'ont pas de supériorité juridique les uns sur les autres. — VIII. Le droit de guerre peut-il dériver du droit de correction ou éducation? — IX. La guerre de *réparation* est-elle légitime? — X. Qu'est-ce qu'une juste guerre? Qui peut la déclarer telle? — XI. La réparation d'un préjudice peut-elle être obtenue par d'autres moyens que la guerre?... — XII. Le Congrès de Paris, de 1856, a recherché déjà ces moyens. — XIII. Le ban de l'Europe serait un moyen coercitif efficace. — XIV. Le Pape ne pourrait-il être chargé de convoquer le Congrès qui prononcerait la sentence arbitrale en la sanctionnant par le ban européen?... — XV. L'institution d'un Congrès européen permettrait de distinguer la juste guerre de la guerre injuste. — XVI. Les princes et les peuples belligérants ne peuvent faire cette distinction. — XVII. Ce pourquoi l'érastien Vattel proclamait la guerre juste des deux parts, et innocentait, dans tous les cas, les crimes qu'elle fait commettre. — XVIII. Le droit nouveau ne légitime absolument que la guerre défensive. — XIX. Comment définir la guerre défensive? — XX. L'attaque doit être actuelle et le péril certain. — XXI. Le rigorisme du droit nouveau n'interdit pas l'exercice d'une police vigilante aussi bien à l'extérieur qu'à l'intérieur.

I. Jusqu'ici, soit que nous ayons considéré le régime guerrier dans l'antiquité, soit que nous l'ayons étudié dans le moyen âge, nous ne l'avons envisagé qu'au point de vue des symptômes de déclin qu'il nous a paru possible de signaler aussi bien dans l'une que dans l'autre période (1). Il nous reste à le considérer à un

(1) V° *Recherches historiques du Juste et de l'Autorité,* 2° partie, liv. V, ch. 3, et 4° partie, liv. III, ch. 3.

autre point de vue; il nous reste à le considérer au point
de vue du droit pur, tel que les divers jurisconsultes et
publicistes qui se sont occupés du droit des gens moderne l'ont considéré et se sont efforcés de le justifier.

Cette justification du droit de guerre était cependant
bien difficile pour les jurisconsultes modernes. Ils
avaient, il est vrai, l'exemple et l'autorité de l'antiquité;
ils avaient même l'exemple et l'autorité de ce qu'on
appelait l'antiquité sacrée, l'antiquité juive, qui avait
bien considéré la guerre comme un droit, car elle l'avait
pratiquée à titre d'obéissance aux ordres de son Dieu.
L'école historique et traditionnelle invoquait ces exemples, invoquait ces autorités; mais elle sentait que, entre
l'antiquité et le monde chrétien, il y avait une différence; elle sentait que la loi morale n'était pas la même,
qu'elle n'avait pas la même origine, et que le Droit,
dérivant de la loi morale, devait être changé.

En effet, dans l'antiquité, la loi morale s'était confon-
due avec le droit écrit ou conventionnel. Le droit à la
vie, de même que tous les autres droits, n'avait eu d'autre légitimité que celle qui lui était accordée par la loi
ou les traités. En dehors du rayon d'action de la loi ou
des traités, la vie humaine n'était plus un droit, et la
force pouvait la supprimer sans violer la justice. Il
était facile de légitimer la guerre dans l'ordre des idées
antiques, on le voit.

Mais dans l'ordre des idées inauguré par Jésus-
Christ, les choses étaient changées du tout au tout. Le
droit à la vie, par exemple, ne résultait plus seulement

de la loi ou des traités, ce n'était plus là, et là seulement
que ce droit puisait son existence avec sa garantie; il la
puisait dans le cœur humain, dans les consciences; il
la puisait en Dieu, unique désormais, père de tous les
hommes et conservateur de son œuvre; il la puisait
enfin dans la Charité, qui non-seulement commandait
de ne point faire de mal aux étrangers et aux ennemis,
mais qui ordonnait encore de les aimer. Comment concilier le droit de guerre, — qui se résout après tout en
égorgements, — avec cette Charité qui recommandait,
non-seulement de ne pas faire aux autres ce qu'on n'aurait pas voulu que les autres nous fissent, mais qui
ordonnait, en outre, de leur faire tout le bien qu'on aurait voulu en recevoir!

II. Les docteurs, Grotius notamment, cherchèrent
d'abord à éluder la difficulté : ils cherchèrent à éluder
l'intervention de la Charité, qui les embarrassait fort;
et, pour ce faire, ils distinguèrent le droit des gens du
droit naturel, — droit dans la formation duquel ils sen-
taient bien que la Charité tenait une grande place, — et,
faisant du droit de guerre l'une des catégories du droit
des gens, ils dirent que le droit des gens est fondé sur
des traités, et que ces traités contiennent virtuellement
en eux-mêmes le droit de guerre.

C'était là une subtilité à laquelle ne pouvait s'arrêter
que le menu fretin de l'École. En fait, c'était rééditer
purement et simplement le droit antique. Les vrais docteurs, les maîtres, ceux qui, à l'érudition, joignaient le
sentiment véritable du Droit, ne pouvaient vouloir réé-

diter l'antiquité. Grotius, l'un des plus illustres de ces docteurs, tout partisan du droit de guerre qu'il fût, comprit que, même pour le justifier, on ne peut soutenir que la vie humaine ne puise son droit que dans les traités internationaux, et il professa : que, en dehors des traités écrits, il peut exister quelque droit pour la vie ; que le droit des gens, au surplus, résulte non-seulement des traités écrits, mais qu'il résulte encore des usages non écrits, mais traditionnellement respectés par toutes les nations civilisées (1).

Mais à quel titre ces nations civilisées respectaient-elles les usages traditionnellement établis entre elles?... Était-ce parce que ces usages s'étaient originairement fondés sur des conventions internationales qu'on avait négligé de rédiger? — C'était retomber dans le droit antique, et ne pas reconnaître de droit en dehors de la loi ou des conventions. — Était-ce parce qu'un sentiment de justice, commun à tous les peuples civilisés, imposait ce respect à leurs consciences? — C'était proclamer l'existence du droit naturel et le confondre avec le droit des gens. C'était, par conséquent, rencontrer la Charité, et se heurter à la difficulté de concilier ses prescriptions avec le droit de guerre.

III. L'alternative était embarrassante ; et, pour ne pas tomber dans le topicisme antique, Grotius, voulant légitimer le droit de guerre, fut conduit, inconsciemment

(1) V° Grotius, *Droit de la paix et de la guerre*, prolégomènes, art. 40, et liv. I", ch. I", art. 11, n° 1.

Voir aussi Leibnitz, introduction au *Code diplomatique*, ou *Codex juris gentium diplomaticus*.

sans doute, à décomposer le Droit, à éliminer celui de
ses éléments qui lui faisait obstacle, — et que nous avons
appelé la Charité, — et à ne reconnaître que l'égoïsme,
qui, émanant de Dieu, lui parut de nature à être considéré
comme une loi naturelle. De cette façon, le droit des
gens pourrait être confondu avec le droit naturel; on
serait affranchi de la nécessité d'adopter les doctrines
juridiques de l'antiquité, et l'on ne serait pas obligé de
nier l'existence du droit de guerre, puisque la Charité
serait écartée de la composition du droit naturel. Voici,
du reste, quel fut en ce point le raisonnement de Grotius : De l'égoïsme découle le sentiment de la conservation; et ce sentiment de la conservation, qui se
rattache à une loi de la nature, est juste et constitue,
par suite, un droit au profit de celui qui l'éprouve. Il
est donc de droit naturel que tout être créé veille à sa
propre conservation; les sociétés, en ce point, ne diffè-
rent pas des individus, elles ont, comme eux, le droit
de veiller à leur conservation. Or, « le but de la guerre
« étant d'assurer la conservation de sa vie et de son
« corps, de conquérir et de conserver les choses utiles
« à l'existence, ce but est en parfaite harmonie avec
« les premiers principes de la nature (1). »

Ce raisonnement était captieux; mais le chrétien
Grotius, en donnant ainsi l'égoïsme et le droit de conservation comme l'unique fondement du droit naturel, ne
se bornait pas à légitimer le droit de guerre, il légiti-

____

(1) *Droit de la paix et de la guerre*, liv. I", ch. 2, art. 1", n° 4.

mait aussi, sans le vouloir, tous les droits ou plutôt tous les abus de la force. Dire que, du droit de conservation, naît celui « de conquérir les choses utiles à l'existence, » c'était dire que l'homme affamé a le droit, « pour conserver sa vie et son corps, » de s'emparer de tout ce qui peut satisfaire son appétit, — si tant est qu'il ait la force de le faire. En pressant un peut l'argument, on en aurait fait sortir la légitimation de l'anthropophagie.

· Évidemment la thèse que Grotius voulait établir était bien mauvaise, puisqu'il était contraint, pour la défendre, de recourir à des arguments dont sa conscience droite et éclairée ne pouvait être satisfaite. Éliminer la Charité de la notion du Juste et du Droit, éliminer la Charité ou renoncer à légitimer la guerre, tel était le dilemme qui s'agitait au fond de ce grand esprit fourvoyé au milieu d'un système juridique dont il sentait les vices, et qu'il n'osait ni détruire ni attaquer cependant. Aussi, après avoir fondé le droit de guerre sur celui de conservation, des doutes lui vinrent, et il se demanda « si le droit de guerre n'a pas été absolument aboli par « la loi du Christ (1). »

C'était là, enfin, le nœud de la difficulté. La loi du Christ disait : Non-seulement tu ne tueras pas et ne déroberas pas, mais tu aimeras ton prochain comme toi-même. La loi du Christ disait encore : Ce prochain, que tu dois aimer comme toi-même, que tu ne peux tuer et auquel tu ne peux rien dérober, ce n'est pas seule-

(1) Liv. Ier, ch. 2, art. 7.

ment ton ami, ton voisin, ton compatriote, c'est ton frère, c'est, comme toi, le fils, quel qu'il soit et où qu'il soit, du Dieu unique « qui fait briller son soleil au- « dessus des bons comme des méchants, et verse sa « bienfaisante rosée sur le champ du fidèle comme sur « celui de l'impie. »

IV. Comment donc concilier le droit de guerre, — qui permet de tuer et de dérober, — avec la *loi du Christ,* qui fait plus que défendre l'un et l'autre ?... Et cependant il fallait faire cette conciliation impossible, dût la loi du Christ être travestie ou mise en oubli, car le monde érastianique du temps de Grotius ne lui eût pas permis de nier la légitimité du droit de guerre. Ce fut, en définitive, ce à quoi se résolut l'éminent jurisconsulte. Après s'être demandé timidement si la loi du Christ n'avait pas aboli le droit de guerre, il revint à sa première théorie, et fonda définitivement le droit de guerre sur le droit de conservation. Les sociétés, reprit-il, ont, tout comme les individus, le droit de se conserver. Or, elles ne se conserveraient pas si elles permettaient que des crimes, des délits, des atteintes au droit du faible pussent s'accomplir impunément dans leur sein. Les sociétés ont donc le droit et, bien plus, le devoir de réprimer les crimes, les délits et les atteintes au droit du faible, « *elles ont le droit de punir ;* » et Jésus, qui n'a pu vouloir l'anarchie, ne les a point privées du droit de *punir*.

Après avoir ainsi affirmé que, puisque les sociétés ont le droit et le devoir de protéger les faibles, elles ont le droit de *punir*, et que la loi du Christ ne les a point privées de ce droit, Grotius, poursuivant son raisonnement cavillatoire, ajoute que les sociétés, ayant le droit de *punir* ceux qui mettent leur existence en péril en attentant à la vie et aux droits de leurs concitoyens, ont, à plus forte raison, le droit de *punir* les étrangers qui mettent leur existence en péril soit en les attaquant, soit en les privant des choses dont l'usage est nécessaire à leur existence. Donc « les supplices de mort et le droit « de guerre, *dont la légitimité dépend de la justifica-* « *tion des peines capitales,* n'ont point été abolis par « la loi du Christ, » répète Grotius, tout fier de s'être ainsi tiré de la difficulté qui semblait devoir l'arrêter.

Nous avons traité dans le chapitre 10, livre III, de notre *Démocratie en Europe,* de la légitimité des peines capitales, et nous croyons avoir prouvé que si le droit d'infliger ces peines capitales pouvait être accordé sous l'empire des anciens principes, — qui faisaient dériver de Dieu même le pouvoir de les appliquer, — il ne peut plus être accordé sous l'empire des principes nouveaux, qui font dériver de l'humanité tous les pouvoirs sociaux. Ainsi tombe tout l'échafaudage laborieusement établi par Grotius pour légitimer le droit de guerre à l'encontre de la loi du Christ, qui défend de tuer et de dérober. Le droit de *punir* n'existant pas, le droit de guerre n'existe pas davantage ; la Charité reprend son empire dans la constitution du droit naturel, et si les sociétés ont, comme les individus, le droit de se défendre quand elles sont attaquées, elles n'ont, pas plus que les individus, le droit de châtier par prévision ceux dont elles redoutent les attaques.

Le droit de guerre n'existe donc pas en tant que Droit Depuis la chute de l'Érastianisme, qui avait établi, au sein de chaque État, un centre de justice parfaitement indépendant des autres centres, ce droit de guerre ne peut plus être soutenu que par ceux qui ne reconnaissent aucun centre de justice, et qui non-seulement ne reconnaissent pas la « loi du·Christ, » mais qui éliminent l'Absolu des choses de ce monde, et le livrent aux hasards de la force en le privant du droit naturel, qui ne peut exister qu'à la condition de se rattacher à un centre commun. Mais si la guerre a cessé d'exister à titre de Droit, si *les Dieux de la guerre* ont été repoussés du droit international, « comme une routine usée, » ainsi que le disait M. Guizot, et si le *Dieu des armées,* lui-même, est considéré comme une réminiscence, malheureuse autant qu'impie, du paganisme qui, lui, s'était bien gardé d'unifier ainsi la divinité destructrice, le fait de guerre n'en existe pas moins, et il nous reste à expliquer comment ce fait de guerre ne peut se prolonger sans ramener la conception juridique à celle de cet érastianisme, que le monde moderne semble avoir définitivement abjuré. Pour ce faire, nous devrons poursuivre l'analyse des raisonnements du chrétien Grotius, et démontrer que, tout arminien que fut ce jurisconsulte, la force de la logique le contraignit à revenir, — comme le monde moderne y reviendrait s'il persistait dans le régime guerrier, — vers cet érastianisme, qui est la négation de l'autonomie humaine, non moins que celle de l'unité divine.

V. Même pour Grotius,—qui faisait dériver le droit de guerre du droit de punir, — même pour Grotius, punir, verser le sang, c'était bien contrevenir à la loi du Christ, qui avait dit : « Tu ne tueras pas, » et qui n'avait pas voulu qu'on fît de distinction entre *les bons et les méchants*. A qui cette loi du Christ avait-elle été imposée ?... Aux hommes apparemment, à tous les hommes, sans distinction aucune. Donc, pour éluder cette loi, pour lui désobéir sans crime ou sans péché, il fallait que ceux qui l'éluderaient ou lui désobéiraient fussent élevés au-dessus de l'humanité. Il fallait donc accorder le droit de punir et le droit de faire la guerre à des êtres suprà-humains, à « *des ministres de Dieu qui ne por-* « *teraient pas en vain le glaive* (1). » Il fallait donc revenir à l'érastianisme et au topicisme ; car ces *minis-tres de Dieu* portant le glaive n'auraient pu se combattre s'ils eussent été les ministres d'un même Dieu.

Et pourtant Grotius faisait dériver l'autorité de la volonté humaine, puisque, on l'a vu (2), il lui donnait pour base l'élection présumée ! Il y avait là, très certainement, une contradiction qui échappait à son grand esprit.

Dans cet ordre d'idées, qui associait justement le droit de punir au droit de faire la guerre, et plaçait ceux qui étaient chargés d'exercer ces droits en dehors de

(1) V* Grotius, liv. 1", ch. 2, art. 10, n* 1.
(2) V* *Démocratie en Europe*, p. 347. 1775, Guillaumin, éd.

l'humanité, en dehors de *la loi du Christ,* en dehors
de la loi naturelle, — qui défend elle aussi de tuer et de
dérober, — il allait de soi que les agents dont se servirait
le suprême pouvoir seraient, comme lui, placés en
dehors de l'humanité et soustraits à l'empire de la loi
du Christ et de la loi naturelle. Aussi les magistrats
qui prononçaient la peine de mort, le bourreau qui exé-
cutait leur sentence, et les soldats qui avaient reçu du
prince la mission d'égorger les ennemis, furent-ils exceptés, — mais seuls exceptés, — de l'empire de cette loi
du Christ et de cette loi naturelle. En cas de guerre, par
exemple, ceux-là seuls qui avaient reçu commission du
prince avaient le droit de tuer; les autres citoyens,
même pour repousser un envahisseur, ne jouissaient
point d'un pareil droit, car, pour eux, il avait été dit :
Tu ne tueras pas (1).

VI. Du reste, en confondant ainsi le droit de guerre
et le droit de punir, Grotius ne faisait qu'exprimer les
idées qui existaient de son temps et qui existen encore.
Alors comme aujourd'hui le droit de guerre était l'une
des catégories du droit de juridiction; et le droit de déclarer et faire légitimement la guerre n'appartenait, —
et n'est déclaré appartenir, — qu'à ceux qui possédaient
et possèdent la juridiction. C'est ainsi que M. Cauchy,
dans son cours de droit maritime et international, professe que le droit de juridiction comporte logiquement
le droit de faire exécuter les sentences, c'est-à-dire de

____

(1) V° Grotius, liv. II, ch. 20, art. 15, et liv. III, ch. 18.

faire exécuter la volonté de celui qui possède la juridiction, *aussi bien à l'extérieur qu'à l'intérieur*. Au moyen âge, on ne pensait pas autrement, le droit de guerre était associé au droit de juridiction, au droit de punir. Et ce fut ainsi que lorsque les Barons possédaient le droit de justice, « haute, moyenne et basse, » ils possédaient et pratiquaient largement le droit de faire la guerre : ils ne le perdirent que lorsqu'ils perdirent le droit de juridiction.

Or, de ce que le droit de guerre dériverait du droit de punir, du droit de juridiction, il résulterait que la guerre doit être considérée comme une punition infligée soit par un prince à un autre prince, soit par un peuple à un autre peuple. C'était ainsi, en effet, que la considéraient les anciens jurisconsultes qui, invoquant l'histoire, n'avaient qu'à choisir pour y rencontrer des exemples de guerres infligées à des peuples à titre de *punition*. « Les histoires, » disaient-ils, « nous enseignent en maint endroit que des guerres sont entreprises pour *punir* (1). »

VII. Ces anciens jurisconsultes qui, de même que M. Cauchy, faisaient dériver le droit de faire la guerre du droit de juridiction, ne prenaient pas garde, apparemment, que l'exercice du droit de juridiction suppose une supériorité de la part de celui qui la possède. Il leur eût été difficile, pour justifier la juridiction qu'ils attribuaient ainsi aux princes les uns sur les autres, d'invoquer l'autorité de S. Paul et de dire que Dieu a conféré

<hr>

(1) V° Grotius, liv. II, ch. 20, art. 48.

le droit de glaive à un prince sur un autre prince, ou à un peuple sur un autre peuple.

D'où il aurait dû résulter pour ces anciens jurisconsultes, et d'où il devrait résulter pour les jurisconsultes modernes qui professent, que le droit de guerre est une conséquence du droit de juridiction : que la guerre entreprise pour *punir* n'est point une guerre légitime; qu'elle ne résulte pas d'un droit conféré par Dieu; qu'elle ne peut se baser que sur le droit de Force, et que le droit nouveau, dès lors, la proscrit absolument.

Grotius ne tira point une semblable conclusion de l'*omnis potestas à Deo*. Et comme presque tous les publicistes postérieurs se sont inspirés de ses théories, il ne leur est pas venu à la pensée, ni que l'on pût contester la légitimité du droit de guerre en lui-même, ni que l'on pût dénier soit aux princes, soit aux États, le droit de prendre les armes pour punir leurs voisins. Vattel, par exemple, après avoir dit, avec Grotius, qu'il est permis à un État de *châtier* ses voisins, veut même que le châtiment soit *exemplaire*, afin d'inspirer aux autres États une crainte salutaire.

On trouverait difficilement un argument, autre que l'argument historique et l'exemple des guerres herculéennes, pour légitimer le droit qu'un peuple ou un roi s'arroge de *punir* un roi ou un autre peuple; on en trouverait difficilement un autre qui prouvât que les États possèdent, les uns sur les autres, le droit de correction, que Grotius leur accorde si inconsidérément (1).

(1) Liv. II, ch. 20, art. 40, n°° 1 et 2.

VIII. Cependant l'éditeur de Vattel, son éditeur de 1775, après avoir réfuté cet auteur relativement au droit de punition, affirme que le droit des gens accorde aux nations les unes vis-à-vis des autres le droit de *correction*, et qu'il leur est parfaitement permis de faire la guerre à un voisin dont la turbulence les gêne ou les trouble dans leur quiétude (1). Nous considérerons, nous aussi, le droit de guerre sous ce nouvel aspect ; et après avoir reconnu que, entre les États pas plus qu'entre les princes, il n'existe aucun droit de juridiction, et par suite aucun droit de faire la guerre dans le but de *punir*, nous nous demanderons si ce droit existe et peut exister lorsqu'il a simplement pour but de *corriger ?*

Et d'abord, il n'a pas échappé que le refus de juridiction en droit international semble devoir entraîner aussi bien le refus du droit de correction que le refus du droit de punition : l'un comme l'autre de ces droits ne peut être exercé à titre de droit qu'autant qu'il existe un supérieur capable de l'exercer. Si donc, pour légitimer le droit international de correction, on se place au point de vue du droit divin et de l'*omnis potestas à Deo*, on ne peut aboutir. La parfaite indépendance de l'État ou du prince qu'on veut corriger vient aussi bien de Dieu que la parfaite indépendance de l'État ou du prince qui veut s'attribuer le droit de correction. D'où il suit que c'est au point de vue du droit humain qu'il faut chercher à se placer pour faire une semblable légitimation.

<hr>

(1) V° Vattel, *Droit des gens*, liv. II, ch. 5, §§ 68 et 69.

Mais au point de vue du droit humain, ou plus exactement au point de vue du droit naturel, on rencontre « la loi du Christ, » on rencontre la Charité, qui n'accorde pas plus au père le droit de tuer son fils sous prétexte de correction, qu'elle n'accordait à la Prusse, à la Russie et à l'Autriche le droit de se partager la Pologne pour la corriger de sa turbulence. Certes, Lherminier a commis une singulière confusion d'idées quand il a appelé la guerre : « *la persuasion à main armée.* » La Pologne n'a pas plus été corrigée, elle n'a pas plus été *persuadée* de ses erreurs par le partage de 1772, que ne l'a été la France, en 1870, par la perte de deux provinces et le paiement d'une rançon de guerre de cinq milliards.

Ainsi, soit qu'on se place au point de vue du droit divin, soit qu'on se mette au point de vue du droit humain, le droit de guerre ne peut se fonder ni sur la punition, ni sur la correction : l'une comme l'autre suppose une supériorité qui n'existe pas, un droit de juridiction que la raison ne peut reconnaître ; et les guerres ayant pour but soit de punir, soit de corriger sont des guerres illégitimes, des guerres injustes, dont les atrocités engagent la responsabilité aussi bien de ceux qui les ordonnent que de ceux qui les exécutent.

IX. Mais, après les guerres de punition et de correction, viennent, chez les juristes, les guerres de réparation. Celles-là sont-elles légitimes ?... La réparation, disent les juristes, dérive du droit de conservation, que les lois de la nature accordent aux sociétés aussi bien qu'aux individus. Ce droit serait violé, poursuivent-ils, si un État pouvait priver un autre État des choses qui lui sont utiles, ou s'il pouvait se refuser à lui livrer les choses qui lui sont légitimement dues. De même que, en pareil cas, un particulier a le droit de se faire restituer, même par force, ce dont un injuste détenteur le prive en refusant de le lui restituer, de même un État a le droit de se faire restituer, même par force, ce dont un autre État l'a injustement dépouillé ; ou, — ce qui revient au même, — il a le droit de se faire délivrer ce qu'un autre État a promis de lui délivrer.

Et si, au lieu de résulter d'une spoliation injuste ou de la violation d'une promesse, la réparation réclamée résulte d'un délit ou d'un quasi-délit, d'un dommage occasionné à un État par un autre État, le droit est le même, l'État lésé a droit à une équitable réparation. « Autant il y a de sources de procès, » dit Grotius, « au-« tant il y a de causes de guerre ; car là où les voies de « la justice font défaut, la guerre commence (1). »

La guerre commence ! C'est là un fait, c'est là la cons-tatation rigoureusement exacte d'un fait : la guerre commence quand les princes ou les États ne sont pas d'accord, même sur les points les plus futiles. Les pas-sions avides qui entraînent les procès ne sont pas le privilége exclusif des individus ; les princes et les gou-vernements y sont, au moins, tout aussi accessibles que les individus ; mais cela ne prouve pas qu'il soit juste de faire la guerre pour satisfaire ces passions. Grotius

(1) *Droit de la paix et de la guerre,* liv. II, ch. 1er, art. 2.

le soupçonnait peut-être ; mais, entraîné par l'opinion des jurisconsultes qui l'avaient précédé, il n'osa pas le dire, et, de même que les Victoria et les Gentilis, il professa que toute guerre ayant pour objet la revendication de droits *parfaits* est une juste guerre, qui légitime, tout à la fois, le pillage des objets dont la valeur doit réparer le préjudice résultant du refus de satisfaire aux *obligations parfaites,* et le meurtre de ceux qui s'opposent à ce pillage. « Selon le droit de nature, » dit-il, « ces choses-là « nous sont acquises dans une *juste guerre,* qui ou bien « sont égales à ce qui nous est dû et à ce que nous ne pou- « vons obtenir autrement, ou bien causent à celui qui « nous a nui un préjudice dans la limite équitable du « *châtiment* qu'il a mérité (1). »

Ce n'était pas sans hésitation que Grotius permettait ainsi de violer la « loi du Christ, » qui défend aussi bien de voler que de tuer ; ce n'était pas sans hésitation qu'il déclarait que, en certains cas, le pillage est permis par « la loi de nature. » Il savait que cette prétendue loi de nature, qui permet de tuer l'injuste ravisseur d'une chose légitimement possédée, est celle que pratiquent les sauvages, c'est-à-dire la loi de la Force, la loi que Jésus-Christ est venu abolir. Aussi y apportait-il des tempéraments, il voulait que la guerre fût *juste.* Nous verrons plus loin que tous les jurisconsultes qui se sont occupés, après lui, du droit de guerre, n'ont pas été aussi réservés.

____

(1) *Droit de la paix et de la guerre,* liv. III, ch. 6, art. 1ᵉʳ, nᵒ 1.

X. Mais qu'était-ce qu'une « juste guerre ?... » Ici la définition était difficile. Vainement, pour la donner, on assimilait le droit des gens au droit civil, le droit international au droit privé ; vainement là où se rencontrait une juste cause de procès en droit civil on voulait voir une juste cause de guerre en droit international. Il n'y avait aucun rapport entre la sentence équitable prononcée paisiblement par le juge de la contestation civile, et la solution violente et sanglante résultant de la guerre. Et, d'ailleurs, le droit civil, même pour ceux qui accordent aux juges civils le droit de punir, — le droit de prononcer la peine capitale, — ne punit point de mort celui qui n'a commis qu'une contravention ou un simple délit, il ne punit point de mort le ravisseur du bien d'autrui, et, dès le temps de Grotius, on ne pendait plus les voleurs. La guerre, au contraire, frappe de mort dans tous les cas ; elle frappe de mort, non point l'État ou le prince qui ont commis la faute, mais des particuliers innocents de cette faute, que le droit de Grotius obligerait à verser leur sang pour la réparer.

Le droit de Grotius, le droit de guerre est donc une erreur manifeste de ce très savant jurisconsulte ; ce droit n'est pas un droit, et il ne peut être permis de faire la guerre, permis de tuer par conséquent, pour obtenir réparation d'un dommage ou d'un refus d'exécuter une convention.

S'ensuit-il que l'État lésé, ne pouvant invoquer la protection des lois, qui, en droit des gens, n'existent pas, doive supporter l'injustice dont il est victime ?...

Certes, le refus d'exécuter une « obligation parfaite, » ou de réparer une injustice est, de la part d'un État comme d'un particulier, une injure évidente. Mais ce n'est pourtant qu'une injure, un attentat aux biens, si l'on veut, qui ne nécessite pas, en droit privé, une réparation sanglante, et qui, en droit public, ne saurait légitimer une semblable réparation. En droit privé, les injures et les attentats aux biens sont réprimés ou réparés sans attenter à la vie de celui qui s'en est rendu coupable. Or, si, en droit public, il existe quelque moyen d'obtenir cette réparation sans recourir au *châtiment* sanglant qui s'appelle la guerre, on doit convenir que les guerres ayant pour but la *réparation* ne sont pas plus justes que celles ayant pour objet la *punition* ou la *correction,* et que, en les déclarant légitimes, les jurisconsultes des seizième et dix-septième siècles se sont rendus coupables de légèreté.

XI. Voyons donc s'il n'existe pas quelque moyen, autre que la guerre, d'obtenir, entre les États, la réparation dont ils ne sauraient, il est vrai, être privés sans éprouver un préjudice dont le résultat serait un amoindrissement de leurs conditions d'existence. Ne serait-il pas possible, par exemple, de faire, en droit international, ce qu'on fait en droit privé, c'est-à-dire de proportionner la peine au délit, et de ne prononcer le terrible châtiment de la guerre, — équivalent à la peine de mort en matière civile, — que lorsque l'existence même de l'État serait mise en péril par un injuste agresseur?... Faut-il donc frapper du châtiment sanglant, frapper de la guerre aussi bien l'agresseur qui porte la guerre sur le territoire d'autrui, que celui qui se borne à une simple injure en refusant d'exécuter une promesse, de reconnaître l'existence de certains droits, ou de réparer un préjudice, très léger le plus souvent ?... L'antiquité, qui cependant n'avait pas, pour répudier la guerre, les mêmes motifs que les modernes, en était arrivée à la considérer comme une extrémité terrible qui devait être écartée par tous les moyens. Tite-Live disait à ce sujet : « *Justum est bellum quibus necessa-* « *rium, et pia arma quibus* NULLA NISI IN ARMIS *relin-* « *quitur spes.* » Imiter les jurisconsultes du dix-septième siècle, permettre la guerre, dans tous les cas, pour la réparation du plus simple préjudice aussi bien que pour repousser l'agression la plus odieuse, ce serait non-seulement méconnaître « la loi du Christ, » méconnaître les prescriptions du véritable droit naturel, mais ce serait dépasser l'antiquité elle-même, et mettre en oubli le *nulla nisi in armis relinquitur spes* de Tite-Live.

Nous avons parlé, au précédent chapitre, de la création désirable d'un médiateur autorisé entre les divers États; nous parlerons, dans l'un des chapitres qui vont suivre, des moyens rétorsifs : ne pourrait-on combiner ces divers moyens de prévenir des luttes sanglantes destinées à réparer des injures ou de simples délits relatifs aux biens ?... Ne pourrait-on faire autre chose encore, et, sans rééditer l'idée du bon abbé de Saint-Pierre, ne serait-il pas possible de constituer, au milieu de l'Europe, au milieu du monde, une sorte de tribunal d'honneur, un congrès, par exemple, qui, bien que dépourvu de moyens coercitifs, déclarerait que l'un des deux États en différend a forfait à l'honneur, forfait à la justice, forfait à la civilisation, qu'il a injustement dépouillé un autre État d'un droit légitime en refusant d'accomplir un devoir, et que, à ce titre, cet État violateur des règles de la justice et de la civilisation mérite, jusqu'à réparation, d'être mis au ban de la civilisation, d'être mis au ban de l'Europe, et privé, jusqu'à résipiscence, des avantages internationaux de la civilisation ?

XII. Et ce n'est pas là, remarquez-le bien, une idée particulière et utopique, inspirée par l'état anarchique actuel, semblable à celui auquel voulurent remédier les Ninus, les Cyrus, l'Empire romain et, sous l'ère moyenne, les Grégoire VII, les Charlemagne, les Charles-Quint, les Louis XIV, et d'autres, plus modernes, qui conçurent, au travers de leurs ambitions personnelles, la nécessité d'un *centre d'harmonie*. Déjà cette idée a été posée officiellement au sein de l'Europe. Le Congrès de Paris, de 1856, a, dans son 23e protocole, émis le vœu qu'aucune guerre ne pût éclater sans une médiation préalable. Ce vœu est, il est vrai, demeuré stérile; des guerres cruelles, qui ne furent pas précédées de médiations, ont éclaté depuis 1856. Mais cette stérilité ne prouve rien contre la justesse de l'idée ; elle prouve seulement que l'idée est demeurée à l'état d'idée, et qu'elle n'a pas été suivie des développements qu'elle comporte (1).

(1) Dès 1851, M. Foot, président du comité des affaires étrangères des États-Unis, émettait un vœu favorable à l'arbitrage international. Depuis

XIII. Il y a tout lieu de croire que si, au lieu d'avoir revêtu la forme d'un simple vœu, la pensée consignée dans le protocole de 1856 eût été rédigée en articles, son efficacité eût été réelle, et que le ban de l'Europe, établi comme sanction aux prescriptions de ces articles, aurait eu pour effet de prévenir les collisions sanglantes dont le dernier tiers du dix-neuvième siècle a été affligé.

Ce ban, sans entraîner après lui une guerre de tous les peuples unis en congrès, contre l'injuste spoliateur, — guerre qui pourrait faire hésiter les États pacifiques, et qui, en tous cas, manquerait le but pacificateur proposé, — ce ban, disons-nous, sans être accompagné d'une sanction sanglante, pourrait et devrait être redoutable cependant. Il aurait pour effet de priver l'État qu'il frapperait de toutes les garanties que le droit des gens donne aux

cette époque, de nombreux différends internationaux ont été réglés par cette voie. (Voir sur ce point la *Revue des Deux-Mondes* du 1ᵉʳ septembre 1874, p. 169.)

Depuis l'initiative généreuse prise par M. Foot, et depuis le Congrès de Paris de 1856, l'idée de pacification par l'arbitrage a fait du chemin. Le 8 juin 1873, sur la proposition de M. Henry Richard, la Chambre des Communes d'Angleterre a émis le vœu que tous les différends internationaux fussent soumis à un tribunal arbitral. — Le 1ᵉʳ novembre suivant, un vœu semblable, proposé par M. Mancini et appuyé par M. Visconti-Venosta, ministre des affaires étrangères, fut approuvé, à l'unanimité, par la Chambre des Députés du royaume d'Italie. — Le 17 juillet 1874, le Congrès des États-Unis d'Amérique a fait précéder un vœu semblable des considérations suivantes : « Considérant qu'en tous temps la guerre « a détruit la richesse des peuples, corrompu leur moralité et contre- « dit les sentiments du public éclairé; considérant que les différends qui « s'élèvent entre les nations doivent, dans l'intérêt de l'humanité et de la « fraternité, se régler, s'il est possible, par la voie de l'arbitrage inter- « national, etc... » — Le 26 novembre 1874, sur la proposition de MM. Van Eck et Brédius, la seconde Chambre des États-Généraux des Pays-Bas a également exprimé le vœu que : « le gouvernement, dans ses relations

États civilisés : les sujets de l'État injuste et récalcitrant, son commerce, cesseraient d'être protégés ; et ce ne serait plus pour eux que la police des mers serait faite par les autres États. Seul désormais, cet État devrait, seul et partout, veiller à la conservation de la vie et des propriétés de ses nationaux. Sans renouveler les exagérations du traité de Berlin du 21 novembre 1806, il serait possible de refuser aux citoyens de l'État mis au ban de la civilisation la protection des tribunaux que tous les États civilisés ont établis chez eux pour réprimer les violences commises contre les étrangers. Certes, il n'y aurait que de la justice dans un pareil châtiment, qui, agissant sur l'opinion par l'entremise des intérêts, amènerait sans doute promptement à résipiscence

« avec l'étranger, s'applique à faire devenir l'arbitrage le moyen reçu et
« ordinaire, afin de vider par un jugement tous les différends internatio-
« naux qui pourraient surgir entre les nations civilisées, au sujet de
« questions propres à être résolues par l'arbitrage ; et qu'aussi longtemps
« que ce but ne sera pas atteint, il s'attache en toutes occasions conve-
« nables, lors de la conclusion de traités, à stipuler que tous les diffé-
« rends de nature à recevoir une telle solution, qui pourraient surgir
« entre la Néerlande et le pays avec lequel le traité se conclut, soient
« soumis à la décision d'arbitres. » — Enfin, le 13 janvier 1875, la Chambre des Représentants de Belgique, sur la proposition de MM. Couvreur et J. Thonissen, a, de son côté, décidé que « la Chambre exprime le vœu de
« voir étendre la pratique de l'arbitrage, entre les peuples civilisés, à
« tous les différends susceptibles d'un jugement arbitral. Elle invite le
« gouvernement à concourir, à l'occasion, à l'établissement des règles
« de la procédure à suivre pour la constitution et le fonctionnement des
« arbitres internationaux ; le gouvernement, chaque fois qu'il jugera
« pouvoir le faire sans inconvénient, en négociant des traités, s'efforcera
« de faire admettre que les différends qui pourraient surgir, quant à
« leur exécution, seront soumis à une décision d'arbitres. » Le Sénat de Belgique a ratifié, à l'unanimité, la décision de la Chambre des Représentants. De son côté, la seconde Chambre des États-Généraux de Hollande a également confirmé le vœu émis par la première Chambre.

l'État ainsi frappé ; il n'y aurait que justice, parce que, pour jouir des avantages du droit des gens, il faut en supporter les obligations.

XIV. On peut objecter que les États disposés à entrer en conflit ne s'empresseraient pas de convoquer le congrès destiné à prévenir ce même conflit. Mais il est facile de trouver le moyen de suppléer à leur mauvais vouloir, leur fût-il commun à tous les deux : la Papauté ne saurait-elle donc être investie du droit de convoquer d'office les membres du congrès, et la résidence du Pape ne pourrait-elle être le lieu désigné pour leur réunion ? On ne peut laisser à la Papauté le rôle effacé qui lui a été assigné depuis plus de trois siècles : ou elle doit disparaître et être remplacée par une autre institution, ou elle doit, dans le système juridique nouveau, prendre la place qui lui avait été assignée dans le système juridique antérieur. L'*unité* prophétisée par Joseph de Maistre ne peut se réaliser qu'à cette condition.

Les temps, ce que nous pourrions appeler le milieu juridique, sont, au surplus, propices à l'éclosion et au développement d'une institution pacificatrice destinée à distinguer le juste de l'injuste dans les différends internationaux, et à ramener aux simples proportions d'un délit les injures internationales, que les anciens jurisconsultes ne pouvaient considérer que comme un crime, et qu'ils assimilaient à un véritable envahissement de territoire. En effet, pour Vattel, pour Martens, pour toute l'École érastienne, qui considérait la propriété comme un droit collectif uniquement fondé sur la force de la défendre, la distinction que nous avons faite entre les envahissements, les attaques à main armée qui mettent l'existence en péril, et les simples injures, qui ne s'attaquent qu'aux biens, n'était point acceptable. L'injure était tout aussi dangereuse que l'envahissement, car elle ne pouvait être supportée sans porter une atteinte mortelle à ce que le jurisconsulte neuchatellois appelait la gloire des nations. Cette gloire était un patrimoine, un véritable patrimoine : elle seule inspirait à l'étranger la crainte salutaire qui le dissuadait de se ruer sur les domaines de ses voisins. Détruire ou amoindrir cette gloire, c'était donc exposer les propriétés privées à l'envahissement, c'était briser la barrière qui les protégeait contre les attaques. Aussi Vattel considérait-il l'injure comme un cas de guerre des plus légitimes, car en portant atteinte à la gloire de l'État à qui elle était faite, elle mettait, disait-il avec juste raison, son existence en péril. La guerre pour injure reçue, la guerre que Grotius a appelée guerre de réparation, était donc, pour Vattel, une véritable guerre défensive, et, à ce titre, elle était entièrement légitime (1).

Cette façon de considérer l'injure ne peut plus être admise; et la distinction dont nous parlions plus haut entre l'injure et l'agression, entre la guerre de réparation et la guerre défensive, peut être faite sans danger. Encore une fois, le milieu juridique est favorable, et l'institution pacificatrice peut y éclore. Le droit mo-

(1) V⁰ Vattel, *Droit des gens,* liv. I", ch. 15, § 191.

derne, en reconnaissant que le droit de propriété repose
sur la tête des individus, et qu'il n'a pas plus besoin de
la force pour se défendre que pour se fonder, a privé de
toute sa valeur l'argumentation de Vattel. La crainte
qu'un État inspire à ses voisins n'est plus nécessaire
pour assurer aux citoyens la jouissance de leurs domaines ; et la gloire dont parle Vattel ne peut plus être
considérée comme un patrimoine et une barrière que
l'injure vient briser. Sous l'empire du juste, la gloire,
d'ailleurs, ne peut résulter de la crainte qu'un peuple
inspire aux autres peuples, elle ne peut résulter que du
respect qu'il leur impose par sa sagesse.

XV. Ainsi le droit moderne, dans sa catégorie civile
aussi bien que dans les autres catégories, permettrait
aux envoyés d'État réunis en congrès de donner satisfaction aux scrupules que Grotius éprouvait naguère.
Ce jurisconsulte, détaillant les atrocités qui sont la conséquence de la guerre, prenait soin d'ajouter, on s'en
souvient, qu'elles ne pouvaient être permises que dans
une *juste guerre :* pour lui, la fin innocentait les moyens.
Il serait aujourd'hui possible de distinguer une *juste
guerre* d'une guerre injuste : toute guerre, autre que la
guerre défensive, dont nous parlerons plus loin, est une
guerre injuste ; et, par suite, tous meurtres, tous pillages, tous incendies commis dans une guerre autre
qu'une guerre défensive, sont des crimes qui engagent
aussi bien la responsabilité de ceux qui les exécutent
que la responsabilité de ceux qui les ordonnent.

L'ancien droit ne se prêtait pas à cette facile distinction, et bien que la conscience des anciens jurisconsultes fût révoltée à la pensée des horreurs et des atrocités que la guerre entraîne après elle, ils étaient contraints de les innocenter dans tous les cas, car ils ne pouvaient trouver le critérium à l'aide duquel ils auraient distingué la guerre juste de la guerre injuste. Comment les discerner, en effet? Comment discerner les guerres qui innocentaient les crimes commis pendant leur durée de celles qui ne les innocentaient pas?... Qui jugerait : l'ordonnateur de la guerre ou ses exécuteurs ?

Grotius, qui se posa ces questions, savait bien que les ordonnateurs des guerres, les souverains, les trouveraient toujours justes, et il ne jugea point que leur conscience et leur responsabilité pussent suffire à innocenter les crimes de leurs agents. Aussi eut-il l'étrange idée de placer dans la conscience de ces agents le critérium à l'aide duquel les guerres justes devaient être distinguées des guerres injustes. Ce fut sur les agents, sur les exécuteurs qu'il laissa peser la responsabilité de l'erreur commise dans la qualification de la guerre; car ce fut sur les agents et les exécuteurs que, d'après lui, retomba la responsabilité des crimes commis dans une guerre dont la fin n'innocenterait pas les moyens, c'est-à-dire dans une guerre injuste. Faisant ainsi tomber la responsabilité de l'erreur sur les agents et les exécuteurs, Grotius dut. nécessairement, leur accorder la liberté de commettre ou de ne commettre pas cette erreur; ils purent donc, d'après lui, participer à la guerre ordonnée par le chef de l'État ou se refuser à y

prendre part en déclarant qu'elle leur paraissait injuste.

C'était tout simplement l'anarchie; c'était rendre la
guerre impossible, même la guerre défensive, tout en
entreprenant la tâche de la légitimer dans tous les cas
et d'en fournir les règles; c'était faire ce qu'un État
entièrement démocratique ne pourrait faire, car la démocratie n'est pas l'anarchie; c'était enfin, ainsi que
l'observe Hallam, cité par M. Pradier-Fodéré, sur Grotius, t. II, p. 616, « professer une doctrine entièrement
« impraticable. »

XVI. Et cependant, comment, à peine de déclarer
que toutes les guerres sont justes, faire autrement que
ne le fit Grotius ? N'est-il pas évident que les souverains
qui entrent en guerre les uns contre les autres pro-
clament chacun que la guerre qu'ils entreprennent est
juste et légitime ?... En est-il un seul qui osât déclarer
que la guerre dans laquelle il entraîne son peuple est
une guerre injuste? En est-il un seul qui ose se l'avouer
à lui-même? Donc, remettre aux chefs la qualification
et l'appréciation de la guerre, c'est assurément faire
considérer et qualifier toutes les guerres comme justes,
et innocenter, dans toutes les guerres, les atrocités qui
en sont la conséquence.

Aussi Vattel, qui comprit à quelles singulières conséquences aboutissait la doctrine de Grotius, ainsi que sa
distinction entre les guerres justes, qui innocentent les
meurtres, et les guerres injustes, qui ne les innocentent
pas, voulut faire mieux, et il entreprit d'ériger une

théorie qui, en évitant l'anarchie que recélait la doctrine de Grotius, mettait parfaitement à l'aise la conscience, non-seulement des agents et des exécuteurs,
mais encore celle des ordonnateurs de guerres.

XVII. L'arminien Grotius, à qui ses doctrines sur la
liberté humaine et individuelle permettaient de percevoir, bien que confusément, une certaine notion de justice absolue, avait déclaré que lorsque deux peuples
entrent en conflit, l'un d'eux seulement soutient une
juste cause, qui innocente les moyens employés pour la
faire triompher; mais il était arrivé, en voulant trouver
le critérium de cette juste cause, à un absurde résultat.
— L'érastien Vattel, à qui échappait nécessairement la
notion de justice absolue, ne s'enquit point du critérium
commun qui diviserait les belligérants en criminels et
innocents ; il les déclara innocents de chaque part; il
déclara ce qu'il appela « *la guerre en forme* » juste des
deux côtés, et fit, de la loi morale, de la loi du Christ,
de la loi naturelle, — dont il disait reconnaître l'existence cependant, — une chose monstrueuse, qui innocentait les égorgements d'où qu'ils vinssent, et qui, en
déclarant la guerre juste des deux parts, disait, en définitive, que le critérium de la justice est impossible à
rencontrer en matière de relations internationales, impossible à rencontrer en matière de guerres.

L'ancien droit ne permettait pas, en matière internationale, de distinguer la justice de l'injustice. Nous
savons, du reste, qu'il ne permettait pas non plus de les
distinguer l'une de l'autre dans les relations intérieures ;

car toutes les catégories juridiques s'unissent dans la notion du juste, qui est *une* ou qui n'est pas. Le milieu juridique ne se prêtait donc pas, sous l'ancien droit, à l'éclosion d'une institution quelconque destinée à produire la pacification, soit en fournissant des règles juridiques, communes aux divers États, soit en faisant l'application de ces règles. Pour lui, pour ce droit, toute guerre était juste, parce qu'il n'avait et ne pouvait avoir aucun moyen d'en vérifier la justice. Le centre juridique commun faisant défaut, la loi morale commune n'existant pas, il ne pouvait exister ni crime, ni faute, ni péché dans les actes commis à l'encontre des étrangers. En bonne logique, il n'aurait pas dû être plus criminel de tuer un étranger pendant l'état de paix que pendant l'état de guerre.

XVIII. Répétons-le, le droit nouveau a changé du tout au tout le milieu juridique. Tandis que le droit ancien légitimait toutes les sortes de guerres, le droit nouveau n'en légitime plus qu'une seule : la guerre défensive, la guerre de légitime défense; et il est possible dès lors, sans courir le risque d'imiter Grotius et de professer l'anarchie, de distinguer, quand une guerre éclate entre deux peuples, si cette guerre est juste ou injuste; car il est toujours possible de reconnaître l'agresseur. Il nous reste à parler de cette guerre défensive, la seule qui, sous le droit nouveau, permette, nonobstant la loi du Christ ou loi naturelle, d'innocenter les meurtres qui sont la conséquence de toute guerre.

La guerre défensive peut donc se justifier; il est

facile de trouver, pour elle, ce que les publicistes appellent les justes motifs qui font entreprendre la guerre, et il est facile aussi de découvrir les *raisons justificatives,* qui, dans l'ancien droit, se distinguaient des justes motifs, et qui, en droit nouveau, ne s'en peuvent séparer (1).

L'ancien droit, lui non plus, n'éprouvait aucune difficulté à justifier la guerre défensive; et les raisons qu'il en donnait, étant basées sur le droit naturel véritable, sont entièrement acceptables sous le droit nouveau, qui n'est autre chose que la réunion du droit naturel et du droit des gens. Grotius et les autres jurisconsultes faisaient dériver le droit de guerre défensive de la loi naturelle, qui permet à chacun, État ou individu, de repousser les attaques qui mettent sa vie en péril. Vattel eût éprouvé plus de difficulté, peut-être, à justifier le droit de l'agresseur, et à dire que, en cas de guerre défensive, la cause de l'agresseur est aussi juste que la cause de celui qui repousse l'agression. Mais, quoi qu'il en soit, Vattel, lui aussi, légitimait amplement la guerre défensive, et il n'existe pas un seul publiciste ou un seul jurisconsulte qui ait mis sa légitimité en question.

Le nouveau droit ne peut, en ce point, être plus rigide que l'ancien droit; il doit admettre la légitimité de la défense et innocenter les moyens employés pour repousser l'attaque, car s'il admet la Charité parmi les

(1) V° Martens, *Précis du droit des gens moderne de l'Europe,* liv. VIII, ch. 3, § 265.

éléments qui le constituent, il admet aussi l'Égoïsme, il admet la loi de *conservabilité*. Les auteurs chrétiens, les S. Ambroise, les S. Cyprien, qui refusaient, au nom de la Charité, le droit de repousser l'agression, alors même qu'elle mettait la vie en péril, exagéraient la Charité ; et, pas plus que les Docètes, les Valésiens et les Circoncellions, ils ne se rapprochaient de la véritable justice. Nous savons, en effet, que celle-ci consiste à tenir compte des deux lois qui régissent l'humanité, et qu'il n'est pas plus permis de sacrifier la conservation à la Charité qu'il n'est permis de sacrifier la Charité à la conservation (1). .

XIX. Mais s'il n'existe aucune difficulté à justifier la guerre défensive, il en existe beaucoup à la définir. A quel moment précis commence l'agression ? Faut-il, pour que la guerre de résistance acquière son caractère de légitimité, que l'agression soit actuelle, matérielle, évidente ; faut-il, en un mot, que, pour la société comme pour l'individu, le péril qu'elle repousse innocemment en tuant l'agresseur soit « *un péril actuel et cer-* « *tain* (2) ? »

Sous l'ancien droit et pendant la durée du système d'équilibre européen, on considérait comme défensive la guerre dirigée contre un voisin qui paraissait devenir trop puissant. Hobbes (3) trouvait une semblable guerre très juste. Mais Hobbes, on le sait, n'est pas

---

(1) V° *Recherches historiques du Juste et de l'Autorité*, 3° partie, ch. 2, § 3.

(2) V° art. 327 et s. du Code pénal français.

(3) *De Cive,* cap. XIII.

une autorité en matière de justice; la loi morale qui sert à distinguer le Juste de l'Injuste n'était pas à sa portée, il en élaguait l'élément principal, il en niait la source. Grotius ne partageait pas, en ce point, l'avis de Hobbes. Le jurisconsulte arminien, assimilant les rapports d'États à États aux rapports d'individus à individus, exigeait pour les uns comme pour les autres que le danger permettant la défense légitime fût un danger actuel, et non pas un danger futur et conjectural (1).

XX. Le droit démocratique, qui est en tous points le résultat d'une métaphysique opposée à celle de Hobbes, et qui, d'ailleurs, repousse l'expédient de l'équilibre européen, doit se montrer tout aussi sévère que Grotius. Pour lui, pour ce droit, le seul cas où il soit permis à un État et aux individus qui en font partie de verser le sang, de violer la loi de Charité, est celui où cet État et ces individus ne pourraient se dispenser de le faire sans violer la loi de *conservabilité*. Hors ce cas, qui exige que l'attaque soit *actuelle et que le péril soit certain*, le droit nouveau ne saurait, sans donner un démenti à la notion du Juste qu'il professe, admettre la légitimité de la guerre et l'innocence des meurtres qui sont la conséquence de la guerre.

On pouvait être moins rigide sous l'empire du droit monarchique. Les rois possédaient la science certaine, ils possédaient aussi la notion de justice à titre de spé-

____

(1) V° *Droit de la paix et de la guerre,* liv. II, ch. Ier, art. 17. Voir aussi sur ce point Wheaton, *Histoire des progrès du droit des gens,* t. II, p. 405, éd. de 1853.

ciale révélation; et quand leur prévision, ainsi inspirée, leur faisait entrevoir un danger dans l'avenir, de même qu'ils pouvaient, à l'intérieur, supprimer le criminel en alléguant qu'il était à jamais incorrigible, de même ils pouvaient, à l'extérieur, faire la guerre préventive en affirmant qu'elle n'était qu'une guerre défensive destinée à repousser une attaque qui, sans cette guerre, surviendrait infailliblement.

Le droit nouveau ne saurait se prévaloir d'une prévision aussi certaine d'elle-même. Ce n'est point dans la révélation qu'il place son critérium de certitude, c'est dans la raison, dans la logique; et il sait que la raison et la logique humaines sont sujettes à l'erreur. Le droit nouveau ne pourrait innocenter celui qui tuerait en alléguant qu'il prévoit que, s'il ne prenait pas les devants, son adversaire le tuerait; il ne peut innocenter davantage la guerre préventive; et pour reconnaître qu'une guerre est défensive, il doit attendre que l'agression commence réellement; ce qui n'empêche en aucune façon que les États qui se croient menacés ne se préparent à repousser l'attaque.

XXI. Cette rigidité du droit nouveau ne s'oppose point, toutefois, à ce que les États n'exercent, soit au dedans, soit au dehors, la surveillance armée destinée à protéger les rapports divers de leurs citoyens entre eux ou avec les étrangers. La répression de la piraterie, par exemple, que Vattel légitime (1), peut être parfai-

(1) Liv. III, ch. 4, § 68.

tement légitimée sous le droit nouveau. Et alors même que, pour réprimer la piraterie, il faudrait verser le sang, le meurtre commis en ce cas serait un meurtre innocent, il serait un meurtre commis en cas de légitime défense, un meurtre semblable à celui que commet l'officier de police qui, chargé d'arrêter un criminel, est contraint, par la résistance de celui-ci, de se servir des armes dont il est porteur.

La question du droit de guerre, si difficile à traiter au point de vue éthique et juridique sous l'empire de l'ancien droit, est, on le voit, singulièrement simplifiée en droit nouveau. Seule la guerre défensive est légitime; et les diverses questions accessoires que les jurisconsultes avaient coutume de traiter après avoir énuméré, autant que possible, les cas nombreux qui pouvaient donner lieu à la guerre, ne peuvent plus se rapporter qu'à la seule guerre défensive : les autres guerres étant injustes en elles-mêmes, injustes absolument, tous les faits qui peuvent s'y rattacher sont injustes également, et par conséquent criminels.

CHAPITRE IV.

DES BELLIGÉRANTS.

I. Les anciens publicistes, considérant l'état de guerre comme un droit, avaient pour but unique d'en adoucir les rigueurs. — II. L'antiquité ignorait le droit des belligérants. — III. L'introduction et le développement de ce droit peuvent être considérés comme des symptômes d'effacement du régime guerrier. — IV. L'esprit de charité, répandu dans le droit nouveau, et l'esprit guerrier du droit antique, ont concouru, l'un et l'autre, à l'édification du droit des belligérants. — V. Ce fut l'esprit guerrier qui exigea que l'état de guerre fût considéré comme une relation de gouvernements, étrangère aux populations. — VI. Les levées en masse et les guerres de *partis bleus* interdites par les publicistes érastiens. — VII. Bien que la guerre fût fondée sur le droit de *punir*, ces jurisconsultes ne permettaient pas qu'on *punît* ceux qui faisaient ou ordonnaient la guerre. — VIII. Les peuples, qui ne faisaient pas et ne pouvaient ordonner la guerre, étaient seuls *punis*. — IX. Le droit démocratique ne peut permettre de frapper les innocents et d'épargner les coupables. — X. Il ne peut interdire ni les levées en masse, ni les guerres de *partis bleus*. — XI. Il ne peut permettre d'égorger les citoyens qui défendent leurs foyers. — XII. Les peuples, bien que devenus souverains, ne peuvent, cependant, jouir des immunités dont jouissaient les souverains érastianiques. — XIII. Les biens des particuliers doivent-ils, en droit nouveau, être à l'abri des ravages de la guerre?... — XIV. Divergences des anciens jurisconsultes sur ce point. — XV. Les principes du droit de propriété ne peuvent céder devant les exigences du droit nouveau en matière de responsabilité. — XVI. Telle était l'opinion de Vattel qui, tout érastien qu'il fût, admettait le droit individuel de propriété. — XVII. La Révolution française professa, en ce point, les mêmes principes que Vattel. — XVIII. Y a-t-il lieu de distinguer entre la propriété mobilière et immobilière relativement aux droits des belligérants? — XIX. Si la propriété mobilière, aussi bien qu'immobilière, doit être, en tant que droit, respectée par les belligérants, il n'en est pas ainsi de la simple possession. — XX. La possibilité de privation de la possession peut suffire à réfréner les passions agressives. — XXI. Cette transaction entre les exigences du droit domanial et celles du droit international était impossible sous l'ancien droit. — XXII. De la *postliminie* sous le droit moderne. — XXIII. En droit moderne, comme sous le droit antérieur, les belligérants doivent vivre sur le territoire occupé. — XXIV. De la rançon des prisonniers de guerre, justement abolie par le décret du 25 mai 1793.

I. Après avoir reconnu l'existence du droit de guerre, les publicistes se sont efforcés de diminuer les horreurs résultant de l'exercice de ce droit en constituant ce qu'ils ont appelé *le droit des belligérants*. Le point de vue où se plaçaient ces publicistes pour considérer le droit des belligérants sur la personne et les biens les uns des autres n'est pas celui où nous pouvons nous placer. Tous étaient d'accord pour considérer la guerre comme un fait nécessaire, résultant de la nature des choses ; tous la considéraient comme un droit ; et tous cependant, émus des maux qu'elle occasionne, ne croyant pas pouvoir faire cesser ces maux en en supprimant la cause, cherchaient à les diminuer et bornaient leur sollicitude à adoucir, autant qu'ils le pouvaient, les horreurs de la guerre.

Nous ne considérons pas la guerre comme un fait nécessaire, nous ne la considérons pas comme un droit, nous ne croyons pas à sa perpétuité, et par conséquent nous sommes porté à considérer les sensibleries des jurisconsultes anciens comme ayant eu pour effet de faire durer un régime qui, sans les adoucissements qu'on y apporta, n'aurait pu avoir une aussi longue durée. Nous serions donc disposé à nier le droit des belligérants comme nous avons nié le droit de guerre, si nous n'avions reconnu que, malgré la négation de ce droit, la guerre peut cependant survenir à titre de crime pour l'agresseur et de nécessité pour le défenseur.

II. L'antiquité ne connaissait point le droit des belligérants ; aucune limite n'était imposée aux droits du plus fort sur le plus faible. Ce ne fut que dans les derniers temps de Rome, et lorsque le droit de Force reucontrait déjà des contradicteurs, que certaines bornes furent imposées par les mœurs aux droits du vainqueur sur le vaincu. Grotius, en nous rappelant les restrictions que le monde romain avait introduites aux droits des belligérants les uns contre les autres, n'a fait que nous décrire un état de civilisation déjà avancé, et parfaitement inconnu de la haute antiquité ainsi que des premiers siècles de Rome (1).

Ainsi, le dernier état des usages internationaux, le dernier état de ce que nous ne pouvons appeler le droit des gens, — car le droit des gens n'existait pas, même alors, à titre de droit, — était un adoucissement considérable aux usages anciens, qui permettaient, entre belligérants, tous les excès et tous les abus.

III. Et cependant, en comparant les rigueurs que l'antiquité admettait encore aux adoucissements dont le savant annotateur de Grotius, M. Pradier-Fodéré, nous trace le tableau (2), on est frappé de la marche incessante de l'humanité et des efforts qu'elle n'a cessé de faire pour identifier le prétendu droit des gens, qui permettait la guerre, avec le droit naturel, qui ne la permet pas. Tout ce qui, dans ce droit des gens, dans ces usages dont parle Grotius, s'éloignait des principes du droit naturel, a, malgré les efforts de l'école historique pour justifier ces anciens exemples, progressé sans cesse, tout cela s'est transformé. « Il n'y a eu d'immua-« ble, » dit à ce sujet Heffter, « il n'y a eu d'immuable

(1) V. Grotius, liv. III, ch. 4.
(2) Ap. Grotius, t. III, p. 91, note, éd. Guillaumin.

« dans la pratique des nations que les principes qui
« dérivent immédiatement du droit de la nature (1). »

Certes, tout en regardant ces adoucissements comme
fâcheux, — en ce sens qu'ils ont permis à un régime barbare de durer plus longtemps qu'il n'aurait duré sans
eux, — on peut considérer leur adoption comme un
symptôme certain d'affaiblissement de l'esprit guerrier
chez les nations modernes, qui, tout en pratiquant la
guerre, voudraient en faire, ainsi que le dit Pinheiro-
Ferreira, « l'art de *paralyser* les forces de l'ennemi; »
et non plus celui de *détruire* l'ennemi.

IV. Parmi ces usages, parmi ces adoucissements,
dont nous essaierons d'apprécier l'effet réel soit dans la
suite de ce chapitre, soit dans les chapitres qui suivent,
les uns ont été inspirés par l'esprit de charité répandu
sur le monde moderne par le Christianisme; les autres,
au contraire, puisant secrètement leur origine dans
l'esprit qui dominait le droit antique, ont eu pour but
et pour effet de concilier le régime guerrier de l'antiquité avec le régime commercial et industriel du monde
moderne. Régime qui, sans ces efforts conciliateurs,
aurait depuis longtemps, vraisemblablement, repoussé
le régime guerrier comme l'une de ces institutions du
passé dont le monde moderne ne peut garder autre
chose que le souvenir.

V. Au premier rang de ces adoucissements inspirés
par le génie antique, qui permirent aux monarques de
continuer les jeux sanglants dont l'antiquité leur ins-

____

(1) *Droit international pub... de l'Europe,* § 130 à 132.

pirait le goût, on doit placer l'usage, généralement admis en droit érastianique, de désintéresser les populations d'une lutte, qu'elles n'auraient pas manqué de faire cesser si elles eussent dû en supporter toutes les conséquences en y prenant part.

Il était facile de colorer cet adoucissement d'une apparence qui en dissimulât le motif réel. On pouvait dire, et l'on disait : La guerre est une relation de gouvernement à gouvernement, de potentat à potentat; les populations n'ont rien à y voir; elles ne doivent pas en souffrir, mais elles ne doivent pas s'en mêler. Les milices elles-mêmes n'ont aucun droit de prendre parti soit pour, soit contre l'un ou l'autre des monarques qui veulent se donner le plaisir de guerroyer l'un contre l'autre; car la guerre est « *un jeu de princes.* » Si le pays de l'un de ces monarques est envahi par l'autre monarque, les citoyens, les miliciens du pays envahi doivent laisser faire : ils n'ont pas le droit de repousser l'envahisseur, ils n'ont pas le droit de prendre les armes pour défendre le seuil de leur chaumière; et s'ils les prennent cependant, on peut les considérer comme des criminels et les massacrer sans pitié.

Tel était l'ancien droit, les populations devaient se laisser faire à peine d'être égorgées; et si elles étaient exonérées de la lutte, en ce sens qu'on leur défendait de s'en mêler, ce n'était point par pitié pour elles, c'était uniquement afin d'éviter que, par leur intervention, elles ne vinssent embrouiller ou abréger la savante partie qui était engagée.

VI. Tous les publicistes étaient d'accord pour limiter ainsi le droit des belligérants ; tous prenaient soin de circonscrire la lutte, sans s'apercevoir, ou du moins sans oser avouer que cette circonscription avait tout à la fois pour but et pour effet de prolonger la guerre. C'est ainsi que M. de Martens, ce dernier défenseur du droit érastianique, résumant les règles du droit tracées par ces prédécesseurs, déplore la mesure vigoureuse de levée en masse prise par la République française dans son décret du 16 août 1793. Ce n'était point ainsi que l'on procédait autrefois, dit-il, les levées en masse étaient sévèrement interdites, et l'on allait même, tant on voulait que la lutte fût courtoise des deux parts, jusqu'à interdire ce qu'on appelait : *la guerre de partis bleus*, la guerre défensive par petits pelotons disséminés.

En effet, cette guerre de *partis bleus*, cette guerre de pelotons disséminés, aurait obligé l'ennemi à disséminer également ses forces ; et les populations envahies, tentées par l'occasion et la certitude du succès, auraient pu, malgré les défenses qui leur étaient faites, se soulever contre les petits pelotons d'envahisseurs, qu'elles auraient facilement étouffés sous leur masse. Le droit des gens ne pouvait permettre une semblable déloyauté, qui aurait rendu les guerres bien plus difficiles et plus meurtrières. Aussi l'on interdisait les *partis bleus;* et la levée en masse de 1793 était considérée, non pas comme un acte de patriotisme, mais comme une mesure révolutionnaire. — Ce qu'elle était en effet, car

elle portait la révolution dans le droit des belligérants (1).

On se gardait bien, cependant, d'avouer que la défense faite aux populations de se soulever, et l'interdiction faite aux miliciens de se mêler de la guerre,
eussent pour but de permettre la continuation d'un
régime auquel il aurait fallu renoncer si les masses
elles-mêmes s'en fussent mêlées, et si la guerre eût été
le déplacement de tout un peuple se ruant sur un autre
peuple. On alléguait des motifs d'humanité, on disait
que, en restreignant la guerre à une lutte entre quelques
mercenaires, on circonscrivait l'action dévastatrice de
la guerre, et que si l'on interdisait aux peuples de se
soulever, c'était afin de les soustraire à la rage guer-
rière d'un ennemi que la défense rendrait furieux.

Mais il était évident que derrière cet intérêt accusé
pour les souffrances des populations se cachait un intérêt plus vrai et plus réel pour les dangers qui auraient
menacé les soldats, et qui auraient bien pu les dégoûter
du métier. Ces soldats, au surplus, étaient des mercenaires ; et si l'on accordait à eux seuls le droit d'égorger et de combattre, c'était non-seulement parce que,
ainsi que nous l'avons dit au précédent chapitre, on les
considérait comme des sortes d'agents judiciaires du
monarque qui les employait, mais c'était aussi, et surtout, vraisemblablement, parce qu'on les regardait
comme des gladiateurs destinés à signaler, par le suc-

(1) V· Martens, *Précis du droit des gens moderne de l'Europe,*
liv. VIII, ch. 4, § 263 et 271.

cès de leurs manœuvres, l'habileté du joueur qui les employait. Il ne fallait pas que ces manœuvres fussent troublées, il ne fallait pas que ces mercenaires qui, comme les gladiateurs antiques, auraient pu dire, en passant devant la tente de leur chef, *morituri te salu-tant*, vissent s'aggraver les chances de mort qu'ils avaient mises en balance avec le salaire qu'ils avaient accepté.

VIII. Du reste, on ne les tuait, ces malheureux gla-diateurs, que tout autant qu'il le fallait pour rendre le spectacle intéressant. L'humanité, disait-on, défendait de les égorger (de les punir) lorsqu'ils se rendaient. Quant aux chefs qui avaient organisé l'action, qui la dirigeaient, et qui y assistaient, — « quand le souci de leur grandeur, toutefois, *ne les attachait pas au ri-vage*, » — quant aux chefs, c'était bien autre chose en-core ; il ne fallait point les dégoûter de ces spectacles de princes en leur faisant supporter une part quelconque de la responsabilité réelle qu'ils entraînent contre ceux qui y sont acteurs. Aussi leur personne était sacrée ; il était défendu, dit Martens, de tuer, même dans la mê-lée, les princes et les rois (1).

Qui donc était *puni*, puisque, selon les jurisconsul-tes du droit érastianique, la guerre était entreprise pour punir, pour frapper d'un châtiment *exemplaire* ceux qui, par leur insuccès, accusaient évidemment l'injustice de leur cause?... Qui donc était puni par ces « *minis-*

______
(1) *Précis du droit des gens moderne de l'Europe,* liv. VIII, ch. 4, § 278.

tres du Tout-Puissant, qui avaient reçu de lui, avec le *glaive,* le droit de *punir* ceux qui avaient encouru la *colère céleste?...* Qui donc était puni?... Était-ce le monarque vaincu, celui qui avait *voulu* la guerre injuste?... Non; sa personne était sacrée, sa personne était épargnée, et s'il était fait prisonnier, il était traité avec les plus grands égards jusqu'à ce que son peuple eût payé sa rançon. Était-ce le soldat mercenaire, qui avait tué, massacré, incendié, en vertu, il est vrai, de l'ordre qu'il en avait reçu et de la commission qui lui en avait été donnée, mais en vertu aussi de sa volonté propre, qui lui avait fait accepter un salaire et endosser la livrée qui lui donnait le droit au massacre?... Non encore. Celui-là pouvait bien être tué dans la mêlée, tué par hasard, mais s'il se rendait, il n'était point *puni :* le droit des belligérants ordonnait de l'épargner, de le traiter avec humanité, et, tout au plus, de l'empêcher de continuer le combat en le retenant comme prisonnier de guerre.

VIII. Qui donc enfin, qui donc était puni?... On le sait, le peuple, le peuple seul, qui n'avait ni voulu ni fait la guerre, à qui l'on n'accordait pas le droit de la vouloir, à qui l'on n'accordait pas le droit de repousser l'agresseur qu'il n'avait ni provoqué ni appelé. C'était donc le peuple, et le peuple seul, qui était *puni* si son chef était vaincu : il était puni non-seulement parce que, pendant la durée de la guerre, il lui avait fallu subir les dévastations et les réquisitions de toutes sortes quelle occasionne; non-seulement parce que, s'il s'en était défendu, s'il avait résisté, il était égorgé sans pitié, et que, pour lui, la défense d'égorger ceux qui se rendent n'existait pas; mais il était puni parce qu'il était obligé de payer les frais de la guerre, de payer la rançon de son chef fait prisonnier, et de solder la rançon des soldats qui, pour sauver leur vie, s'étaient rendus à l'ennemi.

Ainsi la punition n'atteignait point les coupables, le châtiment ne frappait point les criminels, la correction n'était point appliquée à ceux qui avaient commis la faute. Ceux que la punition, que le châtiment, que la correction atteignaient n'avaient commis ni crimes ni fautes, ils n'avaient point *voulu* la guerre, comme leur monarque, ils n'avaient point tué et massacré, comme les mercenaires que celui-ci avait employés, et que l'on épargnait lorsqu'ils se rendaient. Comment donc les jurisconsultes érastiens pouvaient-ils considérer la guerre comme une *punition,* un châtiment ou une correction?

IX. Le droit démocratique, qui ne reconnaît point aux États le droit de juridiction les uns sur les autres, qui ne leur accorde point le droit de *punir* soit à l'intérieur, soit à l'extérieur, ne saurait, non plus, prescrire d'épargner les coupables et de châtier les innocents. Pour le droit moderne, la guerre ne peut plus être une relation de gouvernement à gouvernement : elle est un rapport, un déplorable rapport de peuple à peuple. Et puisque, en droit moderne, le peuple est souverain; puisque, lorsqu'une guerre éclate, c'est lui, c'est le peuple qui

l'a voulue, qui l'a ordonnée ; c'est lui, c'est le peuple qui
doit et faire la guerre, et supporter toutes les conséquences de l'état de guerre. L'ordre, nous le savons,
n'étant plus séparé de l'exécution, la responsabilité ne
doit plus être séparée de la volonté.

X. La seule guerre légitime, la seule guerre juste
étant celle qui a pour but de repousser l'envahisseur,
le droit nouveau ne saurait accorder à cet envahisseur
les facilités et les garanties que lui fournissait l'ancien
droit. Quand la patrie est envahie, tous doivent se lever
et prendre les armes ; et la levée en masse, que Martens
déclarait contraire aux principes de l'ancien droit, est
en conformité parfaite avec les principes du droit nouveau. Les révolutionnaires de 1793 le comprirent, le
peuple se souleva à leur voix, et l'envahisseur fut repoussé.

XI. Ainsi, quand la guerre devient un droit, la levée
en masse est un droit comme elle. Or, si la solidarité
qui unit les uns aux autres tous les citoyens composant
l'État, leur accorde le droit et leur impose le devoir de
prendre les armes pour se défendre, il s'ensuit que les
distinctions anciennes entre les *civils* et les militaires
ne peuvent plus être faites. Le civil qui tue l'ennemi au
seuil de sa chaumière, au milieu de son champ, que
cet ennemi ravage, ou au milieu de sa commune, que
ce même ennemi dévaste, ne doit pas, s'il est vaincu et
obligé de se rendre, être traité avec plus de rigueur
que le militaire qui, dans l'ancien droit, était protégé
par sa livrée. Que signifiait cette livrée, que signifie

l'uniforme qui l'a remplacée depuis que les armées ne sont plus composées de mercenaires?... Ce qu'ils signifient, n'est-ce donc pas que, s'il y a lieu de faire une différence entre le citoyen revêtu d'un uniforme et celui qui n'en porte pas, c'est en faveur du dernier, et non plus du premier, que le droit des belligérants doit se montrer miséricordieux. Celui qui porte l'uniforme a très certainement fait usage des armes dont il est revêtu, il a tué, et l'on conçoit que sa présence excite la colère des compagnons de ceux qu'il a tués. Il n'en est pas ainsi de celui qui ne porte pas d'uniforme, les armes qu'on rencontre en ses mains peuvent être innocentes et ne doivent pas exciter la colère.

Telle est l'opinion du publiciste américain Wheaton. Pour lui, tous les citoyens sont soldats au même titre, qu'ils soient ou non revêtus d'un uniforme. Et, de même que les soldats ne peuvent être épargnés tandis que les civils qui les auraient imités seraient égorgés, de même ceux-ci ne peuvent, sous prétexte que la guerre est une relation d'État à État, s'exonérer des suites et des responsabilités que la guerre porte avec elle. « Tous les « membres de l'État ennemi peuvent légalement être « traités comme ennemis, » dit-il (1).

La guerre défensive, donnant à tous, au même titre, le droit de repousser l'envahisseur, ne permet donc plus ni les douceurs ni les rigueurs exceptionnelles de l'ancien droit. Si la pitié ordonne d'épargner le soldat

____

(1) Vᵉ Martens, t. II, p. 245. — Note de M. Ch. Vergé, éd. Guillaumin, et Vattel, liv. III, ch. 4, § 61. — Note de Pinheiro-Ferreira.

qui rend ses armes en implorant merci, elle ordonne également d'épargner le citoyen qui, après s'être vainement défendu, reconnaît l'inutilité de ses efforts : le *parcere victis* est un cri du cœur égal pour tous. Mais ce cri du cœur, ce *parcere victis*, remarquez-le, n'est en effet qu'un cri du cœur, il n'est pas une prescription juridique, car, dans sa rigueur stricte, le droit exigerait, peut-être, que la responsabilité fût la conséquence de tous les actes qui sont de nature à la compromettre. Sous l'ancien droit, il n'en était pas ainsi ; sous l'ancien droit, la personne du souverain, qui *voulait* la guerre, était considérée comme sacrée : c'était là une monstruosité que nous avons dû signaler. Sous le nouveau droit, la personne de ce souverain, — personne qui s'appelle le peuple, — ne doit donc pas être sacrée : ce serait imiter l'ancien droit ; et puisque c'est le peuple qui *veut* et ordonne la guerre, il est juste que ce soit le peuple, le peuple tout entier, qui en subisse les conséquences.

XII. Certes, la pitié a ses exigences, et le droit nouveau, qui admet la Charité au nombre des éléments qui constituent sa notion du Juste, ne peut se montrer sourd à ses exhortations. Cependant, sous l'empire de ce droit nouveau, qui accorde la souveraineté aux masses populaires, la responsabilité effective et réelle doit sans cesse accompagner l'exercice de la volonté souveraine afin d'en contenir les égarements. La passion peut égarer les peuples tout aussi bien qu'elle égarait les rois ; et les archives du monde ne sont pas seulement remplies des délires de ces derniers. Donc, bien que la guerre agressive soit, en droit nouveau, reconnue pour une guerre injuste, la guerre agressive est possible; ce qui revient à dire que la guerre demeure possible même sous l'empire du droit démocratique, qui cependant la proscrit. La seule chose que les jurisconsultes puissent faire pour empêcher cette guerre agressive est de placer, à côté de la passion qui l'excite, la responsabilité qui tempère cette passion, et de permettre à la responsabilité physique du nouveau souverain d'imposer un frein salutaire aux passions qui peuvent l'égarer.

Les adoucissements que les publicistes ont encouragés de tous leurs efforts sous l'empire du droit érastianique auraient pour effet, en droit démocratique, d'amoindrir la responsabilité physique du souverain et de permettre à ses passions d'égarer plus facilement sa raison et sa notion de justice. Tout ce qui peut tendre à rapprocher la responsabilité de la volonté doit donc être admis; tout ce qui, au contraire, séparerait l'une de l'autre doit être repoussé; et si le soldat que la loi appelle au service de son pays est exposé à payer de sa vie l'erreur ou la faute de ceux qui l'ont envoyé vers l'ennemi, il ne faut pas que le peuple ou ceux qu'il a investis du droit de le représenter soient, dans leurs personnes ou leurs biens, à l'abri des conséquences de la guerre qu'ils ont ordonnée.

XIII. Nous venons de parler des biens; c'est à l'occasion des biens que l'esprit d'adoucissement qui animait les *prudenti homines* du droit érastianique s'est le plus exercé. Ils ont dirigé tous leurs efforts de façon à soustraire de plus en plus les biens des belligérants aux effets de la guerre. Leurs *sententiæ receptæ*, qui composent encore le corps du droit des gens moderne de l'Europe, sont remplies de préceptes qui, tous, ont pour but d'épargner aux citoyens, à ceux qui, désormais, sont en droit de *vouloir ou de refuser* la guerre, les frais et les désastres que la guerre occasionne. Nous ne pouvons éviter l'examen de ces préceptes ; nous ne pouvons éviter de rechercher si les motifs qui, sous l'ancien droit, ont fait admettre ces adoucissements comme un progrès inspiré par la notion de justice, sont en effet de nature à permettre que cette notion se dégage de plus en plus dans les rapports internationaux.

Les anciens auteurs, qui faisaient de la guerre une relation de prince à prince ou de gouvernement à gouvernement, avaient imaginé la maxime : *Rex imperio possidet, singuli dominio*. Et bien qu'ils eussent déclaré sacrée la personne irresponsable des princes, ils avaient, très illogiquement, admis leur responsabilité en matière domaniale : ils permettaient au belligérant vainqueur de s'emparer de tout ce qui appartenait au prince vaincu, de ce qui lui appartenait *imperio ;* mais de cela seulement. Les propriétés privées, ce qui appartenait aux individus, *dominio,* étaient exceptées du droit de conquête ; le belligérant vainqueur devait les respecter et permettre aux ex-sujets du prince vaincu de posséder et détenir leurs biens après comme avant la victoire.

C'était là, sous l'ancien droit, un acte de justice que nous ne saurions critiquer, car il n'avait absolument aucune influence sur le maintien ou la disparition du régime guerrier. Les sujets, ceux qui possédaient *ut singuli*, et à titre de domaine, n'ayant aucune voix ni aucune action sur les choses de la guerre, ne pouvant ni la faire éclater ni la faire cesser, leurs craintes de ruine ou leur certitude de demeurer en possession de leurs biens étaient parfaitement indifférentes à la marche des choses, et l'on pouvait, sans aucun inconvénient, adoucir, pour eux, les suites de l'état de guerre survenu entre leurs chefs.

On sait que l'antiquité, dont le droit était entièrement compatible avec le régime guerrier, l'un des rouages du système, et qui n'avait point à craindre que les rigueurs de ce régime le fissent cesser, n'admettait point ce tempérament aux droits du vainqueur : ceux-ci étaient absolus tant sur les biens que sur les personnes des particuliers aussi bien que des princes.

Mais le droit nouveau, nous l'avons vu, n'admet pas le régime guerrier, il n'admet pas le droit de guerre au nombre de ses catégories ou parmi les rouages du système qu'il est en train de fonder. Les rigueurs, dès lors, y sont de nature à produire ce qu'elles ne pouvaient produire dans l'antiquité ; elles sont de nature à produire la cessation du régime, puisqu'elles sont de nature à aggraver la responsabilité de ceux dont la volonté peut abolir le régime, et qui ont le droit de vouloir la guerre ou de se refuser à l'ordonner aussi bien qu'à la faire.

D'un autre côté, et raisonnant rigoureusement, — en

apparence du moins, car nous allons bientôt envisager la question domaniale à un autre point de vue, — d'un autre côté, ne peut-on pas dire que le droit nouveau n'admet plus la distinction entre les biens du prince et les biens des particuliers, entre ce qui est possédé *imperio*, et ce qui est possédé *dominio ?*... Ne peut-on pas ajouter que, sous le droit nouveau, le prince c'est le peuple, puisque le peuple est devenu souverain, et que ce nouveau souverain possédant *imperio dominioque*, le belligérant vainqueur a le droit de s'emparer des biens que le belligérant vaincu possède à ce double titre, qui n'en fait plus qu'un seul?

Nous verrons plus loin pourquoi ce droit, dont la rigueur aurait pour effet de rendre la guerre à peu près impossible, et que la logique du droit érastianique permettrait aujourd'hui, bien qu'elle pût le défendre autrefois, ne peut être admis en droit nouveau. Mais avant d'aborder cette discussion, qui aura pour effet de mettre en présence les principes du droit international moderne et les principes du droit domanial nouveau, nous avons à compléter notre examen du droit des belligérants admis par les jurisconsultes du droit érastianique.

XIV. Tous ces jurisconsultes, en effet, n'admettaient point également la distinction dont nous avons parlé plus haut entre les biens du prince et les biens des particuliers. Les plus logiques, ceux qui comprenaient que le droit domanial ne peut appartenir aux individus qu'autant que l'efficace de leur volonté leur est reconnue, — ce qui eût détruit la souveraineté érastienne, — de même que ceux qui considéraient le droit érastianique comme un droit patrimonial, ou qui n'attribuaient le droit de propriété qu'à la collection, parce qu'elle a seule la force de le défendre; les plus logiques, disons-nous, repoussaient cette distinction, et n'imposaient point de limites aux droits des belligérants sur les biens dont ils parvenaient à s'emparer.

Grotius, par exemple, qui plaçait le droit de propriété sur la tête de la collection, qui le faisait dériver du fait de première occupation, et qui considérait la possession individuelle, non point comme légitimée par le droit naturel, mais comme issue d'un simple contrat, comme issue d'un partage supposé fait entre les conquérants ou les premiers occupants (1), Grotius ne fait pas le moindre doute que la propriété des particuliers ne puisse être très légitimement acquise par le droit de guerre (2). Martens, de son côté, moins profondément imbu que Grotius des principes du droit romain, mais plus pénétré que lui des principes du droit érastianique, ne distingue point lui non plus *l'imperium* du *dominium*, et considère comme parfaitement légitime le droit du vainqueur qui s'empare des propriétés particulières de ceux qu'il a vaincus. Pour Martens, le prince possédant *imperio dominioque*, le jugement de Dieu qui le frappe en lui refusant la victoire, le dépouille très justement

(1) V° *Droit de la paix et de la guerre*, liv. I°, ch. 1°, art. 10, n° 7, et liv. II, ch. 2, art. 6, n° 2.

(2) V° liv. III, ch. 6.

d'une souveraineté et d'une propriété que Dieu lui avait accordées (1).

Ainsi, ceux des jurisconsultes érastiens qui confondaient le droit de propriété dans le droit de souveraineté, et qui comprenaient cependant que, tout divin qu'il fût, le droit souverain des monarques avait, en matière de guerre, besoin d'un correctif et ne pouvait être exercé sans engager, dans une certaine mesure, la responsabilité de celui qui l'exerçait, ceux-là donnaient pour conséquence à la défaite la perte de tous les biens de celui qui la subissait. Ils ne dépouillaient point les individus cependant, — car les individus n'avaient pas de droits et ne pouvaient être dépouillés, — mais ils les privaient de la possession qu'ils avaient pu avoir jusque-là en vertu du bon plaisir de leur chef.

Faut-il en conclure que, la souveraineté et la propriété étant aussi bien confondues en droit nouveau qu'elles l'étaient dans l'esprit de ces jurisconsultes érastiens, la responsabilité que ces derniers infligeaient aux princes vaincus doit être infligée aux peuples qui n'obtiennent pas la victoire?... Ne serait-ce pas, comme le faisaient ces jurisconsultes, faire dériver le droit de propriété d'une concession divine; et, considérant la victoire comme un jugement de Dieu, ne serait-ce pas admettre que la concession est révoquée au·préjudice du voisin pour être accordée à son vainqueur?... Ne serait-ce pas, enfin, transporter l'ordre d'idées antérieur

(1) V· *Précis du droit des gens moderne de l'Europe*, liv. VIII, ch. 4, § 280.

dans l'ordre d'idées postérieur, et réunir ensemble des principes aussi opposés qu'incompatibles?

Et cependant les principes du droit démocratique exigent, on l'a vu, que, bien loin d'être adoucie, la responsabilité soit plutôt aggravée. C'est à ce prix, au prix de cette aggravation, de cette extension du droit des belligérants les uns contre les autres, qu'il est permis d'espérer que les passions populaires n'imiteront pas les passions royales, et laisseront s'introduire dans le droit international les notions de justice et de droit qui en ont constamment été écartées. A ce point de vue, il semblerait qu'on dût permettre aux belligérants de se dépouiller réciproquement de leurs domaines, car il en résulterait très certainement que lorsqu'il s'agirait de décider de la paix ou de la guerre, ceux que la guerre menacerait ainsi de la perte de leurs biens éprouveraient certains scrupules qui, s'ajoutant à ceux que leur inspirerait la notion du juste et du droit, les disposeraient merveilleusement à suivre cette dernière inspiration et à repousser les sollicitations de la passion.

XV. Mais la question de savoir si le droit des belligérants peut s'étendre jusqu'à la propriété privée a des attaches plus hautes, pourrait-on dire; elle a des attaches qui la relient d'une façon tellement intime au principe même de la démocratie, que si elle était résolue contre le droit individuel, si elle était résolue en ce sens que le belligérant victorieux pourrait s'emparer de la propriété du belligérant vaincu et la posséder à titre de droit, on devrait dire que la démocratie n'existe pas, que son principe est déserté, et que la Force constitue le Droit.

En effet, le fondement de la démocratie, comme le fondement du droit de propriété, n'est autre chose que la reconnaissance de la liberté humaine, la reconnaissance du pouvoir que la volonté individuelle possède de créer le droit en incorporant le libre travail dans le sol. Tel est le fondement du droit de propriété sous la démocratie; et si l'on détruisait ce fondement, si l'on reconnaissait que la Force peut donner au vainqueur un droit supérieur au Droit, ce serait reconnaître par cela même que la libre volonté de l'homme n'est pas de nature à fonder son droit dans la terre; — ce qui reviendrait à dire que cette volonté libre n'existe pas, que la Force constitue le Droit, que l'organisation sociale qui permet la plus forte organisation de la Force est seule légitime, et que le droit de propriété, s'il est autre chose que le droit de la Force, résulte d'une concession faite directement par le suprême créateur en faveur de quelques êtres privilégiés, qui en distribuent la possession selon leur bon plaisir.

Grotius et Martens le comprenaient ainsi l'un et l'autre : Grotius, en se plaçant au point de vue du droit de force, tel que les Romains l'avaient admis et réglementé dans leur corps de droit, et Martens, en se plaçant au point de vue du droit divin, tel que Louis XIV et les docteurs de son temps l'avaient professé.

Tous les publicistes modernes, sans remonter aux principes véritables et essentiels du droit de propriété, et sans s'avouer à eux-mêmes qu'ils se constituaient ainsi les défenseurs du droit démocratique, ont reconnu la sainteté du droit de propriété privée, et se sont refusés à accorder au belligérant vainqueur le droit d'en dépouiller le vaincu (1).

XVI. Bien longtemps, du reste, avant que la logique découvrît la liaison intime qui existe entre la propriété et la souveraineté, ceux-là mêmes qui s'étaient constitués les défenseurs officieux de l'Érastianisme, Vattel notamment, s'étaient prononcés en faveur de l'individualité du droit domanial, et par conséquent en faveur de son universalité; ne se doutant en aucune façon de la contradiction qu'ils commettaient en associant le droit de la volonté humaine et individuelle au droit découlant de la seule volonté divine. C'est ainsi que le jurisconsulte neuchatellois disait dès 1750, époque où il publiait son traité du droit des gens, que les étrangers trouvent dans la *loi naturelle* le droit d'être propriétaires, qu'ils y trouvent le droit de disposer par testament de leurs biens, et qu'ils y trouvent aussi le droit de transmettre ces mêmes biens à leurs héritiers (2).

Pour Vattel, pour l'érastianique Vattel, le droit de propriété ne dérivait donc pas du pacte social, puisque l'étranger n'était pas partie dans le pacte social; il ne dérivait pas de la force sociale, de la force collective,

---

(1) V° Vattel, *Droit des gens*, liv. III, ch. 9. — Wheaton, *Éléments de droit national*, t. II. — Klüber, *Droit des gens moderne de l'Europe*, §§ 250-253. — Massé, *Le Droit commercial dans ses rapports avec le droit des gens*, t. I", etc.

(2) V° Vattel, *Droit des gens*, liv. II, ch. 8, §§ 110 et 111.

puisque l'étranger, ne participant pas à la formation de cette force, ne pouvait avoir droit d'en invoquer la protection; il ne dérivait pas, enfin, d'une concession du prince, puisque le prince ne pouvait concéder une portion de son territoire qu'à ceux qui seraient soumis à sa souveraineté.

Et ne dérivant ni du pacte social, ni de la force sociale, ni d'une concession du prince, le droit domanial de l'étranger ne pouvait prendre ses racines que dans la volonté, et puiser sa sanction ailleurs que dans les consciences.

Or, le droit des nationaux ne pouvait être d'une autre nature que le droit des étrangers, il ne pouvait avoir une origine différente, et il dérivait, lui aussi, de la volonté individuelle, qui était ainsi reconnue capable de fonder un droit, — qui était reconnue libre par conséquent, — et qui, en tant que libre, ne pouvait admettre au-dessus d'elle une souveraineté accordée par la Divinité.

C'est ainsi que Vattel et les publicistes qui ont partagé son avis en matière domaniale étaient, sans le savoir, de véritables démocrates, précédant de près d'un demi-siècle l'éclosion des premiers germes de la démocratie. Mais, nous l'avons déjà dit plus haut, ces publicistes, qui professaient les vrais principes du droit domanial, et qui soutenaient en même temps les principes du droit divin monarchique et héréditaire, étaient des logiciens inconséquents, dont l'inconséquence devait nécessairement être rectifiée. Elle le fut, et la Révo-

lution française, tout en adoptant l'opinion de Vattel
sur le droit des étrangers à être propriétaires, s'en
écarta en déclarant que puisque la propriété appartenait à l'individu, — qui créait lui-même son droit à
l'aide de sa volonté concrétée, — la souveraineté lui
appartenait également.

XVII. En effet, dès ses premiers jours, la Révolution
française, après avoir déclaré que la souveraineté réside
dans le peuple, proclama les mêmes principes domaniaux que Vattel, abolit, par sa loi du 18 août 1790, le
droit d'aubaine, — que Charles VI avait attribué à sa
couronne par lettres patentes du 5 septembre 1385, —
accorda à tous les étrangers le droit de posséder des
terres en France, et leur permit d'en disposer à leur
gré et de les transmettre à leurs héritiers.

Dès son éclosion, dès sa première manifestation dans
l'ancien monde, le droit démocratique se présentait donc
appuyé sur le droit domanial. Mais il n'annonça point
aussitôt l'antagonisme qui pouvait se rencontrer entre
le droit domanial individuel, qui exige le respect absolu
du droit de propriété, et le droit international, qui réclame l'aggravation de la responsabilité individuelle
dans le but de contenir les écarts et les égarements de
la volonté individuelle : on ne songeait pas alors à se
demander si le droit démocratique, le droit nouveau,
est exclusif du droit de guerre, et s'il a pour but d'a-
bolir le régime guerrier.

On se le demandait bien moins encore quelques années plus tard : il y eut comme une sorte de retour vers

les idées et le droit érastianique, et le Code Napoléon accusa ces tendances en imposant des restrictions à la reconnaissance du droit de propriété en faveur des étrangers. Par son article 726, le Code exigea, pour admettre ce droit, certaines conditions de réciprocité, qui prouvaient que, dans la pensée de ceux qui le rédigèrent, le droit de propriété n'avait pas uniquement pour fondement et pour source la volonté humaine; qu'il n'était pas, en un mot, un droit naturel, supérieur aux lois écrites, et auquel celles-ci, qui ne le peuvent créer, ne peuvent porter atteinte.

Mais ce retour vers l'Érastianisme et ce faux point de vue juridique en matière domaniale ne durèrent pas. La Restauration, qui apportait l'Érastianisme dans les mots, mais qui, à son insu et malgré elle, laissait se développer le démocratisme dans les choses, revint aux vrais principes, abolit les restrictions au droit des étrangers que le Code Napoléon avait édictées, et, par sa loi du 16 juillet 1819, accorda à ces étrangers le même droit qu'aux nationaux.

Tel est, à l'heure actuelle, le droit généralement admis en Europe : la propriété y appartient aux individus, leur droit procède par conséquent de leur volonté, la guerre le respecte, la conquête ne peut y porter atteinte, et c'est avec raison que Pinheiro-Ferreira, parlant de ce droit de propriété que les idées nouvelles ont si complétement transformé, s'est écrié : « Non, le « citoyen n'est pas un serf attaché à la glèbe; son droit « de propriété ne lui a pas été acquis à titre de vol ni de

« don gratuit et révocable au gré de la société : c'est le
« fruit de son travail, ou du travail de celui qui avait
« le droit de le lui céder (1). »

Si, déduisant rigoureusement les conséquences de
cette uniformité de point de vue en matière domaniale,
nous affirmions que l'Europe entière admet le principe
nouveau de souveraineté populaire, nous nous expose-
rions à de nombreux démentis basés sur des faits. Il
existe en Europe un grand nombre d'États admettant
que le droit des belligérants ne s'étend point aux propriétés privées, et pour qui la question dont nous poursuivons l'étude, — celle de savoir si, dans le but d'aggraver la responsabilité, il n'y a pas lieu d'exposer les
belligérants à la perte de leurs propriétés, — est une
question indifférente, ces belligérants n'ayant « ni voix
ni action sur les choses de la guerre. » Mais l'Europe
est en travail, et la logique chemine lentement. Aussi,
et malgré les faits, continuerons-nous de considérer
cette question d'antagonisme entre le droit domanial
et le droit international comme l'une des questions les
plus intéressantes du droit moderne.

Ce droit, ce droit moderne, qui exige le rapprochement de la responsabilité, qui exige son aggravation,
exige non moins impérieusement le respect de la propriété privée. Le droit, répétons-le, repose sur la tête de
l'individu, il ne repose plus ni sur la tête du chef de
l'État, ni sur la tête de la collection, qui n'est autre

____

(1) Sur Martens, *Précis du droit des gens moderne de l'Europe*, t. I",
p. 254, éd. Guillaumin.

chose que l'État lui-même; il puise son origine dans la volonté libre qui incorpore dans le sol le travail libre et spontané. Les belligérants ne peuvent donc porter atteinte à ce droit, et doivent respecter la propriété privée aussi bien mobilière qu'immobilière.

On le voit, l'antagonisme est complet, et il embrasse les droits mobiliers aussi bien que les droits immobiliers. Le principe est en effet le même pour ces deux sortes de propriétés, il gît, pour l'une et l'autre, dans la liberté humaine, dans la faculté créatrice de l'homme; et le droit, pour l'une aussi bien que pour l'autre de ces propriétés, rencontre sa sanction dans les consciences : ce qui revient à dire qu'il est un droit naturel.

Aussi, avant d'essayer de donner une solution à la question posée, avant de chercher à concilier l'antagonisme que nous avons signalé, devons-nous jeter un coup d'œil sur l'état actuel du droit des belligérants en matière de propriété mobilière.

XVIII. Les usages de la guerre, aussi bien que les publicistes qui les décrivent, font une différence entre les droits de propriété mobilière et les droits de propriété immobilière. Il serait difficile de découvrir sur quoi se fonde cette différence, mais il est certain qu'elle existe. Tandis que ces usages imposent le respect des propriétés immobilières, ils permettent la violation de la propriété mobilière : le butin est à peu près permis entre belligérants; et, sur mer tout au moins, la propriété mobilière et individuelle d'un belligérant n'est point respectée par l'autre belligérant.

Disons en passant, en nous appuyant sur l'autorité de Pinheiro-Ferreira aussi bien que sur les principes du droit domanial, que cette distinction, — qui résulte d'une réminiscence du droit romain (1), — ne saurait être maintenue par le droit moderne : ou les propriétés de toutes natures que possèdent les belligérants seront exposées aux chances de la guerre et de la conquête, afin de rendre la guerre plus difficile et à peu près impossible, ou ces propriétés seront affranchies de ces chances, parce que, mobilières ou immobilières, elles constituent un droit en faveur de celui qui les possède, et que le fait brutal ne peut détruire le droit que sous l'empire du droit de Force.

Nous reviendrons, dans un autre chapitre, où nous aurons à nous occuper de la rétorsion et des représailles, sur cet usage antique du butin et de la prise sur mer ; usages fourvoyés encore au milieu du droit moderne. Nous aurons alors à nous occuper du droit de postliminie, autre souvenir du droit romain que les usages modernes en matière de prise maritime ont encore jusqu'ici conservé. Nous nous bornerons donc à dire sur le butin, que le droit antique et le droit érastien permettaient aux belligérants de faire les uns sur les autres, que le droit démocratique repousse absolument cet usage, et que si les rigueurs destinées à mettre fin au régime guerrier paraissent le légitimer, les principes supérieurs du droit de propriété ne peuvent l'admettre.

(1) V° Institutes, § 17, *De rer. divis.*, L. 1, § 8. — Dig., L. Falcid., L. 105. — Dig., *De solationibus*, L. 5, § 1; *De captiv. et postlim.* V° Pinheiro-Ferreira, sur Martens, t. II, p. 203.

XIX. Est-ce donc à dire que, semblable à la guerre érastienne, la guerre démocratique devra se faire d'une façon courtoise, et respecter complétement, sinon les personnes, du moins les propriétés aussi bien des soldats qui portent les armes que des citoyens qui leur ont mis les armes à la main?

Si le droit démocratique, universellement admis par les nations civilisées, était parvenu à son entier développement, et s'il avait organisé complétement le système qui doit en réaliser les prescriptions, cette courtoisie complète dans les usages de la guerre serait sans inconvénients comme sans dangers. La seule guerre défensive étant alors, généralement, reconnue comme la seule juste guerre, il serait inutile de chercher à prévenir l'agression en infligeant à l'agresseur le plus de responsabilité possible. Cet agresseur, retenu par le sentiment de son injustice ou par le jeu du système dont nous venons de parler, n'aurait pas besoin d'être retenu par la crainte des maux et des ruines que lui pourrait attirer son injuste agression. Au surplus, admettant que, même en cet état, une nation pût braver les objurgations de sa conscience et de l'opinion publique, l'aggravation de responsabilité, l'aggravation de misères et de ruines porterait plus particulièrement sur l'État envahi, sur l'État dont la cause est juste, et elle manquerait complétement son but; car ce n'est pas la volonté de l'État qui subit l'envahissement qui doit être paralysée par la crainte.

Mais l'Europe n'a point encore organisé son système;

et si l'influence du droit démocratique s'y fait sentir cependant, elle s'y fait plutôt sentir comme un pressentiment de l'avenir que comme une réalité du présent. S'il en était autrement, si le droit démocratique y avait acquis son plein développement, si, en un mot, la guerre défensive y était reconnue la seule possible parce qu'elle est la seule légitime, il n'y aurait plus de guerres, puisqu'il n'y aurait plus d'agressions. Il n'y aurait plus, dès lors, ni droit des belligérants ni droit des neutres ; il n'y aurait que le Droit, purement et simplement, le Droit, égal pour tous, qui ordonne à chacun de respecter partout, en tout temps et en toutes circonstances, les biens et la personne du prochain.

Cet état n'existe pas, et ne semble être encore qu'un *desideratum*, dont l'esprit conçoit la possibilité, mais dont la réalité se fera, peut-être, bien longtemps attendre. Pour activer la venue de cet état de pacification et de justice universelles, il faut donc, ainsi que nous l'avons dit plus haut, menacer les peuples agresseurs de calamités qui les puissent retenir ; et ce serait un mauvais moyen que de leur promettre par avance le respect de leurs propriétés et des jouissances qu'elles leur procurent. Il y a donc lieu d'essayer un compromis entre les exigences du droit de propriété et les exigences de la pacification.

Le droit de propriété, disions-nous plus haut, exige que le pillage soit complétement exclu du droit des belligérants. N'y a-t-il pas quelque tempérament à apporter à cette défense de pillage ; défense qui rendrait plus faciles les résolutions de faire la guerre? Ne pourrait-on permettre le pillage et respecter cependant le droit de propriété?

Sans doute, le respect du droit et la permission du pillage paraissent, tout d'abord, entièrement inconciliables; mais en y regardant de plus près, on conçoit la possibilité de les concilier. Le pillage n'est attentatoire au droit qu'autant qu'il prive du droit. Or, il peut ne pas priver du droit, il peut respecter le droit de propriété, qui est *in intellectu*, et priver cependant de la jouissance, qui n'est pas *in intellectu*, et qui n'est qu'un fait confondu avec le droit, mais qui s'en peut séparer. Si le pillage ne faisait acquérir au pillard aucun droit de propriété, s'il se bornait à priver le pillé de la jouissance de sa chose, à l'en priver jusqu'à résipiscence, et si cette chose devait lui être restituée en nature ou en équivalent lorsque la résipiscence serait obtenue, pourrait-on dire que le droit de propriété a été violé, qu'il a cessé d'être le produit de la spontanéité humaine, et qu'il est devenu une création de la Force?

XX. Et cependant, le citoyen privé momentanément des choses qui lui sont utiles, et parfois indispensables, supportera un préjudice, une gêne, dont l'action sur sa volonté n'est pas douteuse. Il voudra récupérer le plus tôt possible les choses dont il est privé; et si cette récupération ne peut être obtenue qu'à la cessation de la guerre, il désirera. il voudra la cessation de la guerre. Bien plus, sachant, avant d'entreprendre cette guerre, les privations dont elle le menace, ce citoyen, dont la volonté pèse de tout son poids dans les déterminations de son pays, sera d'autant plus disposé à réfréner les passions qui l'excitent à vouloir la guerre.

Donc, en droit démocratique, où le peuple est souverain, et où la paix comme la guerre dépendent de sa volonté, le pillage et les prises maritimes dont nous parlerons plus tard doivent être permis. Le droit démocratique imitera donc, en ce point, le droit érastianique ; il n'y aura entre eux que cette différence, — mais qui est capitale, — que tandis que le droit érastianique admettait que la propriété des choses captées était acquise au capteur, le droit démocratique n'admettra point que la propriété puisse ainsi être acquise par la force; et, à la paix, il ordonnera la restitution des objets captés à leur légitime propriétaire.

De cette façon, croyons-nous, les exigences du droit de propriété et les exigences du droit international seraient conciliées : la responsabilité des belligérants serait aggravée de façon à les faire hésiter à entreprendre une guerre dont les résultats leur seraient très certainement nuisibles; et cependant le principe du droit domanial demeurerait sauf, puisque la source de ce droit serait toujours la volonté humaine incorporée dans l'objet à la création duquel elle aurait été appliquée.

Les mêmes principes, avec plus de facilité encore, peuvent être appliqués à la propriété immobilière. Rien ne s'oppose à ce que le droit, qui est *in intellectu juris*, et ne peut être détruit par la violence, ne soit temporairement séparé de la possession. Le propriétaire sera dépouillé de sa possession par la guerre et pendant la durée de la guerre ; il sera expulsé de son manoir, de son champ, privé des fruits qu'il en obtenait, privé des ressources qu'il lui procurait ; mais il recouvrera le tout à la paix ; et il la désirera d'autant plus vivement qu'il souffrira davantage des privations que la guerre lui impose.

XXI. Cette séparation du droit et du fait, cette séparation de la propriété et de la possession, cette séparation que le droit moderne peut admettre, n'aurait pu être admise par l'ancien droit. Les principes domaniaux du droit romain, — principes dont le droit postérieur s'inspira, — ne se prêtaient pas à une séparation semblable, car ils ne se prêtaient pas à la conception du droit pur. On sait que sous le droit romain, — aussi bien que sous celui qui, au moyen âge, lui succéda en lui empruntant ses théories domaniales, — la Force fut le véritable fondement du droit de propriété. Aussi, lorsque la Force parvenait à s'emparer d'un champ, elle y fondait si bien le Droit qu'elle effaçait complétement le droit de celui qui le possédait précédemment. Comment en aurait-il pu être autrement ? Le droit de ce propriétaire antérieur, de ce propriétaire violemment dépouillé, n'avait lui-même reposé que sur la force, et il devait s'effacer par conséquent quand la force lui faisait défaut. Rien, de ce droit antérieur, ne pouvait demeurer quand la force sur laquelle il reposait était détruite : la force nouvelle, la force victorieuse attribuait tout aussi bien un droit plein au nouveau détenteur, que la force antérieure, — qu'effaçait cette force nouvelle, — avait attribué un droit plein au précédent propriétaire.

Aussi était-ce en vain que la paix survenait; les faits accomplis étaient devenus définitifs, et l'ancien possesseur ne pouvait, à aucun titre, réclamer sa réintégration : son droit s'était complétement effacé par sa défaite, et le droit de son successeur s'était complétement constitué par sa victoire. Telle était la théorie de l'ancien droit de force; et si la pratique ne s'y conformait pas toujours; si, dans les derniers temps, on était parvenu à soustraire les propriétés immobilières des particuliers aux effets de cette théorie, c'était, on l'a vu plus haut, par suite d'une exception, que la logique condamnait, et que plusieurs jurisconsultes n'admettaient pas.

XXII. Cette théorie allait plus loin encore, et quand il s'agissait de propriété mobilière, la pratique, même dans les derniers temps, se conformait strictement à la théorie. Si, pendant la durée d'une guerre, une chose prise par l'un des belligérants était recouvrée ou plutôt reconquise par un autre, la paix, survenant, ne revivifiait pas le droit du primitif possesseur dépossédé. Son droit s'était perdu complétement le jour où sa force de résistance avait été convaincue d'impuissance. La paix ne profitait donc pas à cet ancien possesseur, et elle n'avait d'autre effet que de confirmer le droit de celui de ses compatriotes qui, plus fort ou plus heureux que lui, avait pu dépouiller l'ennemi de la chose dont il s'était tout d'abord emparé (1).

(1) V. Dig., *De capt.*, L. *Si captivus.*

L'ancien droit n'aurait donc pu admettre la distinction que nous avons faite entre le droit de propriété et le fait de possession ; et la sorte de transaction dont nous avons indiqué plus haut la possibilité n'aurait pu être imaginée ou suggérée par les anciens jurisconsultes. Mais les principes de l'ancien droit ne sont plus ceux du droit moderne, les questions auxquelles le *postlimi-nium* donnait lieu ne peuvent plus s'agiter, et rien ne s'oppose à ce que le propriétaire, momentanément dépossédé par la guerre, ne recouvre, à la paix, la possession de son héritage.

XXIII. Est-il besoin d'ajouter que, de même que l'ancien droit érastianique, le droit démocratique doit accorder aux belligérants le droit de vivre aux dépens de la contrée qu'ils occupent momentanément. La seule différence qui doive exister en ce point entre l'ancien droit et le droit nouveau, c'est que ce dernier, en reconnaissant aux belligérants le droit indispensable de vivre sur le territoire envahi, reconnaît aussi aux habitants de ce territoire le droit à une indemnité, qui leur sera fournie soit par l'envahisseur, lorsque la guerre cessera, soit par leurs nationaux, qui ne peuvent laisser supporter par quelques-uns un dommage qui doit être réparti entre tous. La souveraineté nationale, qui unifie les volontés, unifie de même les responsabilités, et rend, en ce point, tous les citoyens solidaires.

XXIV. Après avoir critiqué les adoucissements introduits par les publicistes modernes dans le droit des belligérants, nous avons à en signaler un auquel nous ne pouvons qu'applaudir sans réserves, parce qu'il est la continuation et en quelque sorte le couronnement d'un progrès incessamment poursuivi dans les usages internationaux : nous voulons parler de l'abolition de la mise à rançon des prisonniers faits dans les combats.

Dans l'antiquité, on le sait, le droit de guerre, le droit du vainqueur, s'étendait aux personnes comme aux biens. D'abord les peuples vaincus purent être égorgés ; puis on se borna à égorger les captifs faits à la guerre ; puis on réduisit en servitude les nations vaincues ; puis on se borna à rendre esclaves les soldats que les hasards du combat avaient épargnés ; puis, enfin, on se borna à soumettre ces mêmes soldats au paiement d'une rançon. Les usages s'étaient singulièrement adoucis, on le voit. Un dernier pas fut fait à l'avénement du principe démocratique : un décret du 25 mai 1793 décida que l'usage de la mise à rançon était désormais aboli, et que le rachat des prisonniers de guerre serait converti en un échange d'homme pour homme. L'Europe entière s'empressa d'obéir à ce décret. La voix de la justice, la voix du nouveau droit, s'imposait à tous, malgré les haines et les rivalités que ce droit suscitait contre lui dès sa naissance.

C'était une chose considérable cependant que l'abolition du droit de mise à rançon : ce n'était rien moins que l'effacement complet du dernier vestige de l'esclavage, cette pierre angulaire de tout le droit antique public et privé. Désormais l'homme ne pourrait conquérir aucun droit sur un autre homme, son frère et son semblable ; la force serait impuissante à détruire la liberté : la Force, qui, pendant tant de siècles, avait régné en souveraine dans le monde, abdiquait enfin, et le Droit prenait sa place.

L'usage de la mise à rançon ne pouvait s'appuyer, d'ailleurs, sur rien autre chose que sur les règles de plus en plus affaiblies de l'ancien droit : cet usage n'avait pas plus pour but que pour effet de rendre la guerre plus difficile et plus rare, car la rançon n'était point payée par le soldat fait prisonnier ; et la crainte d'être obligé de la payer, la crainte de la ruine ne pouvait le dégoûter du métier. C'était le peuple qui payait la rançon ; et, malgré l'usage de la mise à ran- çon, la responsabilité, on le voit, ne pesait point sur ceux qui, à un degré quelconque, usaient de leur vo- lonté : le mercenaire, qui faisait acte de volonté en vendant ses services, n'était point soumis au paiement de la rançon ; et le peuple, qui ne faisait aucun acte de volonté, était obligé de la payer. Aussi, et malgré l'usage de la mise à rançon, les mercenaires ne man- quaient point, et l'abolition de cet usage ne peut être considéré comme un adoucissement rendant les moyens de faire la guerre plus faciles à rencontrer.

Le progrès réalisé par le décret du 25 mai 1793 est donc un progrès réel, que le droit démocratique doit retenir, et qu'il a retenu. Désormais, et tel est l'état actuel des usages, les captifs faits à la guerre ne sont pas saisis en vertu d'un droit qu'aurait le vainqueur sur la personne du vaincu ; ils sont saisis en vertu du droit à la paix que tout peuple possède, ils sont saisis dans le but d'obtenir le plus tôt possible la pacification en paralysant le plus possible les forces du belligérant adverse. Aussi, lorsque la paix survient, ce n'est plus l'échange dont parlait le décret de 1793, ce n'est plus l'échange d'homme pour homme qui est pratiqué : tous les prisonniers sont rendus de chaque part, quelle que soit la différence en nombre de ceux qui ont été capturés de chaque part. La nation qui a un excédant de prisonniers n'a pas droit de retenir cet excédant, puisque « la « conquête ne donne plus aucun droit à un homme sur « un autre homme. » Le but de la capture de ces prisonniers n'ayant été autre que la paralysation des forces de l'ennemi, cette capture devient sans cause comme sans droit, quand, la paix survenant, l'ennemi a cessé d'être un ennemi.

Tout est donc bien changé dans le droit international : droit de guerre, droit que l'état de guerre confère aux belligérants les uns sur les autres, but poursuivi par la guerre, tout a subi l'influence de la Révolution, qui a changé le principe juridique et mis le Droit à la place de la Force. Ce but, le but de la guerre, est aujourd'hui la pacification. Bien que le régime guerrier subsiste encore, les peuples sentent que ce régime est en dehors du Droit ; que, seul, l'état de paix est conforme au Droit ; et, même dans la guerre, ils cherchent le Droit, car ils ont pour but, en se faisant des prisonniers de guerre, de rentrer le plus tôt possible dans le Droit en contraignant leur partie adverse à faire la paix. Le droit des neutres, que nous allons examiner dans le chapitre suivant, achèvera de démontrer cette révolution juridique, cette tendance vers l'état de paix que nous ne faisons qu'indiquer ici.

CHAPITRE V.

DES NEUTRES ET DE LA NEUTRALITÉ.

I. L'état de neutralité n'est pas l'état d'indifférence. — II. L'antiquité ne connut ni le droit des neutres, ni le mot de neutralité. — III. Pour les modernes, l'état de paix est l'état normal; il était l'exception pour les anciens. — IV. Sous l'Érastianisme, les mots neutre et neutralité étaient synonymes d'indifférence. — V. Ils se rapprochaient de l'état d'hostilité latente des anciens. — VI. Pourquoi Grotius ne put parvenir à la conception du droit des neutres. — VII. Du droit de *nécessité;* il n'est autre que le droit au vol. — VIII. L'Érastianisme ne permettait pas de concevoir le véritable droit de neutralité. — IX. L'exclusivisme économique était un obstacle à l'admission du droit de neutralité; cet obstacle n'existe plus. — X. Les droits que Grotius et Vattel accordaient aux belligérants à l'encontre des neutres ne sont plus admis en droit moderne. — XI. Solidarité des diverses catégories du droit. — XII. Le progrès économique a substitué, entre les États, une neutralité bienveillante à la neutralité indifférente ou hostile de l'Érastianisme. — XIII. Droit des neutres sous l'empire du *Consulat de la mer* et de l'ordonnance de 1681. — XIV. Le régime politique était, alors, en harmonie avec le régime commercial. — XV. Le droit de *vouloir* la guerre étant un droit régalien, les adoucissements dans le droit de neutralité ne pouvaient rendre les guerres plus ou moins fréquentes. — XVI. Sous le droit démocratique, le droit de *vouloir* la guerre a cessé d'être régalien. — XVII. Les adoucissements aux droits définis par le *Consulat de la mer* et par l'ordonnance de 1681 désintéressent les neutres et peuvent rendre les guerres plus fréquentes. — XVIII. Le traité de Paris de 1856 a été inspiré par une pensée érastienne; il désintéresse les neutres et les ramène à l'état d'*indifférence* antérieur. — XIX. Ce traité, en favorisant le commerce des neutres avec les belligérants, peut rendre l'état de guerre plus profitable aux neutres que l'état de paix. — XX. Le droit démocratique n'exige pas que « *le pavillon couvre la marchandise.* » — XXI. Le droit de détention temporaire des marchandises neutres aurait pour effet d'intéresser les neutres et d'appeler leur pacifiante intervention.

I. Si, pour définir le sens des mots *Neutres* et *Neutralité,* on supposait l'existence d'un état intermédiaire entre l'amitié et l'hostilité, — état qui ne serait autre que l'*indifférence,* — on exprimerait exactement la pensée de ceux qui, après l'abolition du droit antique, ont inventé les mots de Neutres et de Neutralité; mais on n'exprimerait très certainement pas la pensée de ceux qui considèrent le droit des gens moderne comme une suite de la notion de justice répandue dans le monde par le Christianisme.

Selon le droit nouveau, en effet, il peut bien survenir encore un état d'hostilité entre les nations, mais il ne peut y avoir entre elles un état de complète indifférence. Tous les peuples, quand aucune cause accidentelle et passagère ne vient troubler leurs rapports, exciter leurs passions et obscurcir leur notion naturelle de justice, sont loin d'être indifférents les uns aux autres; tous sentent que leurs intérêts les rapprochent; et sans donner aux mots : *fraternité des peuples*, le sens exagéré qu'une certaine école moderne leur a attribué, on peut dire que tous les peuples sont plutôt disposés à s'aimer qu'à se haïr, et que la Charité universelle est un lien qui les rattache les uns aux autres, tandis que l'indifférence les laisserait isolés.

Le droit nouveau a donc donné aux mots Neutre et Neutralité une signification que le droit antérieur ne leur donnait pas : pour ce droit antérieur, neutralité était synonyme d'indifférence et d'isolement; pour le droit nouveau, elle est synonyme d'amitié et de mutuelle assistance.

II. L'antiquité ne connut pas plus les mots Neutre et Neutralité, qu'elle ne connut la situation que les jurisconsultes du moyen âge ont voulu définir par ces mots. Pour elle, pour l'antiquité, l'hostilité était l'état normal, l'amitié était l'état exceptionnel. L'amitié entre États, voisins ou non, résultait des traités survenus entre eux ; elle était le résultat exceptionnel d'une convention. Tout peuple qui n'était pas ami, c'est-à-dire avec lequel il n'y avait pas de traité, était un peuple ennemi. Entre ces deux situations d'amitié convenue et d'hostilité normale, il n'y avait pas d'état intermédiaire. L'indifférence, que les premiers jurisconsultes chrétiens placèrent comme intermédiaire entre l'amitié et l'hostilité, fut donc un progrès ; et si ce progrès ne réalisait pas entièrement la conception moderne des rapports qui doivent exister entre nations qui ne sont pas en guerre l'une contre l'autre, il avait du moins pour effet de faire comprendre que l'état de guerre, patent ou latent, entre peuples qui n'étaient pas liés entre eux par des traités, cessant d'être un état normal, devenait un état exceptionnel.

Ainsi, tandis que l'antiquité considérait l'état d'hostilité nationale comme normal, comme juridique par conséquent, le moyen âge le regardait comme exceptionnel, et comme contraire au droit dès lors. C'était là déjà, on le voit, un commencement de révolution.

III. Pour les modernes, même pendant la durée de l'Érastianisme, — qui ne fut jamais aussi sûr de lui-même que l'avait été le topicisme antique, — pour les modernes, l'état de paix fut donc l'état normal ; et la guerre, qui vint trop souvent interposer l'exception et troubler cet état normal, ne put substituer son droit barbare au droit pacifique que pour les États entre lesquels éclata la guerre. Entre ceux-ci, il est vrai, la force remplaça la justice, et le sang put couler entre eux sans que les consciences prissent l'alarme. Mais, quant aux autres États, quant aux États qui ne se trouvaient pas engagés dans la querelle, la paix subsista entre eux et vis-à-vis d'eux; on les appela des États neutres, et l'on définit leur situation vis-à-vis des États belligérants en appelant cette situation l'état de neutralité (1).

IV. Or, tant que le mot Neutralité fut synonyme de celui d'indifférence, ces États neutres purent, théoriquement, considérer la guerre entre leurs voisins comme une querelle qui ne les touchait point et dont ils n'avaient pas à se mêler soit pour l'empêcher, soit pour la faire cesser. L'indifférence supposait l'absence de tout lien entre les divers peuples; les malheurs des uns ne pouvaient guère émouvoir le cœur des autres; et, quant aux intérêts, on était parvenu à les isoler les uns des autres. Le Grégorisme ne put parvenir à resserrer le lien qui devait rattacher les uns aux autres les divers États de la chrétienté; et l'Érastianisme, qui succéda au Grégorisme, — sans faire cesser entièrement l'état intermédiaire entre l'hostilité et l'amitié régissant les nations qui n'étaient pas en guerre les unes avec les autres, — rapprocha davantage cet état de l'hostilité, et fut sur le point de rétablir le topicisme antique.

Non-seulement l'Érastianisme ne chercha point, comme l'avait fait le Grégorisme, à établir un lien quelconque entre les nations, mais il prit à tâche de les

____

(1) Voir, sur cet état primitif du droit de neutralité, le beau livre de M. Hautefeuille, intitulé : *Des droits et devoirs des nations neutres.* 1858, Guillaumin, éditeur.

isoler en séparant leurs intérêts : ceux-ci auraient pu les rapprocher, et l'Érastianisme fit ce qu'il put pour empêcher ce rapprochement. L'indifférence presque hostile, et certainement envieuse et jalouse, que la politique érastienne parvint à faire prévaloir entre les divers peuples, s'accusa par l'exclusivisme commercial qui régit leurs rapports ou qui, plus exactement, s'opposa à l'établissement de ces rapports ; elle s'accusa par le droit d'aubaine, dont nous avons parlé précédemment ; elle s'accusa par le rétablissement de l'esclavage colonial ; elle s'accusa, enfin, par le régime colonial lui-même. La véritable conception du droit des Neutres ne pouvait naître pendant la durée d'un régime semblable ; elle ne pouvait naître avant que le droit des gens, se confondant avec le droit naturel, pût fournir aux divers États une notion du Juste qui leur fût commune.

V. Aussi les jurisconsultes et les publicistes qui, depuis la Réforme, se sont essayés à formuler les règles du droit des gens, n'ont-ils pu parvenir à déterminer l'état de neutralité. Pour eux, cet état de neutralité fut quelque chose d'approchant l'état d'hostilité latente que l'antiquité avait seul connu ; il s'écarta de plus en plus de l'état d'indifférence complète dont nous avons parlé précédemment. Grotius, par exemple, admit que, pendant la guerre, les belligérants avaient le droit de s'emparer d'un territoire neutre, qu'ils avaient le droit de le traverser soit pour atteindre l'ennemi, soit pour l'éviter. Il admit encore ce qu'il appela *le droit de nécessité*, droit en vertu duquel chacun des belligérants peut s'emparer de toutes les choses qui sont nécessaires soit à sa défense, soit à sa subsistance, où que ce soit qu'il les rencontre, fût-ce chez les neutres (1).

On doit croire que Grotius, en accordant si libéralement aux belligérants le droit de dépouiller les neutres, ne put se dispenser d'accorder à ces neutres le droit de résister aux exigences des belligérants. Que devenait alors la Neutralité ? Que devenait le *droit* des Neutres, puisque ce droit ne leur conférait pas, à lui seul, celui de conserver leurs biens et leur territoire, et qu'il fallait y ajouter la force de les faire respecter ?... Que devenait ce droit des Neutres, cette indifférence intermédiaire entre l'hostilité et l'amitié, puisque ce droit ne leur permettait pas de rester les spectateurs paisibles de la lutte sanglante entamée auprès d'eux, qu'il ne leur permettait pas de rester en paix quand leurs voisins jugeaient à propos de se mettre en guerre, et qu'il leur fallait ou se laisser dépouiller, ou prendre part à la guerre ?... La guerre éclatant entre deux peuples devait donc entraîner dans son orbite tous les autres peuples ? Les principes du droit antique revenaient, et l'hostilité devenait l'état normal de la chrétienté (2).

VI. Grotius ignora donc le droit des Neutres. On le conçoit sans peine quand on se rappelle sa théorie en matière de droit domanial. Pour lui, le droit dans la terre, le *jus in re,* appartenait à tous les hommes indis-

---

(1) V° Grotius, liv. II, ch. 2, art. 6, n° 2, et art. 13, n° 1".
(2) V° Hautefeuille, t. I", p. 151 et s.

tinctement et collectivement (1). La force seule maintenait, en faveur de chaque nation, le cantonnement que la force avait produit; les consciences n'avaient rien à y voir : ce qui revient à dire qu'il n'y avait aucun droit entre les nations ainsi cantonnées, pas plus un droit de Neutralité que tout autre droit. Or, puisque, entre nations, entre peuples, il n'existait aucun droit, et que la Force régnait seule entre eux, les consciences des belligérants ne pouvaient leur interdire la violation des territoires neutres ou des propriétés appartenant aux Neutres; leurs consciences ne pouvaient les empêcher de céder au besoin de *conservation,* qui est une loi naturelle, et leur défendre de s'emparer des choses qui se trouvaient à leur portée. De quoi pouvaient se plaindre ceux qu'on dépouillait ainsi ?... Avaient-ils un droit dans les choses dont on les dépouillait ?... Le Droit, pensait-on, vient de Dieu, et Dieu n'avait accordé la propriété à l'homme que *collectivement;* la Force en avait seule décidé autrement en traçant des limites qu'elle avait défendu aux autres États de franchir; et si celui qu'on dépouillait n'avait pas la force de défendre ces limites, il n'avait pas le droit.

VII. Vattel raisonnait à peu près comme Grotius : lui aussi admettait *le droit de nécessité.* Le but de l'état social étant le *bonheur commun* de ceux qui se sont associés, disait-il, et ce bonheur commun ne pouvant exister s'ils sont contraints, par le respect des droits

(1) *Droit de la paix et de la guerre,* liv. 1er, ch. 1er, art. 10, n° 7.

d'autrui, par le respect du droit des Neutres, de s'imposer des privations difficiles à supporter, ou de subir une défaite, qui serait une ruine, on a parfaitement le droit, en cas de nécessité, de violer la Neutralité, de s'emparer, sur le territoire neutre, des choses dont on a besoin, et de traverser ce territoire soit pour atteindre l'ennemi, soit pour l'éviter (1).

Il va sans dire que pour Vattel, de même que pour Grotius, les Neutres ont, de leur côté, le droit de repousser les belligérants, de défendre leurs frontières, de défendre leurs propriétés. D'où il suit que le droit gît dans la force, que les Neutres auront le droit s'ils possèdent la force, qu'ils seront sans droit s'ils ne la possèdent pas, et que, enfin, la guerre, éclatant entre deux peuples, doit nécessairement s'étendre et produire, de proche en proche, une conflagration générale.

Avec les théories juridiques de Grotius et de Vattel, on allait fort loin. La *Nécessité* fondant le droit à l'extérieur, on devait arriver à la considérer comme constituant le droit à l'intérieur. Le vol en cas de nécessité devenait alors légitime, à moins que le volé n'eût la force de s'y opposer. Et cependant cette théorie, ce droit de nécessité fut admis dans les pratiques internationales : ce fut sur lui que le peuple anglais se fonda lorsque, pendant les guerres de l'Empire, il bombarda la ville neutre de Copenhague et qu'il détruisit la flotte neutre des Danois.

(1) V. Vattel, *Droit des gens*, t. I", p. 141 et s.

VIII. Il était d'ailleurs difficile, sinon impossible, pendant la durée de l'Érastianisme, de déterminer le droit des Neutres, de dire en quoi il consistait et là où il s'arrêtait, car il était impossible de concevoir une idée nette du Droit en lui-même. A l'intérieur des États, le droit de propriété n'existait en faveur des individus qu'en vertu d'une concession du prince ou d'un partage supposé : le droit n'était donc pas *in intellectu*. Et comme, à l'extérieur, le droit ne pouvait naître ni d'une concession du prince ni d'un partage supposé, il s'ensuivait que le droit n'existait pas, que les frontières des États neutres ne pouvaient être respectées en vertu d'un droit, que la Neutralité n'était pas un droit par conséquent, et que la véritable conception du droit des Neutres, dépendant de la véritable conception du droit de propriété, ne pouvait naître que lorsque le droit moderne, en donnant la véritable théorie du droit domanial, fournirait au droit démocratique sa base fondamentale.

IX. Mais ce n'était pas seulement la véritable théorie du droit domanial qu'il fallait trouver avant de parvenir à la conception du droit des Neutres, il fallait aussi s'élever jusqu'à la conception du droit international, jusqu'à la conception d'un lien juridique quelconque, rattachant les divers peuples les uns aux autres. Pour ce faire, il fallait renoncer à l'exclusivisme économique qui existait systématiquement du temps de Grotius et de Vattel, et qui avait pour but, autant que pour effet, d'isoler entièrement les peuples les uns des autres. Il fallait donc changer du tout au tout l'ordre des idées juridiques et économiques.

Ce changement est accompli ou en voie d'accomplissement. En effet, les idées se sont profondément modifiées depuis que Grotius et Vattel écrivaient; elles se sont modifiées depuis que les Anglais, pour éviter que leur ennemi pût s'emparer de la flotte danoise, se crurent en droit de la détruire. L'exclusivisme du droit érastianique a été remplacé, surtout depuis 1860, par un régime commercial qui, sans effacer encore les frontières protectrices, les a remplacées à peu près par des frontières douanières et purement fiscales. La notion du droit de propriété, de son côté, n'est plus celle que percevait Grotius; la notion du but de l'état social n'est plus celle que professait Vattel; et le droit des Neutres, qui était dominé par l'esprit d'indifférence et même d'hostilité latente dont nous avons parlé, est aujourd'hui dominé par un esprit de bienveillance en rapport avec les vrais principes du droit naturel, qui disent aux hommes que, sans se sacrifier les uns aux autres, ils peuvent cependant s'aimer les uns les autres.

Certes, pour avoir conçu l'idée qui, en Allemagne, présida à l'établissement de la ligue connue sous le nom de Zollverein, et qui, en France, dicta à l'empereur Napoléon III sa lettre du 15 janvier 1860, il fallait avoir acquis une notion du Juste tout autre que celle qu'en percevait l'Érastianisme, tout autre que celle qui, en 1822 encore, dictait à M. de Saint-Criq, alors directeur des douanes en France, les mesures prohibitives qui aboutirent à priver les Allemands du plaisir de boire du vin et des eaux-de-vie de France, et à priver les Français de la faculté de se nourrir des bestiaux que l'Allemagne pouvait leur fournir (1). Les traités commerciaux modernes ne sont plus inspirés de l'esprit d'égoïsme collectif, de l'esprit d'isolement qui dictait les anciens traités et qui dominait la politique érastienne. Ces traités modernes et la politique qui les inspire tendent à réunir les peuples par la communauté de leurs intérêts, laissant au droit naturel le soin d'achever l'œuvre de la politique en révélant le lien qui unit les uns aux autres tous les peuples de la terre.

La notion du Juste, qui était autrefois particulière à chaque État, qui rendait chaque État tout au moins indifférent à ce qui pouvait se passer chez les autres, et qui n'était autre chose que l'intérêt plus ou moins bien entendu de chaque État, s'est donc élargie; elle embrasse le monde européen, le monde chrétien, et elle aspire à plus encore. Les preuves en sont partout : elles se rencontrent, par exemple, dans l'usage, de plus en plus répandu, des traités d'extradition ; usage qui montre que la notion du Juste est partout la même, qu'elle fait partout considérer les mêmes faits comme criminels, et que la solidarité qui unit les individus à l'intérieur dans le but de réprimer ou prévenir les actes coupables, unit aussi les États entre eux, et leur fait se prêter la main

(1) V⁰ *Histoire de la Restauration*, par M. de Viel-Castel, t. XI, p. 121 et s.

pour la répression ou la correction des crimes de nature à compromettre l'ordre moral, qu'ils comprennent tous de la même façon.

X. Ainsi, les droits que Grotius et Vattel accordaient aux belligérants contre les Neutres, ne seraient plus considérés par les modernes que comme des attentats qui révolteraient leurs consciences : le droit de nécessité rencontrerait pour limite le droit de propriété. Même pour se soustraire à la poursuite de l'ennemi, le belligérant ne pourrait traverser le territoire neutre qu'en déposant ses armes et en renonçant à continuer la guerre. Tel est le résultat produit dans la réglementation du droit des Neutres par la Révolution qui a placé sur la tête des individus le droit de propriété, qui a demandé aux consciences la sanction de ce droit, et qui a rejeté la Force aussi bien comme fondement du droit domanial que comme base du droit international.

Mais, remarquez-le, ce changement dans la conception du droit de propriété ne pourrait, à lui seul, définir le droit des Neutres autrement qu'il ne fut défini dès la chute du droit antique; c'est-à-dire un droit d'indifférence complète, que les calamités de la guerre ne pourraient plus troubler. Les frontières étant assurées par le respect de la Neutralité, les propriétés des Neutres étant placées en dehors de l'atteinte des belligérants par le respect de la propriété, rien ne viendrait émouvoir la quiétude de ces neutres, qui, du haut de leurs frontières, pourraient contempler le carnage d'un

œil indifférent, et dire avec un poëte de la rude antiquité :

> « *Suave mari magno turbantibus æquora ventis,*
> « *E terra magnum alterius spectare laborem.* »

S'il en était ainsi, si le droit démocratique, en venant
remplacer le droit érastianique, avait limité son action
au droit intérieur et s'était borné à rectifier les idées en
matière domaniale, le progrès, la marche évolutive de
l'humanité vers l'acquisition de la notion de justice et
de droit aurait été scindée; car, tandis que la catégorie
juridique interne aurait marché, la catégorie juridique
externe serait demeurée stationnaire; et la conception
du droit des Neutres pourrait toujours être exprimée
par cette sorte d'ataraxie stoïque que nous avons dit
être intermédiaire entre l'état d'hostilité primitif et
l'état d'amitié que le Christianisme s'est efforcé d'introduire dans les relations humaines.

XI. Mais, nous l'avons déjà remarqué, l'évolution
juridique ne peut être scindée, car elle est soumise à un
déterminisme étiologique qui rattache les unes aux
autres toutes les parties du droit et les oblige à pro-
gresser en même temps : le progrès dans la catégorie
domaniale détermine le progrès dans la catégorie économique ; la liberté de disposer est la conséquence de
la liberté de posséder. De son côté, le progrès dans la
catégorie économique détermine le progrès dans la catégorie internationale : les intérêts internationaux étant
liés par l'habitude des échanges, l'indifférence dont
nous parlions plus haut doit cesser d'exprimer le rap-

port existant entre les peuples qui ne sont pas en guerre, et le droit des Neutres ne peut continuer de leur permettre cette indifférence stoïque mais égoïste qui les rendrait spectateurs inactifs et impassibles d'une lutte dont ils n'auraient pas à souffrir.

XII. Si donc on veut se faire une idée exacte du droit des Neutres moderne, il ne faut pas se placer uniquement au point de vue du droit domanial moderne. De même que, lorsque nous avons étudié le droit des belligérants, nous avons reconnu que le respect trop absolu du droit domanial aurait pour effet de restreindre la responsabilité et de prolonger le régime guerrier, de même, en examinant le droit des Neutres, il faut reconnaître que le respect trop absolu de leurs propriétés mobilières et immobilières les désintéresserait trop complétement d'une lutte que leur intervention officieuse pourrait empêcher ou abréger. Ici encore les adoucissements dans les droits que confère l'état de guerre peuvent, par leur exagération du Droit, aller contre le Droit, et avoir été inspirés par un autre ordre d'idées entièrement opposé aux idées nouvelles. Nous devons étudier les adoucissements introduits successivement dans le droit des Neutres, et chercher à distinguer ceux d'entre eux qui sont conformes aux principes du droit démocratique, de ceux qui, en facilitant la prolongation du régime guerrier, ont été inspirés par l'ordre d'idées érastianique, dont ce régime guerrier faisait partie.

Sous l'empire de l'ancien droit maritime, dont les règles furent consignées soit dans le *Consulat de la mer*, soit dans l'ordonnance de 1681,—qui exagéra la sévérité de ces règles,—le commerce des Neutres avec les nations belligérantes était profondément atteint et gêné par l'état de guerre. Il était alors admis que *robe d'ennemi confisque celle d'ami;* ce qui voulait dire que toute marchandise neutre trouvée sur un navire ennemi était de bonne prise et pouvait être confisquée. Il était admis, en outre, que toute marchandise ennemie trouvée sur un navire neutre pouvait également être confisquée.

Le droit de propriété des Neutres était fort peu respecté, on le voit, par le *Consulat de la mer* et par l'ordonnance de 1681. Les idées de Grotius prévalaient alors, la conception domaniale était défectueuse, et le droit des belligérants fort outré. Mais de cet état du droit et des usages en matière de Neutralité, il résultait que les nations en guerre étaient entièrement isolées des autres nations, qu'elles ne pouvaient continuer avec elles aucunes relations commerciales, et que leurs navires devaient, à peine de courir les chances de prises, s'interdire tout transport de marchandises soit pour les importer, soit pour les exporter. Entre le blocus, dont nous parlerons dans un autre chapitre, et l'état de chose réglé par l'ordonnance de 1681, la différence était petite.

Et non-seulement le droit de Neutralité ainsi défini interdisait tout commerce aux nations belligérantes, et menaçait de capture leurs marchandises soit qu'elles fussent rencontrées sur leurs propres navires, soit qu'elles le fussent sur navires neutres, mais il interdisait aussi, à peu près, tout commerce aux nations neutres avec les nations belligérantes. Si, pour exporter ses produits chez l'un des belligérants, une nation neutre empruntait les navires de l'un de ces belligérants, elle s'exposait à voir ces produits confisqués par l'autre belligérant; car *robe d'ennemi confisquait.celle d'ami.* Si, au contraire, cette même nation neutre confiait à ses propres navires les marchandises qu'elle voulait exporter, ces navires ne pouvaient prendre charge en retour, ils ne pouvaient recevoir les marchandises que le belligérant devait envoyer au Neutre en échange des produits qu'il en avait reçus, car « *les marchandises ennemies trouvées sur navire neutre pouvaient être confisquées.* »

XIV. Certes, si, lors de l'établissement des usages consignés dans le livre intitulé *Le Consulat de la mer*, ou réglementés par l'ordonnance de 1681, les relations commerciales avaient été aussi indispensables aux nations qu'elles le sont devenues depuis; si, à cette époque, l'exclusivisme érastianique n'eût pas été florissant et n'eût pas obligé chaque peuple à trouver les moyens de se suffire à lui-même, la sévérité du droit de Neutralité eût pu aller à l'encontre du principe alors en vigueur, elle eût pu aller à l'encontre de la prolongation du régime guerrier et de l'isolement international qu'il suppose, car elle aurait vivement intéressé les Neutres au maintien de la paix et les aurait engagés à faire tous leurs efforts pour empêcher que la paix fût troublée.

Cependant, ne l'oublions pas, le régime politique que subissait alors l'Europe ne se serait pas facilement prêté à ces efforts pacifiants; il n'eût permis que difficilement aux intérêts froissés de faire entendre leur voix et de réclamer la cessation d'un état de guerre qui les atteignait profondément. Ces intérêts froissés par l'interruption des relations commerciales eussent été les intérêts des sujets; intérêts qui, à cette époque, étaient entièrement distincts de ceux des souverains. Or, les sujets, on s'en souvient, étaient sans voix comme sans action sur la direction des affaires publiques. Les souffrances des sujets neutres auraient donc pu ne point motiver l'intervention des États neutres, et laisser la guerre éclater ou se prolonger, au grand détriment des peuples neutres aussi bien que des peuples belligérants.

XV. De cet état de choses il résultait que les adoucissements qu'on aurait pu introduire dans les principes internationaux qui régissent le droit des nations neutres, n'auraient eu qu'une influence limitée sur la cessation ou la prolongation du régime guerrier. Certes, si, sous l'empire du droit de 1681, les relations commerciales eussent été aussi enchevêtrées et aussi indispensables aux nations qu'elles le sont aujourd'hui, la survenance d'une guerre entre deux peuples eût atteint grièvement les autres peuples dans leurs parties vitales; et, au défaut de leur cœur, leurs intérêts auraient pu s'émouvoir grandement. Mais ce n'était pas plus le cœur que les intérêts des peuples qu'il fallait toucher alors pour en obtenir une intervention pacifiante : le cardinal de Fleury nous l'a dit, c'était le cœur des Rois.

Aussi les efforts des jurisconsultes et des publicistes qui, pendant toute la durée du régime érastien, furent dirigés vers l'adoucissement du droit que l'ordonnance de 1681 accordait aux belligérants sur les marchandises neutres rencontrées en mer sur navire ennemi, et sur les marchandises ennemies rencontrées sur navire neutre, étaient légitimés complétement par l'état du droit public interne. Ces adoucissements, en limitant autant que possible les désastres occasionnés par la guerre, ne pouvaient avoir pour effet de prolonger la guerre : sous ce point de vue, ils étaient indifférents, et l'on pouvait, sans inconvénient aucun, donner satisfaction aux exigences du droit de propriété.

XVI. Il n'en est plus ainsi ; la volonté des princes a été remplacée par la volonté des peuples, et ce n'est plus au cœur des princes, mais au cœur des peuples qu'il faut s'adresser soit pour les empêcher d'écouter la voix des passions qui suggèrent la guerre, soit pour les solliciter à intervenir et à interposer leurs bons offices de façon à empêcher la guerre d'éclater, ou à faire cesser le plus tôt possible la guerre déjà éclatée.

Or, le cœur des peuples est, sans contredit, dirigé par un sentiment réel de justice et de compatissance ; l'opinion publique, l'opinion souveraine est éclairée par ce flambeau de Charité que Jésus a allumé, et qui prolonge ses rayons sur le monde entier. Mais cette opinion est éclairée par un autre flambeau encore, elle est éclairée par l'intérêt, et il est à craindre que si ce dernier flambeau était éteint, la lumière du premier ne fût insuffisante. La compatissance, la Charité ne suffirait pas, croyons-nous, à déterminer de bien vigoureux efforts pacificateurs ; et de même que, dans le chapitre précédent, nous avons reconnu que, pour empêcher les peuples de se faire la guerre, il était bon qu'ils eussent intérêt à ne se la pas faire, de même nous pensons que, pour engager les peuples neutres à s'interposer afin d'empêcher la guerre, il faut qu'ils aient intérêt à s'entremettre : ce qui revient à dire qu'il faut que la guerre, survenant entre leurs voisins, puisse leur occasionner à eux-mêmes quelque préjudice.

XVII. Ainsi, les adoucissements aux droits des belligérants sur les marchandises neutres auraient, en droit démocratique, un effet qu'ils n'avaient pas en droit érastianique : ils auraient pour effet de permettre au régime guerrier de se prolonger, tandis que les rigueurs de l'ordonnance de 1681 auraient pour effet de le faire cesser. Il y a lieu de supposer que l'empereur Napoléon III le comprit ainsi. Issu du suffrage du peuple, ce monarque sentait, sans se l'avouer peut-être, que sa volonté était dominée par la volonté du peuple qui l'avait élu; et il pressentait que le principe de souveraineté populaire, dont il était le représentant couronné, ne tarderait pas à être admis par l'Europe entière. Confondant dans son esprit les notions du droit érastianique avec celles du droit démocratique, allant sans cesse des unes aux autres, ce prince qui, lors de son avénement, avait dit : *L'Empire, c'est la paix,* et qui, par sa lettre du 15 janvier 1860, devait s'efforcer de faire prévaloir en Europe les éléments pacificateurs en étendant les liens commerciaux qui unissent les peuples, ce prince, disons-nous, voulait cependant maintenir le régime guerrier : son règne comme sa chute en sont la preuve.

Il eût été difficile de maintenir ce régime en laissant subsister les rigueurs du droit international en matière de Neutralité. Et puisqu'on ne pouvait toucher au principe de souveraineté populaire; puisque, tout au contraire, les signes du temps annonçaient que ce principe se généralisait et que, partout, la volonté et les intérêts des peuples l'emportaient sur la volonté des rois, il ne restait plus, pour maintenir le régime guerrier et éviter que les intérêts froissés ou pouvant être froissés n'intervinssent pour le faire cesser, qu'à affranchir ces intérêts des conséquences de l'état de guerre et à réaliser, en plein droit démocratique, ce principe du droit érastianique : que l'état de guerre est une relation de gouvernement à gouvernement, dont les intérêts particuliers ne doivent pas être affectés.

XVIII. De cette façon, on n'aurait pas, lorsqu'un peuple voudrait la guerre, à redouter que les autres peuples intervinssent pour l'en empêcher ou l'en dissuader. Ces peuples, désintéressés dans la lutte sur le point de s'engager, ne seraient plus sollicités à intervenir pour la prévenir que par la seule voix de la commisération et de la Charité; voix qui ne serait pas assez forte pour les éveiller et les tirer de leur indifférente quiétude. Telle fut, selon toute apparence, la pensée qui se fit jour lors

du traité de Paris du 16 avril 1856; traité dans lequel, —
tout au contraire de l'ordonnance de 1681, qui avait déclaré que « *robe d'ennemi confisque celle d'ami,* » et
que les marchandises ennemies peuvent être saisies sur
navire neutre, — on admit : 1° « *que le pavillon couvre la
marchandise,* » et 2° que la marchandise neutre, même
sur navire ennemi, ne peut être confisquée. Il n'y eut
d'exception que pour ce qu'on nomma *la contrebande
de guerre.*

De cette modification dans le droit des gens il résultait que, sauf pour la contrebande de guerre, les
relations commerciales des États neutres avec les États
belligérants ne recevaient plus aucune atteinte de l'état
de guerre survenu . les peuples neutres, après comme
avant, pouvaient exporter leurs marchandises chez les
belligérants, en importer celles qui leur seraient nécessaires, et se servir même des navires belligérants pour
les divers transports d'exportation ou d'importation.
La coque seule, le contenant, demeurait soumise aux
chances de prise; car le traité de 1856 disait : « *Robe
d'ennemi* ne confisque point *celle d'ami.* »

XIX. Il y a plus, l'état de guerre survenant entre
deux peuples outillés pour faire eux-mêmes leurs transports commerciaux, devait profiter grandement aux
Neutres, possesseurs eux aussi d'une marine; car il devait leur attribuer presque tous les transports commerciaux que, avant l'état de guerre, les navires des belligérants étaient en possession de faire. En effet, les
commerçants des nations belligérantes, sachant que,

désormais, le pavillon couvre la marchandise, préféreraient certainement les vaisseaux neutres, dont le pavillon garantirait leurs intérêts, aux navires de leurs nationaux, dont le pavillon exposerait ces mêmes intérêts à des chances de prise. D'un autre côté, les flottes belligérantes, exposées à des chances de prise maritime, ne pourraient se contenter d'un fret égal à celui qu'accepteraient les navires neutres. A ce titre encore, la marine neutre serait favorisée aux dépens de la marine nationale ou belligérante.

Ainsi, avec l'adoucissement introduit dans le droit de Neutralité par le traité de 1856, si les exigences du droit de propriété recevaient pleine satisfaction, d'autres exigences du droit démocratique n'en recevaient aucune. Nonobstant l'adoption du principe de souveraineté populaire, nonobstant l'extension des relations commerciales, le régime guerrier pouvait persister, les Neutres n'auraient aucun intérêt à le faire cesser; ils pourraient persister dans leur indifférence, ils pourraient ne point s'efforcer de prévenir la lutte sur le point d'éclater entre deux nations voisines, ne point s'efforcer de l'abréger, et ils pourraient même voir survenir ou durer cette lutte avec une certaine satisfaction égoïste.

XX. Certes, le droit moderne ne saurait permettre qu'on en revînt à la neutralité de Vattel et de Grotius. Le principe de propriété s'oppose absolument à ce que les belligérants puissent violer et dévaster le territoire neutre; et il s'y oppose d'autant plus que cette violation et cette dévastation auraient pour effet, on l'a vu plus haut, de propager la guerre et de transformer les luttes particulières en conflagrations générales. Mais le principe de propriété ne s'oppose pas absolument à ce que le commerce des Neutres avec les belligérants soit entravé par l'état de guerre; le droit de propriété ne s'oppose pas à ce que les marchandises ennemies trouvées sur un vaisseau neutre soient confisquées; il ne s'oppose pas à ce que les marchandises neutres trouvées sur un vaisseau ennemi soient confisquées également. La seule chose que le droit de propriété défende, c'est d'être transformé, c'est de prendre son titre dans la Force au lieu de le prendre dans la volonté humaine. Or, cette transformation n'aura pas lieu si, de même que pour le butin fait entre belligérants, la prise maritime ne confère aucun droit de propriété au capteur et ne lui attribue qu'un simple droit de détention temporaire; droit qui cesserait à la paix.

XXI. Ce droit de détention temporaire, auquel le droit de propriété ne s'oppose pas, et que le droit de pacification exige, aurait pour effet d'imposer aux Neutres des gênes et des entraves suffisant à les émouvoir. Leur indifférence cesserait alors; la crainte de subir une suspension dans leurs relations commerciales et une privation momentanée des choses qu'ils auraient coutume de se procurer par le commerce d'échange, les engagerait, sans aucun doute, à intervenir quelque peu dans les affaires de leurs voisins, à chercher à les dissuader d'une lutte préjudiciable aux intérêts de tous, et à recourir préalablement au tribunal international, au congrès dont nous avons précédemment suggéré l'idée.

Disons-le en terminant ce chapitre, les modifications au droit des gens introduites par le traité de 1856, entachées d'érastianisme, — et que toutes les puissances, l'Amérique notamment, n'ont point acceptées, — ne paraissent pas devoir être maintenues dans le droit démocratique. Plus les nations neutres éprouveront de gêne par suite de l'état de guerre, plus elles seront disposées à s'entremettre pour le faire cesser ou pour l'empêcher d'éclater. Les adoucissements, en cette matière, semblables à ceux dont nous avons parlé au chapitre précédent, sont des adoucissements à contre-temps, auxquels il faut renoncer si l'on veut que l'état de Neutralité, cessant d'être l'indifférence intermédiaire entre l'hostilité et l'amitié, se rapproche de cette dernière et devienne de la bienveillance.

CHAPITRE VI.

DES MOYENS RÉTORSIFS ET RÉPRESSIFS.

. Le droit des gens moderne, puisant ses règles à la même source que le droit naturel, y rencontre-t-il le devoir d'éducation et de correction?... — II. Sous l'ancien droit, les sources du droit des gens étant différentes, il n'en pouvait résulter aucun devoir commun. — III. La *rétorsion*, tout aussi bien que la guerre, ne se pouvait légitimer que par la force. — IV. Le droit moderne répudie la force et la loi du talion; il peut admettre le droit d'éducation et de correction. — V. La rétorsion diffère alors de la guerre; elle a pour but de la prévenir. — VI. Elle ne peut être efficace que si l'État contre lequel elle est exercée est un État démocratique. — VII. Les jurisconsultes érastiens confondaient la rétorsion et les représailles; ils les faisaient dériver, l'une et l'autre, du droit régalien de *détraction*. — VIII. Distinction des représailles en *négatives, positives et spéciales*. — IX. Impossibilité de dériver les représailles spéciales du droit régalien de détraction. — X. Les *lettres de marque* succédèrent aux représailles spéciales. — XI. L'usage des lettres de marque a été aboli par le traité de Paris de 1856; mais le droit de *pillage maritime* subsiste encore. — XII. Quelle est la légitimité de ce droit? — XIII. Le pillage terrien peut rendre la guerre terrestre plus difficile; il n'en est pas ainsi du pillage maritime. — XIV. Le droit démocratique doit-il répudier l'usage du pillage maritime aussi bien que celui du pillage terrien? — XV. Quelle est la juridicité des représailles dites *positives et négatives?* — XVI. Quels sont les biens sur lesquels les représailles peuvent être exercées? — XVII. Le droit démocratique peut admettre les représailles positives et négatives, il ne peut admettre les représailles spéciales transformées en *droit de course*. — XVIII. Les forces organisées des États peuvent seules exercer les représailles maritimes sans violer le principe essentiel du droit de propriété. — XIX. La question de *récaption* ne saurait se présenter sous le droit démocratique, qui ne reconnaît pas à la Force la vertu acquisitive. — XX. Les représailles ne peuvent être justes que si la guerre est juste. — XXI. Les belligérants, ou ceux qui sont sur le point de le devenir, ne peuvent être juges dans leur propre cause. — XXII. L'*embargo* est une variété des représailles; la crainte de l'embargo peut empêcher la guerre d'éclater. — XXIII. L'Érastianisme avait intérêt à renoncer à l'embargo; il en est autrement du Démocratisme. — XXIV. Du *blocus;* moyen de substituer une coercition commerciale à une coercition sanglante. — XXV. Le blocus doit-il être effectif?

I. Le droit des gens moderne, résultant d'une notion du Juste autre que celle où les jurisconsultes du moyen âge avaient puisé leur *jus voluntarium*, leur *droit traditionnel*, ou leur *droit conventionnel*, repousse donc absolument la synonymie des mots *neutralité* et *indiffé-rence*. Soit qu'il s'agisse des rapports d'États à États, soit qu'il s'agisse des rapports d'individus à individus, la notion de justice destinée à les réglementer, puisée à la même source, doit se composer des mêmes éléments, et tenir compte, par conséquent, des sentiments naturels qui résident dans le cœur humain, tenir compte de l'Égoïsme et de la Charité, tenir compte des lois de Conservabilité et de Sociabilité dont le concours constitue la notion du Juste.

Tous les devoirs que la notion du Juste, ainsi comprise, impose aux individus, elle les impose également aux États. Il importe peu que, quant à ces derniers, la sanction matérielle fasse défaut : le Devoir, pas plus que le Droit, ne gît pas dans la sanction matérielle, il réside dans la conscience; et la conscience, qui révèle et sanctionne les règles du droit positif, est absolument la même que celle qui perçoit, — mais ne peut sanctionner matériellement, — les règles du droit international.

Parmi les devoirs que la notion du Juste impose aux individus se rencontre le devoir d'éducation, qui, on l'a vu au précédent livre, légitime le droit de correction que les gouvernements divers exercent sur leurs nationaux. Ce devoir d'éducation, ce droit de correction peuvent-ils exister entre États?

II. Sous l'ancien droit, la négative n'était pas douteuse. Les États étaient entièrement isolés les uns des autres ; la notion du Juste ne leur était pas commune, elle était incluse, elle était locale. Entre les États, il n'y avait aucun droit autre que la Force ; il ne pouvait donc y avoir aucun devoir, et la loi de Charité, qui impose le devoir d'éducation, étant circonscrite par les limites de chaque État, n'imposait pas plus ce devoir aux États les uns vis-à-vis des autres qu'elle ne leur permettait d'exercer le droit de correction.

Si donc un État agissait ou voulait agir sur un autre État, il ne pouvait invoquer en sa faveur d'autre droit que celui de force ; c'est-à-dire le droit qui autorise la guerre sans pouvoir la légitimer : il leur était interdit d'invoquer la justice. Vainement les jurisconsultes s'étaient efforcés de définir des rapports internationaux intermédiaires entre l'état de guerre et l'état de paix ; vainement, par exemple, ils avaient admis la *rétorsion* comme l'un de ces rapports intermédiaires. Pour eux, le droit de rétorsion ne pouvait s'appuyer que sur la Force, il ne pouvait se distinguer de l'état de guerre, il ne pouvait se fonder sur la justice; il ne pouvait donc être envisagé comme simplement correctif et dériver du devoir d'éducation; car, encore une fois, ce devoir n'existait pas entre États, puisqu'il n'y avait entre eux aucun lien, aucun rapport possible émanant de la loi naturelle de qui dérive le devoir d'éducation et le droit de correction.

III. La rétorsion était donc une variété de la guerre et puisait son origine à la même source. Fondée sur la maxime: *Quod quisque in alterum statuerit ut ipse eodem jure utatur*, la rétorsion ne différait pas, à proprement parler, des représailles. C'était le droit barbare du Talion, c'était la loi de Rhadamanthe qui autorisaient la rétorsion ; et c'était la Force qui permettait de l'exercer. L'Égoïsme seul avait établi ce droit du Talion et cette loi de Rhadamanthe, qui permettaient d'exiger *œil pour œil et dent pour dent :* la Charité n'avait pas concouru à former la notion du Juste chez ceux qui les avaient édictées, car, on le sait, la Charité était alors étouffée et refoulée au fond du cœur humain. Les jurisconsultes chrétiens, qui fondaient, et ne pouvaient fonder leur droit de rétorsion que sur la seule loi morale qu'eût connue l'antiquité, cherchaient en vain, nous venons de le dire, à découvrir la justice là où ils ne la pouvaient rencontrer ; et, tout chrétiens qu'ils fussent, il leur fallait professer les règles et les principes du droit païen.

IV. En droit moderne, la rétorsion ne saurait plus se légitimer par le droit du Talion, elle ne pourrait plus se légitimer par la Force, par le droit de conservation, par l'égoïsme collectif ; et si, en droit moderne, la rétorsion peut être admise, elle doit rencontrer sa légitimation dans le devoir d'éducation, qui serait imposé aux États, les uns vis-à-vis des autres, aussi bien qu'aux particuliers.

Rien ne s'oppose plus, d'ailleurs, à ce que les jurisconsultes modernes justifient le droit de rétorsion en le faisant dériver du devoir d'éducation. Le droit des gens, pour les modernes, n'est autre chose que le droit naturel, il puise ses règles à la même source que celui-ci. Et puisque le droit naturel accorde aux individus le droit de correction en le fondant sur le devoir d'éducation, rien ne s'oppose à ce que ces jurisconsultes, reconnaissant qu'il existe, d'État à État, un devoir d'éducation, ne leur accordent un droit de correction auquel ils donneraient le nom de rétorsion. Nous verrons plus loin quelles sont les règles qui peuvent être imposées à l'exercice de ce droit qui, pas plus que le droit de correction individuel, ne peut se passer de règles.

Si donc un État, moins avancé et percevant une notion du Juste moins complète et moins étendue, a établi dans ses rapports internationaux des usages contraires à la justice et aux intérêts légitimes des autres États, s'il se refuse à réformer ces usages, s'il se refuse, par exemple, à fournir aux commerçants étrangers les garanties nécessaires, s'il grève leurs importations de droits exorbitants, s'il refuse sa protection à leurs biens et à leurs personnes, rien ne s'oppose à ce que les autres États, usant du droit de rétorsion, ne fassent sentir à cet État récalcitrant l'injustice de ses usages en usant de procédés semblables ou analogues vis-à-vis de ses nationaux.

V. C'est en ce sens que Pinheiro-Ferreira légitime la rétorsion. « Si l'effet de la rétorsion, » dit-il, « ne porte « atteinte qu'aux forces du gouvernement, elle ne peut « qu'être permise, pourvu toutefois qu'on en use de « façon *à hâter et non pas à retarder une concilia-* « *tion* (1). » Le jurisconsulte portugais considérait,

____

(1) V* Pinheiro-Ferreira, sur Martens, liv. VIII, ch. 2, § 255. Voir aussi Vattel, *Droit des gens,* liv. II, ch. 18, § 341, et note de M. Pradier-Fodéré.

lui aussi, la rétorsion comme un moyen d'amener la résipiscence, comme un moyen correctif, et il ne la légitimait qu'autant qu'elle avait pour but de « *hâter la conciliation.* » Or, cette conciliation sera d'autant plus facilement obtenue que l'État envers qui il aura été usé de rétorsion accordera une influence plus grande à la volonté des individus qui le composent. Les intérêts lésés ne tarderont pas à s'apercevoir d'une mesure qui les froisse, et à reconnaître l'injustice des usages qui ont motivé cette mesure. Si donc la voix des intérêts individuels possède, chez l'État frappé de rétorsion, le droit de se faire écouter et celui de se faire obéir, on peut tenir pour certain que la correction sera efficace et que la rétorsion aura été un véritable procédé éducatif.

Ainsi le droit moderne peut, tout aussi bien que le droit érastianique, admettre les procédés rétorsifs. Mais tandis que le droit érastianique, — qui, en dehors de l'état de guerre, n'admettait, entre les nations, d'autre état que l'indifférence, — ne pouvait considérer la rétorsion que comme une variété du droit de force, et que, tout en déclarant qu'elle avait pour but de faire rendre justice à l'État qui l'exerçait, il lui fût impossible d'invoquer la justice, faute de critérium qui la pût accuser et de principe supérieur commun d'où elle pût dériver, le droit moderne peut considérer la rétorsion comme un moyen éducatif; qui ne doit cependant être employé qu'avec une extrême prudence, et qui ne peut avoir d'efficacité qu'envers les États dont les principes de

droit public interne permettent d'espérer que la leçon
ne tardera pas à être profitable (1).

VI. En effet, si, au lieu d'être employée contre un
État soumis au droit démocratique, la rétorsion était
appliquée à un État érastianique, à un État où les volontés individuelles seraient sans droit et où la volonté
du chef constituerait à elle seule tout le droit, elle n'aurait d'autre effet que de renforcer et de légitimer en
quelque sorte l'exclusivisme, qui est de l'essence des
gouvernements érastianiques : la leçon serait perdue,
et, ainsi que l'observe Pinheiro-Ferreira, « la guerre
« serait le résultat le plus ordinaire d'une pareille voie
« de fait. »

Ce n'est donc que quand elle peut être considérée
comme un procédé éducatif, c'est-à-dire quand, au lieu
de produire fatalement l'isolement ou la guerre, elle
peut produire l'amendement et la correction, que la rétorsion peut être admise en droit démocratique. D'où il
suit qu'elle ne peut être mise en usage et considérée
comme un droit qu'entre nations démocratiques, entre
nations qui accordent aux volontés individuelles non-
seulement la faculté d'écouter les conseils de l'intérêt
individuel, mais encore celle de céder à ces conseils, de

(1) Nous avons dit plus haut, cependant, en traitant du droit de guerre,
que les peuples, n'ayant aucun droit de juridiction les uns sur les autres,
ne peuvent justifier la guerre ni par le droit de punir, ni par le droit de
corriger. Mais il n'échappera pas que, entre la rétorsion et la guerre,
existe une différence capitale. La rétorsion n'est pas un acte de juridiction, et si elle implique une certaine supériorité morale de la part de
l'État qui l'exerce, elle n'implique pas une supériorité de droit.

modifier les usages nationaux et de redresser les erreurs qui les ont fait dévier des voies de la justice. A ce titre, on peut dire : que la rétorsion est un droit exclusivement démocratique, distinct du droit de guerre, — qui n'est pas un droit, mais un abus; — un droit entièrement nouveau, comme le droit démocratique est un droit nouveau; un droit, enfin, autre que celui nommé par les anciens jurisconsultes droit de rétorsion, lequel n'était autre chose que le droit de représailles; droit que nous avons à examiner à son tour.

VII. Nous avons déjà dit, parlant de la Rétorsion, — que les anciens jurisconsultes ne pouvaient distinguer des Représailles, — que celles-ci dérivaient de l'ancien droit du Talion ou loi de Rhadamanthe. Ces anciens jurisconsultes ne pouvaient guère, cependant, avouer une pareille origine, car ils n'ignoraient pas que ce qu'ils appelaient *la loi du Christ* avait abrogé celle qui avait érigé en axiome juridique *l'œil pour œil et dent pour dent* de l'ancienne loi. Mais pour justifier le droit de Représailles, que ces anciens jurisconsultes ne faisaient aucune difficulté d'admettre, ils raisonnaient autrement, et, laissant dans l'ombre du passé le droit du Talion et la loi de Rhadamanthe, ils disaient : Le droit antique refusait toute garantie aux personnes et aux biens des étrangers; le droit nouveau est bien moins rigoureux : inspiré par la loi du Christ, il s'est borné à instituer le droit d'aubaine, qu'il a même adouci jusqu'à le transformer en un simple droit de détraction au profit des princes. Or, si les princes ont un droit sur les biens des étrangers inoffensifs, ils doivent, à plus forte raison, avoir un droit sur les biens des étrangers hostiles. Donc les représailles sont justes, ajoutaient-ils, et la loi du Christ ne saurait les condamner. La suite de cet examen du droit de Représailles démontrera, pensons-nous, la subtilité de ce raisonnement.

VIII. Après avoir ainsi justifié les Représailles en tant que droit, les anciens jurisconsultes procédaient à la classification ou dénombrement des diverses sortes de représailles auxquelles ils accordaient cette qualification de droit. Ils reconnaissaient « les Représailles *négatives,* » consistant à refuser de s'acquitter des obligations contractées envers un État dont on prétendait avoir droit de se plaindre. Ils admettaient « les Représailles *positives,* » consistant à s'emparer, partout où l'on pouvait les rencontrer, des biens appartenant soit à la nation qui avait commis l'offense ou causé le préjudice, soit aux particuliers composant cette nation. Enfin, ils permettaient « les Représailles *spéciales,* » consistant dans le droit accordé par l'État à l'un de ses nationaux, se disant lésé, de s'emparer, par la force, des biens de ceux qu'il prétendait l'avoir lésé.

IX. Cette dernière sorte de représailles, les Représailles spéciales, ne pouvaient pas, disons-le tout d'abord, être facilement justifiées par l'argument tiré de la légitimité du droit d'aubaine ; car le droit d'aubaine était un droit régalien, un droit du prince, tandis que le droit de Représailles spécial était un droit des particuliers. L'État, il est vrai, devait autoriser ces représailles, il devait reconnaître si les faits dont se plaignait le particulier qui voulait exercer les représailles à ses risques et périls étaient constants et réels; mais, après avoir reconnu la constance des faits allégués, l'État ne pouvait refuser l'autorisation qui lui était réclamée, car, encore une fois, le droit de représailles spéciales était considéré comme un droit individuel, comme une sorte de droit naturel, que l'État ne concédait point, et qu'il se bornait à reconnaître.

Et c'était si bien là la véritable conception du droit de Représailles spéciales, elles dérivaient si peu du droit régalien, du droit du prince, elles étaient si peu une délégation de ce droit, et pouvaient si peu, dès lors, se justifier par l'argument tiré du droit d'aubaine, que, jusqu'à l'ordonnance sur la marine du moi l'août 1681, ce n'était point au Roi qu'on s'adressait pour être autorisé à exercer des Représailles spéciales, mais au Parlement, simple corps judiciaire, à qui l'impétrant soumettait, pour les vérifier, les faits de lésion dont il prétendait avoir à se plaindre (1).

Or, si le droit de représailles spéciales ne dérivait pas du droit du Roi, s'il n'en était pas une délégation, s'il ne dérivait pas du prétendu droit d'aubaine ou de détraction que les jurisconsultes érastiens accordaient à la couronne, d'où pouvait-il donc dériver?... Il est facile de le reconnaître, il dérivait à la fois de l'ancien droit du Talion et de l'ancien droit des gens, qui considérait

_____

(1) V° Merlin, *Répertoire de jurisprudence.* V° *Représailles.*

l'état d'hostilité comme l'état normal des peuples les uns vis-à-vis des autres, et qui n'avait pas besoin de l'état de guerre pour justifier le pillage international. C'était en vertu de ce droit, en vertu du droit de la force qu'un particulier se récuperait de ce qui lui était dû en s'emparant violemment des biens appartenant à d'autres particuliers, qui ne lui devaient rien, qui ne lui avaient fait aucun tort, mais qui appartenaient à la nation dans laquelle se trouvaient ceux dont le particulier exerçant les représailles avait à se plaindre. L'examen des griefs par une cour judiciaire était un adoucissement à ce droit tout primitif, il introduisait quelque peu d'ordre et de règle dans la primitive anarchie, il limitait le droit individuel de pillage international, il ne permettait de l'exercer que dans certains cas déterminés, mais il ne changeait pas la nature du droit : c'était toujours la force qui fondait la justice.

X. On sait que les lettres de marque ont remplacé les lettres de représailles, et l'on sait aussi que ces lettres de marque, cessant d'être accordées à des particuliers pour leur permettre de se faire justice à eux-mêmes, ne leur furent plus données que pour transformer ces particuliers en auxiliaires armés de leur gouvernement. Le droit d'exercer des représailles cessa alors d'être considéré comme un droit individuel, comme un droit naturel ; l'état d'hostilité latente entre les peuples ne fut plus regardé comme l'état normal des relations internationales : le droit d'exercer des représailles, résultant désormais d'une délégation du prince, ne fut plus accordé que lorsque la guerre existait, lorsqu'elle était déclarée, — ce qui n'avait pas lieu auparavant; — et le droit de représailles, devenant l'une des conséquences de l'état de guerre, se confondit dans le droit de guerre. Nous aurons à examiner plus loin si, en se transformant ainsi, le droit de représailles spéciales acquit une légitimité dont il ne pouvait se prévaloir sous son ancienne forme.

Les lettres de marque succédèrent donc aux lettres de représailles : l'ordonnance de 1681 introduisit cette amélioration dans le droit international, et les peuples civilisés s'empressèrent de l'adopter. C'était là un moyen puissant de populariser la guerre et de faire durer le régime guerrier : les passions des princes trouvaient des prôneurs et des partisans au sein de leurs peuples respectifs; l'avidité, le désir de conquérir des richesses, leur venait en aide. Lorsque la guerre éclatait, de nombreux aventuriers s'empressaient de solliciter des lettres de marque, qui les transformaient en voleurs autorisés à exercer leur industrie; les énormes profits qu'ils en retiraient leur faisaient désirer que la source n'en fût pas tarie, et que la paix ne vînt pas mettre un terme à l'exercice de cet honnête moyen de s'enrichir.

On peut se demander si la moralité publique gagnait beaucoup à cette transformation des lettres de représailles en lettres de marque; si la vraie notion du droit de propriété pouvait se faire jour pendant la durée d'un régime qui permettait à la violence de conquérir la fortune, et si les corsaires autorisés, qui s'étaient accoutumés à considérer comme une possession légitime celle que leur courage leur avait procurée, seraient bien disposés, lorsque la paix surviendrait, à ne considérer comme légitime que la possession fondée sur le travail ?

XI. Quoi qu'il en soit, cet usage des lettres de marque s'est prolongé jusqu'à nos jours : l'Érastianisme y trouvait apparemment son compte; et il a fallu le progrès constant des idées démocratiques pour l'abolir. Ce n'est qu'en 1856, et par le traité de Paris des 30 mars et 16 avril de cette année, que l'usage des lettres de marque a été aboli entre toutes, ou presque toutes, les nations civilisées de l'Europe. Désormais, l'avidité particulière ne peut plus être appelée au secours des passions royales, qui, d'ordinaire, suscitent la guerre; et les notions véritables du droit de propriété peuvent se répandre : les gouvernements ne reconnaissent plus que la violence et le vol forment un titre suffisant à ce droit de propriété quand il leur plaît d'autoriser leurs nationaux à exercer la violence et le vol.

Cependant, si le droit de piller les étrangers sur mer, après avoir été reconnu exister en faveur des particuliers, même en temps de paix, leur a été retiré, même en temps de guerre, les États, les gouvernements n'ont point renoncé à ce droit de pillage; et le nom de Représailles a continué d'être donné à ce pillage, bien qu'il ne s'agit plus à proprement parler de représailles. A l'origine, lorsque le mot de Représailles fut inventé, le pillage permis sous le nom de Représailles était un moyen de récupération accordé à ceux qui ne pouvaient se faire rendre autrement justice. Lorsque les lettres de représailles furent transformées en commission du prince, le pillage maritime cessa d'être exercé à titre de représailles véritables; il ne fut plus ou qu'un acte de piraterie illégitimable, ou un moyen de coercition destiné à contraindre le belligérant le plus faible sur mer à cesser la guerre, et à concéder au plus fort les droits pour le soutien desquels il avait pris les armes.

XII. Quelle est la légitimité de ce droit de pillage international, auquel nous conserverons le nom de Représailles, que les auteurs modernes lui donnent encore? Le droit moderne peut-il le maintenir? Les principes démocratiques le repoussent-ils ou peuvent-ils l'admettre?... Lors du traité de 1856, les États-Unis d'Amérique réclamèrent l'abolition du pillage maritime, ils en firent la condition de leur accession au traité qui abolissait les lettres de marque; mais les autres nations représentées au congrès qui élabora ce traité refusèrent de renoncer à cet usage. Pourquoi ce refus?... Faut-il croire que ces nations, moins pénétrées que les États-Unis d'Amérique des principes du nouveau droit, ne se sont refusées à abolir l'usage du pillage maritime que par suite de réminiscences du droit érastianique, qui a fondé cet usage?... Et cependant, ces nations qui, en 1856, ont refusé d'abolir l'usage du pillage maritime, ont cessé de reconnaitre la légitimité du pillage terrien, et se sont imposé le devoir de respecter, sur terre, les propriétés des belligérants.

Y aurait-il là une contradiction; et, en admettant que des souvenirs du droit érastien se soient opposés à ce que les puissances monarchiques de l'Europe aient accédé au vœu de la démocratique Amérique, faut-il croire que ces puissances ont cédé à des antipathies juridiques peu conscientes, qu'elles se sont donné un démenti à elles-mêmes, et que le respect du droit de propriété terrienne aurait dû leur imposer un égal respect du droit de propriété maritime?

XIII. Sur terre, nous l'avons dit précédemment, l'abolition du pillage fut considérée comme un moyen de désintéresser les particuliers d'un conflit engagé entre les gouvernements. Si l'on eût continué de permettre le pillage aux armées belligérantes, les populations auraient pu se soulever et transformer la guerre en une relation de peuple à peuple, alors qu'on voulait n'en faire qu'une relation de gouvernement à gouvernement; sauf au peuple à en payer les frais. Tel avait été le motif de l'abolition du pillage terrien; on avait voulu, en l'abolissant, éviter que les peuples, mus par le désir légitime de conserver leurs biens, n'enfreignissent la règle qui leur défendait de se mêler de la guerre survenue entre leurs princes. Le respect du droit de propriété n'était entré pour rien dans les causes qui avaient fait abolir l'usage du pillage terrien.

Or, ces motifs, sur lesquels on s'était basé pour abolir l'usage du pillage terrestre, n'avaient aucune valeur pour déterminer à l'abolition du pillage maritime. La mer n'est pas habitée, sa population ne se soulèverait pas pour repousser les pillards ; la guerre, par conséquent, et nonobstant le maintien du droit de pillage, ne deviendrait ni plus difficile ni plus meurtrière, elle ne cesserait pas d'être une relation de gouvernement à gouvernement pour devenir celle de tout un peuple se ruant sur un autre peuple. On pouvait donc maintenir le pillage maritime, auquel les gouvernements des nations maritimes tenaient beaucoup, et proscrire le pillage terrestre, dont les effets auraient pu amener des soulèvements que l'Érastianisme redoutait. On le voit, le droit de propriété, pour les gouvernements érastianiques, n'avait rien à voir dans la question qui se posa au Congrès de 1856 ; et ces gouvernements purent, sans se contredire ou se donner un démenti, maintenir tout à la fois le respect de la propriété terrienne des belligérants et la violation de leur propriété maritime.

XIV. Faut-il conclure de ce que les gouvernements monarchiques représentés au Congrès de 1856 ont été conséquents avec leurs principes en conservant l'usage du pillage maritime, que le gouvernement démocratique des États-Unis était également conséquent avec son principe en réclamant l'abolition de cet usage?... En d'autres termes, le pillage maritime, ce qu'on décore aujourd'hui encore du nom de Représailles, est-il incompatible avec les principes du droit moderne, et est-il permis de prévoir sa prochaine abolition ?

On a pu l'observer déjà, on ne peut résoudre convenablement une question de droit international se rattachant aux usages de la guerre, on ne peut la résoudre conformément aux principes du droit démocratique, sans tenir compte tout à la fois et des exigences du droit de propriété et de celles de la pacification. Au point de vue du droit de propriété, le pillage des choses mobilières, où qu'il soit opéré, est tout aussi illégitime, on l'a vu, que celui de la propriété immobilière, et ne peut faire acquérir aucun droit véritable à celui qui exerce ce pillage. Mais au point de vue de la pacification, qui est un droit elle aussi, il n'en est plus de même : les souffrances des belligérants sont un moyen sûr d'obtenir cette pacification. Nous avons vu, quand nous nous sommes occupés du droit des belligérants, qu'il est possible de concilier la double exigence du droit démocratique ; et, sans revenir sur ce point, nous nous bornerons à dire que si, en droit extérieur comme en droit intérieur, il ne peut être permis de voler, il peut être parfaitement permis de séquestrer, lorsque cette séquestration a pour but soit de faire cesser un injuste état de guerre, soit d'obtenir le redressement de griefs légitimes.

Les États-Unis d'Amérique qui, en 1856, réclamèrent l'abolition du pillage maritime, ne remarquèrent pas, — eux qui, par leur position, sont en quelque sorte à l'abri de la guerre continentale, — qu'en exonérant ainsi complétement les citoyens de tous les dommages que la guerre occasionne, on se privait d'un puissant moyen de diriger leurs volontés, — désormais ou prochainement souveraines, — vers la pacification et l'abolition du régime guerrier. On ne saurait donc considérer la réclamation des États-Unis comme fondée sur un principe absolu, sur un principe essentiel à la forme du gouvernement qui les régit, sur un principe essentiel à la Démocratie. Nonobstant leur réclamation, dominée par des considérations purement relatives, il est permis de croire que, en droit démocratique, les représailles peuvent être admises si, respectant le droit de propriété, elles ne s'adressent qu'au simple droit de possession.

Nous ne nous sommes occupé jusqu'ici que de la sorte de représailles nommée par les anciens jurisconsultes *Représailles spéciales;* et c'est en suivant ce genre de représailles dans la transformation qu'il subit en 1681, que nous avons été conduit à examiner la juridicité du pillage maritime, seconde forme que prirent, sous l'influence de l'Érastianisme, ces représailles spéciales. Mais il est deux autres sortes de représailles que ces jurisconsultes définissaient sous les noms de *Représailles négatives* et de *Représailles positives*. Nous devons, à leur tour, étudier ces deux sortes de représailles et en apprécier la juridicité ; en observant toutefois que cette distinction entre les représailles négatives et les représailles positives nous paraît inutile, et que, réunissant ces deux genres en un seul, auquel nous donnerons le nom de Représailles, nous nous bornerons à examiner la question de savoir si le droit moderne peut conserver les représailles au nombre de ses usages internationaux.

Lorsque nous avons traité du droit de guerre et des cas qui peuvent légitimer la guerre, il nous a été impossible d'admettre l'avis de Grotius et de reconnaître avec lui que la loi de conservation permît aux États de faire la guerre pour la simple réparation d'une injure ou le recouvrement de choses dont ils auraient été injustement dépouillés. Nous ne pouvons que persister dans cette opinion, que les principes du droit démocratique nous paraissent justifier pleinement. Et pourtant on ne peut s'empêcher de reconnaître que si, pour la réparation d'une injure ou le redressement d'un grief, les États n'ont pas plus le droit de faire la guerre qu'un particulier n'aurait le droit de tuer en expiation d'un délit, ils ont le devoir de protéger les personnes et les biens de leurs nationaux. Or, si les biens de ces nationaux sont injustement retenus par un État étranger, s'ils sont pillés, volés, soit par cet État, soit par quelques-uns de ceux qui en font partie, si justice est refusée à raison de ces vols et de ces pillages, comment l'État auquel appartiennent les citoyens lésés s'acquittera-t-il envers eux de son devoir de protection?... Devra-t-il faire la guerre?... Nous venons de le nier; mais il pourra user du droit de représailles dans le but d'obtenir la réparation des griefs dont ceux qu'il est chargé de protéger ont à se plaindre.

Les représailles, en ce cas, deviennent une sorte de moyen rétorsif; elles sont légitimes si le fait qui y donne lieu est injuste. Et si cependant elles ont pour résultat d'exciter l'État qui les subit à déclarer la guerre, —

alors qu'il n'aurait dû faire autre chose que reconnaître ses torts et réparer les préjudices qu'il a occasionnés par son fait ou par sa négligence, — cette guerre sera injuste, elle sera une guerre agressive, une guerre d'invasion qu'il sera parfaitement légitime de repousser.

Nous expliquerons plus loin comment il sera possible de reconnaître la justice des cas divers donnant lieu à l'exercice des représailles. Nous devons examiner auparavant la question, agitée par les jurisconsultes, de savoir contre qui et sur quels biens les représailles peuvent être exercées.

XVI. Les partisans, et ils sont nombreux, de cette maxime : que la guerre est une relation de gouvernements à laquelle les particuliers doivent demeurer étrangers, soutiennent que, seuls, les biens de l'État, les biens du monarque doivent être soumis aux représailles. « Comme les citoyens, » dit à ce sujet M. Massé, « ne se « représentent pas les uns les autres, et que, pris indi- « viduellement, ils ne représentent pas l'État, il n'y a « pas de raison pour les rendre personnellement et indi- « viduellement responsables de l'injure faite par un de « leurs concitoyens ou par l'État (1).

A quoi Pinheiro-Ferreira ajoute : « Soutenir que le « gouvernement décidé à user de représailles peut se « saisir des biens et des personnes des citoyens appar- « tenant au pays dont le gouvernement ou des individus « particuliers ont porté préjudice, ce n'est ni plus ni

____

(1) V° Massé, *Le Droit commercial dans ses rapports avec le droit des gens*, t. 1ᵉʳ, n° 127.

« moins que de s'en tenir au plus faible, quoique inno-
« cent, pour se dédommager du tort qu'a pu vous faire
« le fort, auquel vous ne pouvez pas ou ne voulez pas
« vous attaquer (1). » Ce qui revient à dire que mieux
vaut déclarer la guerre et déchaîner les calamités de
toutes sortes qu'elle entraîne avec elle, que de chercher
à la prévenir en essayant des moyens qui peuvent parvenir à ce résultat.

Bien que le savant annotateur de Vattel, M. Pradier-
Fodéré, après avoir cité l'opinion de M. Massé, ait cru
devoir ajouter : « ce sont là les vrais principes, » nous
nous permettrons de croire que si ces principes pouvaient être considérés comme vrais sous l'empire du
droit érastianique, ils ont cessé de pouvoir être considérés comme tels sous l'empire du droit démocratique.

En droit démocratique, en effet, la volonté du peuple,
la volonté de tous est souveraine ; elle est, de plus, responsable, et responsable solidairement de tous les actes
accomplis par ceux à qui elle a confié le gouvernement.
« Une sorte de nécessité a imposé cela, » dit très bien
Grotius, « parce que, autrement, une grande licence
« serait donnée aux injustices à faire, attendu que les
« biens des souverains ne peuvent pas souvent être aussi
« facilement saisis que ceux des particuliers, qui sont en
« grand nombre (2). »

Si cette observation était exacte du temps de Grotius,
si elle était exacte du temps de Vattel et du temps de

____

(1) Sur Vattel, liv. II, ch. 18, § 345.
(2) *Du droit de la paix et de la guerre,* liv. III, ch. 2, art. 2, n° 1.

Puffendorf, qui considèrent l'un et l'autre « que les biens « des citoyens font partie de la totalité des biens d'une « nation, et que, d'État à État, tout ce qui appartient en « propre aux membres est considéré comme apparte- « nant au corps, et est affecté pour les dettes de ce « corps (1), » si cette observation était exacte, disons-nous, du temps de ces docteurs du droit érastianique, combien plus encore doit-elle être exacte sous le droit démocratique, qui ne saurait admettre l'existence d'un patrimoine autre que celui possédé par les citoyens.

On objectera peut-être que si le droit démocratique ne reconnaît plus un patrimoine royal et un patrimoine populaire, s'il a rejeté la distinction domaniale entre l'*imperium* et le *dominium*, il admet cependant qu'il est des choses que les citoyens possèdent privativement et d'autres qu'ils possèdent et ne peuvent posséder que collectivement ; que telles sont les armes et le matériel de guerre, les vaisseaux, les denrées destinées à l'alimentation des troupes, etc.; que, dès lors, on peut admettre l'opinion de M. Massé et des nombreux juris-consultes cités par M. Pradier-Fodéré, et dire, avec eux, que les représailles ne doivent s'exercer que sur les choses possédées collectivement, qu'elles ne doivent s'exercer que sur les armes, le matériel de guerre, etc., mais qu'elles doivent respecter les biens des particu-liers.

Nous ne saurions admettre ni cette objection ni cette

(1) Vattel, *Droit des gens,* liv. II, ch. 18, § 344. — Voir aussi Klüber, *Droit des gens moderne de l'Europe,* § 232, p. 300.

distinction entre les choses possédées privativement et les choses possédées collectivement; nous ne saurions les admettre, parce que nous considérons l'objection comme peu fondée et la distinction comme inutile. Le préjudice causé aux particuliers par la saisie, à titre de représailles, du matériel de guerre et des choses du même genre, serait absolument le même que celui occasionné par la saisie des marchandises possédées à titre privé : le matériel saisi devrait être remplacé, et il ne pourrait l'être qu'au moyen de l'impôt, qui est bien un prélèvement sur ce que les citoyens possèdent privativement. Pourquoi donc autoriser la saisie de l'une de ces sortes de propriété et considérer la saisie de l'autre comme une injustice ? Dira-t-on que si la propriété collective est seule saisie, le préjudice sera également supporté par tous les citoyens, tandis que si la propriété particulière est confisquée, le préjudice ne sera supporté que par ceux sur qui portera la confiscation?... Mais ce serait là une erreur : les citoyens d'un même État sont solidaires, ils répondent solidairement des actes du gouvernement que leur volonté unifiée a constitué, et ils doivent indemniser ceux d'entre eux qui ont supporté un dommage que tous doivent également supporter.

Mais il y a plus; si l'on admet que les représailles ont pour but d'amener l'État récalcitrant à résipiscence, et de produire le plus tôt possible un arrangement entre deux peuples sur le point de se faire la guerre, il faut bien admettre que les représailles exercées sur les biens possédés par les particuliers à titre privé, affectant plus

immédiatement et d'une façon plus apparente les intérêts privés, produiront un résultat plus sûr et plus
prompt que celles exercées sur le matériel possédé collectivement. Le gouvernement, qui s'aperçoit le premier, en ce dernier cas, du préjudice causé par les représailles, peut vouloir le dissimuler; son amour-propre y
est intéressé : on ne s'avoue pas facilement coupable
d'injustice. Rien ne lui sera plus facile alors que de
soulever les passions populaires, en leur dissimulant les
sacrifices que la propriété privée devra faire pour satisfaire ces passions.

Avons-nous besoin d'ajouter que l'adoucissement dans
les usages de la guerre conseillé par M. Massé et par
les autres jurisconsultes modernes de la même école, —
adoucissement qui permettrait aux commerçants des
États en guerre l'un contre l'autre de continuer paisiblement leur trafic, — ne serait pas de nature à peser sur
leur volonté, et à les inciter soit à faire cesser la guerre
commencée, soit à empêcher la guerre sur le point
d'éclater. Tous les adoucissements de nature à diminuer
la responsabilité effective des citoyens qui ont le droit
de vouloir ou de refuser la guerre sont, répétons-le, des
adoucissements à contre-temps, dont l'effet ne peut être
autre que de prolonger un régime qui, de sa nature, est
absolument incompatible avec le régime commercial, et
qui doit être détruit par lui.

XVII. La sorte de pillage maritime connue sous le
nom de Représailles positives, de même que la séquestration connue sous le nom de Représailles négatives,

étant, l'une aussi bien que l'autre, un moyen efficace de
faire cesser ou d'empêcher la guerre, de permettre aux
gouvernements de s'acquitter de leur devoir de protection envers leurs gouvernés, et d'amener les États ré-
calcitrants à résipiscence, doivent donc continuer d'être
admises par le droit démocratique. Il n'en est pas ainsi
de l'autre sorte de représailles, appelée Représailles
spéciales, et devenu le *droit de course :* ici les principes
domaniaux du droit démocratique s'opposent absolument à ce que cet usage soit conservé.

En effet, la *Course,* les lettres de marque, la permission donnée aux particuliers de s'emparer violemment
des propriétés mobilières appartenant aux citoyens d'un
État dont un autre État aurait juste sujet de se plaindre,
supposent que le corsaire commissionné acquerra la
propriété pleine et entière des choses dont il pourra
s'emparer. S'il en était autrement, les lettres de marque
ne seraient pas réclamées. Or, les principes domaniaux
du droit démocratique ne permettent pas à la violence
de s'élever jamais à la hauteur du Droit. Le séquestre
des propriétés ennemies, le séquestre des biens appartenant à un État coupable d'injustice, et qui ne veut pas
la réparer, peut être admis par le droit démocratique,
parce qu'il ne change pas le titre de la propriété et ne
déroge pas à son principe ; mais la confiscation définitive ne saurait l'être, et nous avons vu que les choses
séquestrées doivent être restituées lorsque le but poursuivi par la séquestration est atteint. Elles ne pourraient
l'être, elles ne pourraient pas être restituées si elles

avaient été conquises par un corsaire commissionné, qui n'aurait accepté sa commission que parce qu'on lui aurait donné l'assurance qu'il ne serait pas soumis à une restitution.

La course, les lettres de marque, qui, malgré le traité de 1856, sont encore demeurées au nombre des usages maritimes d'une partie du monde civilisé, ne sauraient s'y maintenir bien longtemps; elles forment un inconciliable contre-sens avec le développement des idées juridiques nouvelles; et l'on peut s'étonner que les États-Unis d'Amérique, au milieu desquels ces idées juridiques ont depuis longtemps acquis droit de cité, et dont le ministre, M. Marcy, réclamait, en 1856, l'abolition du droit de prise, aient armé des corsaires lors de la guerre de la sécession qui éclata quelque temps après (1). Ce ne sont pas seulement les mœurs publiques, la civilisation et les intérêts bien entendus du commerce qui, ainsi que le dit M. Massé, réclament l'abolition du droit de course, ce sont les principes mêmes de la démocratie, ses principes domaniaux, que, mieux qu'aucune autre nation, les États-Unis d'Amérique auraient dû respecter.

XVIII. Seules, les forces organisées soit des États belligérants, soit de ceux qui, avant d'être belligérants, et pour se soustraire à cette cruelle extrémité, peuvent avoir le droit de s'emparer, sur mer, des propriétés qu'elles y rencontrent, seules, ces forces ont le droit de pratiquer

____

(1) Voir, sur le droit de course et de prise maritime, la note très substantielle de M. Pradier-Fodéré, sur Vattel, liv. III, ch. 15, § 229.

la course et d'exercer les représailles, parce que, seules, ces forces organisées peuvent se borner à pratiquer un séquestre qui ne leur confère aucun droit de propriété. De là il résulte que la capture ainsi faite par des fonctionnaires de l'État, ne conférant aucun droit de propriété au capteur, n'en confère aucun non plus au récapteur. Sous l'ancien droit, sous le droit qui admettait, et qui admet, même encore, la légitimité du droit de course, il n'en était pas ainsi : le récapteur acquérait un droit, parce que le capteur en acquérait un lui-même ; et l'on se demandait à qui appartiendraient les choses qui, après avoir été saisies par un corsaire, étaient recouvrées soit par un autre corsaire, compatriote du propriétaire primitif, soit par la marine de l'État dont ce propriétaire primitif faisait partie (1).

XIX. La question pouvait être posée : la force ayant dû être considérée comme acquisitive, afin d'engager l'avidité des corsaires à se pourvoir de commissions, le récapteur, ayant usé de la force, avait acquis un droit plein sur les objets récaptés : leur véritable propriétaire, dépouillé de son *droit* par la caption, ne pouvait rien réclamer au récapteur. Mais la force n'aurait plus besoin d'être considérée comme acquisitive si le droit de course était aboli et si les forces organisées avaient seules le droit de pratiquer soit le pillage maritime entre belligérants, soit les représailles. Ce n'est pas pour conquérir du butin que ces forces organisées par-

---

(1) V° Vattel, *Droit des gens,* liv. III, ch. 13, § 196, et note de M. Pradier-Fodéré.

courent les mers, il n'est pas besoin de leur offrir cette prime pour les déterminer à agir : ce n'est plus l'avidité, c'est le devoir qui les excite ; et, pour les engager à courir sus à l'ennemi, il n'est plus nécessaire de leur promettre la propriété des choses possédées par cet ennemi. Lors donc que des marchandises ou des navires, saisis par l'un des belligérants ou par un État agissant en vertu du droit de représailles, sont recouvrés par l'autre belligérant ou par l'État contre lequel se sont exercées les représailles, c'est au propriétaire dépouillé que ces choses doivent être restituées : les récapteurs n'y ont aucun droit, car ce n'est pas pour leur compte qu'ils ont agi.

XX. Nous venons de légitimer les représailles ; nous les avons considérées comme un moyen rétorsif destiné soit à hâter la fin d'une injuste guerre, soit à réparer une injustice commise par un État envers un autre État ou envers les sujets d'un autre État. Mais comment reconnaître qu'une guerre est juste ou injuste ?... Comment reconnaître que les représailles proprement dites ont une juste cause, et empêcher que, au lieu de prévenir la guerre, elles n'en soient le premier acte et la cause directe et déterminante ?... Et si l'injustice n'est pas reconnue, cependant, si elle n'existe pas, les représailles sont illégitimables ; elles sont, dans tous les cas, un odieux abus de la force.

Dans le langage juridique actuel, on l'a vu plus haut, le mot Représailles s'applique à deux ordres de faits, dont l'un se rattache aux droits que confère l'état de

guerre, et dont l'autre ne s'y rattache pas et a même
pour but de prévenir l'état de guerre. Le premier de
ces ordres de faits, la première sorte de représailles, —
suite de la transformation des représailles spéciales
admises par les anciens jurisconsultes, et que nous
avons nommées plus exactement *pillage maritime*, —
la première sorte de représailles, disons-nous, ne peut
avoir d'autre but avouable que la plus prochaine cessation de l'état de guerre; et non pas le triomphe de la
Force sur le Droit. Si donc l'État qui, — grâce à l'exercice
des représailles, ou pillage maritime, obtient la cessation
de la guerre, — soutenait une injuste cause, il obtient
par cela même le triomphe de la Force sur le Droit. —
Le droit démocratique, ne pouvant admettre cet abus
de la force, ne peut légitimer les représailles qui ont
pour effet de le produire. D'où il suit que les seules représailles entre belligérants auxquelles le droit démocratique puisse accorder le nom et le caractère d'un
droit, sont celles exercées par l'État qui soutient une
cause juste; et d'où il suit, par conséquent, la nécessité
de chercher le critérium à l'aide duquel il soit possible
de distinguer une guerre juste d'une guerre injuste : le
fait de cessation de l'état de guerre par suite des représailles ne suffisant pas à légitimer celles-ci.

Le second ordre de faits dont nous venons de parler,
la seconde sorte de représailles, exige non moins impérieusement la recherche d'un moyen à l'aide duquel il
soit possible d'en apprécier la justice. Celles-ci ont pour
but de prévenir l'état de guerre; elles ont pour but d'em-

pêcher que la guerre n'éclate à l'occasion d'une simple réclamation de droits, d'une simple réparation d'injure, ou de la protection que tout gouvernement doit à ses nationaux. Si donc elles ne sont fondées ni sur la réclamation de droits ayant le véritable caractère de droits, ni sur la réparation d'une injure ou d'un préjudice réellement éprouvés, ni sur la nécessité de faire rendre justice aux sujets de l'État qui les exerce, elles sont un acte de piraterie, un vol, un odieux abus de la force, que le droit démocratique ne peut autoriser, et qu'il doit, au contraire, s'efforcer de prévenir ou de réprimer. S'il ne le faisait pas, s'il ne trouvait pas le moyen de prévenir ou de réprimer ces abus de la force décorés faussement du nom de Représailles, celles-ci, au lieu de prévenir l'état de guerre, en seraient la cause prochaine et directe : l'État volé ou pillé devant recourir à ce moyen pour repousser le vol dont lui ou ses nationaux seraient sur le point d'être victimes.

Ainsi, par cela même que le droit démocratique admet les représailles au nombre des usages internationaux qu'il peut autoriser, il s'oblige à découvrir le moyen de distinguer celles qui sont justes de celles qui sont injustes, celles qui sont autorisées et celles qui ne ne le sont pas. Or, à qui s'en rapporter pour reconnaître la justice de la cause qui autorise les représailles ?... Nul n'est bon juge dans sa propre cause, dit un axiome dont la vulgarité égale l'exactitude ; et il n'est pas un seul État qui, au moment d'exercer ce qu'il appellerait des Représailles, ne proclamât bien haut que l'injustice de l'État adverse le met dans la nécessité de recourir à ce moyen extrême.

XXI. Ce n'est donc ni à l'un ni à l'autre des belligérants ou des futurs belligérants qu'il faut demander la distinction entre les représailles justes et celles qui ne le sont pas. Mais serait-il donc impossible de faire, pour les représailles, ce que, dans le chapitre III ci-dessus, nous avons considéré comme possible pour la guerre?... Serait-il donc impossible de ne considérer comme justes que les représailles dont la justice aurait été reconnue par le tribunal d'honneur dont nous avons parlé, par un congrès soit spécial, et préalable au cas survenu, soit permanent, et composé des représentants de toutes les nations civilisées par la possession d'une même notion du Juste et du Droit?

« *La dureté du cœur des princes* » s'opposait, disait le cardinal de Fleury, à ce qu'ils acceptassent le tribunal européen proposé par le bon abbé de Saint-Pierre. Mais *la dureté du cœur des peuples* est quelque peu amollie par le sentiment de leur responsabilité très matérielle et très effective. Le tribunal dont parlait l'auteur de *La Paix universelle* aurait grande chance, en droit démocratique, de n'être pas repoussé avec autant de dédain qu'il le fut sous l'empire du droit érastianique.

Mais la sentence qui proclamerait la justice des représailles, la justice de la cause qui les autoriserait, serait-elle acceptée par celui contre lequel elle serait prononcée?... On ne peut l'affirmer, mais on peut le croire. Pourquoi le peuple contre lequel une semblable sentence serait prononcée se refuserait-il à en reconnaître la justice?... Pourquoi s'exposerait-il aux dommages qu'il ne manquerait pas d'éprouver, alors que l'injustice de sa cause lui serait démontrée par l'avis impartial d'un congrès éclairé?... Les rois, que les dommages résultant des représailles n'atteignaient pas, auraient pu braver les sentences et s'en fier aux chances de la guerre pour obtenir le triomphe de l'injustice sur le bon droit; mais les peuples ne sont point dans le même cas, les représailles les atteignent et la guerre les ruine. Encore une fois donc, pourquoi les peuples, que l'ambition des conquêtes ou l'amour d'une vaine gloire ne peut égarer, persisteraient-ils à faire prévaloir leurs passions sur leurs intérêts, et pourquoi n'accepteraient-ils pas la sentence impartiale qui leur démontrerait leur injustice?... Pourquoi, au lieu de répondre à de justes représailles par des représailles injustes, ne s'empresseraient-ils pas de réparer le tort ou l'injure dont ils auraient été convaincus?...

XXII. Après avoir ainsi légitimé les représailles maritimes, nous n'éprouverons aucune difficulté à légitimer l'*embargo*, ou arrêt du prince, qui n'est autre chose que la séquestration, *à titre de représailles*, des biens de l'ennemi trouvés sur le territoire ou dans les ports de la nation qui exerce les représailles.

Cependant M. de Martens, après avoir reconnu le droit des belligérants de séquestrer les biens de l'ennemi au moyen de l'embargo, dit que les conventions internationales ont imposé des limites à ce droit qui, s'il pouvait s'exercer dans toute sa rigueur, *rendrait tout commerce impossible avec les nations*. Il va de soi que l'auteur du *Droit des gens moderne de l'Europe*, qui condamnait avec tant d'énergie la levée en masse de 1793, approuve très fort les adoucissements au droit d'embargo introduits par « les conventions internationales. » Sans ces adoucissements, « tout commerce serait « impossible entre les nations, » dit-il. La guerre pouvant survenir à chaque instant sans que les commerçants et les navigateurs puissent la prévoir, — et cela était en effet ainsi sous l'empire du droit érastianique, — ces commerçants et ces navigateurs hésiteraient à nouer des relations qui soumettraient leurs biens, et même leurs personnes, à des chances de séquestration impossibles à prévoir.

Or, si cependant ces relations commerciales étaient devenues indispensables aux nations, n'y aurait-il pas lieu de craindre que celles-ci ne s'arrangeassent de façon, ou à éviter que la guerre pût survenir sans que les commerçants et les navigateurs pussent la prévoir, ou même à supprimer purement et simplement le droit de guerre, à supprimer le régime guerrier?... Mieux valait restreindre le droit d'embargo de façon à ce que les relations commerciales devinssent ou demeurassent possibles. Ce serait donc, d'après l'aveu de Martens lui-même, dans le but de concilier le régime commercial et le régime guerrier que « certaines règles auraient été introduites dans le droit des gens au sujet de l'embargo(1). »

(1) V° Martens, liv. VIII, ch. 3, § 268.

On conçoit l'approbation sans réserves de Martens aux adoucissements que les conventions survenues entre les monarques de l'Europe ont introduites dans le droit d'embargo; mais on comprend moins, peut-être, celle de M. Ch. Vergé, le savant commentateur de Martens, qui, dépassant la pensée de l'auteur qu'il commente, dit sur le même sujet : « Dans toutes les hypothèses, l'usage « de saisir dans les ports, au moment d'une déclaration « de guerre, les bâtiments de la nation qui devient « ennemie, est un usage déplorable qui devrait dispa- « raître du droit public de tous les États. » A quoi le commandeur Pinheiro-Ferreira ajoute : « En laissant « de côté ce qu'il a plu aux gouvernements de faire en « pareil cas, nous dirons que toute hostilité pratiquée « contre les personnes et les biens des habitants du « pays dont le gouvernement se trouve en guerre avec « nous est non-seulement un acte d'injustice, mais une « grave erreur d'économie publique, et même de poli- « tique (1). »

Ainsi, Martens et ses deux commentateurs sont en désaccord formel au sujet de la légitimité de l'embargo. Martens reconnaît cette légitimité; et s'il approuve cependant les adoucissements qui ont limité l'exercice du droit en lui imposant des règles, il en donne un motif qui laisse au droit toute sa validité. Il n'en est pas ainsi de ses commentateurs; ceux-ci ne se con- tentent pas d'approuver les limites que les conventions

(1) Pinheiro-Ferreira, sur Martens, liv. VIII, ch. 3, § 268.

internationales ont assignées au droit, ils nient le droit en lui-même, et soutiennent que le progrès des idées juridiques doit le faire disparaître de la coutume des nations civilisées. Ce désaccord a droit de surprendre; mais ce qui a droit de surprendre davantage, c'est que ce soit Martens, dont l'érastianisme n'est pas plus douteux que celui de Vattel, qui soutienne la légitimité de l'embargo en tant que droit, tandis que ce sont ses commentateurs, dont les idées se rapprochent davantage du droit moderne, qui nient cette légitimité.

XXIII. Dans l'ordre d'idées érastien, ordre d'idées dans lequel se trouvait Martens, la pratique de l'embargo se conciliait mal avec le principe du droit, en ce sens qu'elle menaçait de le détruire. Le droit du monarque sur les personnes et les biens des étrangers qui se trouvaient dans son royaume pouvait, il est vrai, être considéré comme légitime par ceux qui, il y avait peu de temps encore, admettaient l'existence du droit d'aubaine. Mais, de même que l'extension des relations commerciales, devenues de plus en plus nécessaires, les avait forcés à abandonner ce droit d'aubaine, qui n'aurait pu être maintenu sans mettre la monarchie aux prises avec les intérêts des sujets et compromettre gravement le principe monarchique, — de même cette extension des relations commerciales et cette nécessité d'éviter un conflit entre le droit des monarques et les intérêts des sujets, pouvaient porter non-seulement à reconnaître la nécessité des adoucissements au droit d'embargo, mais à délaisser ce droit, à y renoncer, comme on avait renoncé au droit d'aubaine. En renonçant à ce droit, d'ailleurs, on assurait le maintien du régime guerrier, si cher à l'Érastianisme.

Dans l'ordre d'idées opposé, dans l'ordre d'idées qui se rapproche davantage du droit moderne, on devait en arriver, au contraire, à légitimer l'embargo ; non pas, il est vrai, au point de vue exclusif du droit de propriété, mais à celui du droit de pacification. L'embargo, en effet, en rendant tout commerce impossible entre les peuples, en arrive logiquement à poser l'alternative du régime guerrier ou du régime commercial ; et l'on ne peut douter que ce dernier ne l'emporte sur son concurrent. Pinheiro-Ferreira le savait très bien ; il comprenait que la tendance du droit moderne allait à l'abolition du régime guerrier, car il disait : « Paralyser les forces de « l'ennemi dans le double but de l'empêcher de nous « nuire, *et de le forcer à faire la réparation qui nous* « *est due,* est tout ce que doit se proposer celui qui est « obligé de recourir aux armes pour soutenir ses « droits. »

Comment donc ce publiciste se laissait-il entraîner, par une fausse générosité de sentiments, à nier la légitimité d'un droit dont l'exercice non-seulement *paralyse les forces de l'ennemi,* mais doit « *le forcer à* « *faire la réparation qui nous est due ;* » et qui, en outre, conduit logiquement à l'abolition d'un régime contre la barbarie duquel Pinheiro-Ferreira s'élevait avec raison ?

Mais cette contradiction apparente du jurisconsulte

portugais s'explique : il ne croyait pas que la volonté des particuliers lésés dans leurs intérêts eût la puissance d'empêcher la guerre d'éclater, ou celle d'imposer un terme à la guerre déjà survenue. Il disait, en effet :
« Les habitants, ne pouvant être en aucune façon *res-*
« *ponsables* d'un mal *qu'il ne leur est pas donné de*
« *connaître* ET ENCORE MOINS D'EMPÊCHER, ne sauraient
« être punis des méfaits de leur gouvernement (1). »

Si, lorsque Pinheiro-Ferreira écrivait, le principe de la souveraineté du peuple eût été admis, s'il eût été donné « aux habitants de pouvoir *connaître* et *empê-*
« *cher* les méfaits de leurs gouvernements, » il n'aurait pas hésité, croyons-nous, à considérer ces habitants comme *responsables*, et à reconnaître la légitimité de toutes mesures qui, en mettant en jeu cette responsabilité, auraient pour effet d'empêcher les *méfaits* des gouvernements, et de *paralyser* non-seulement leurs forces, mais leurs mauvaises intentions.

Une guerre récente, dont la France conservera long-temps le douloureux souvenir, prouve, du reste, que l'embargo, même lorsqu'il s'exerce sur les personnes, s'il n'a pas, lorsque des États voisins ne sont pas soumis au même principe d'autorité, la puissance d'empêcher la guerre d'éclater entre eux, possède au moins celle de *paralyser* une partie des forces de l'ennemi ; et que, à ce titre, c'est une générosité fausse que celle qui, en faisant renoncer à l'exercice de ce droit d'embargo,

____

(1) Pinheiro-Ferreira, sur Martens, liv. VIII, ch. 3, § 268.

permet à la guerre de faire plus de mal qu'elle n'en aurait fait si on l'eût exercé. En 1870, lorsque la guerre éclata entre la Prusse et la France, celle-ci laissa les nombreux Prussiens qui résidaient sur son territoire libres d'obéir aux lettres avocatoires de leur souverain. Elle fit plus, elle expulsa ceux de ces étrangers qui paraissaient hésitants dans leur obéissance à leur prince. Il en résulta que, quelques mois après, les armées prussiennes et allemandes, envahissant le sol de la France, furent guidées dans leur marche par ceux de leurs concitoyens qui, ayant habité longtemps la France, en connaissaient tout aussi bien les ressources que la topographie.

XXIV. Après avoir parlé de la rétorsion, des représailles et de l'embargo, il reste peu de choses à dire du *Blocus*, qui, lui aussi, est un moyen de réparation ou de redressement n'impliquant pas nécessairement l'état de guerre ; et qui, en droit démocratique, peut y suppléer en substituant une coercition commerciale à une coercition sanglante. Le Blocus, en arrêtant le mouvement commercial dans lequel l'État qui le subit est engagé, a pour effet de compromettre non-seulement les intérêts de tous les habitants de cet État, mais encore les intérêts de toutes les nations qui sont liées d'affaire avec lui. A ce titre, le Blocus peut être considéré comme le plus puissant des moyens de pacification, puisqu'il intéresse à la vouloir non-seulement l'État bloqué, mais tous les autres États, y compris même celui qui exerce le Blocus.

On sait, du reste, que, surtout depuis le traité de Paris du 30 mars 1856, le Blocus ne peut avoir d'effet qu'autant qu'il est effectif, c'est-à-dire qu'autant que la puissance qui l'établit y prépose des forces capables de le faire respecter par ceux qui voudraient l'enfreindre. La raison en est simple ; l'État qui prononce le Blocus n'a aucun droit de commander aux autres États, il ne peut leur ordonner de cesser leurs relations commerciales avec la nation qu'il veut mettre en état de blocus, et il ne possède aucun autre moyen que la force réelle et effective pour faire respecter ses défenses (1).

XXV. Ainsi la Force doit accompagner le Blocus : d'où il serait permis de conclure que le Blocus n'est pas un droit, car un droit subsiste indépendamment de la Force, qui peut bien l'étayer et le défendre, mais qui ne saurait le créer. Il se pourrait que le droit démocratique, qui repousse absolument l'emploi et l'exercice de la Force dans la réglementation des rapports internationaux, ne confirmât pas les exigences du traité de 1856. En droit démocratique, le Blocus, de même que l'Embargo, les Représailles et la Rétorsion, ne peut acquérir le caractère de droit qu'autant qu'il est employé dans une juste cause ; et, en droit démocratique, la justice des causes donnant droit d'exercer le Blocus, l'Embargo, les Représailles et la Rétorsion, ne pouvant être appréciée par les États qui veulent employer ces moyens coercitifs, doit être soumise à un tribunal d'honneur ou à

____

(1) V° Klüber, *Droit des gens moderne de l'Europe,* § 234, et Cauchy, *Le Droit maritime international,* t. II, p. 427, éd. 1862.

un congrès. Or, si ce tribunal ou ce congrès, ayant reconnu la justice de la cause qui réclame le droit de Blocus, d'Embargo, de Représailles ou de Rétorsion, autorise l'emploi de ces moyens de coercition en quelque sorte pacifiques, sa décision doit être obéie par les nations neutres, qui ont concouru à la formation de ce tribunal.

Ce n'est plus alors un État particulier, un belligérant qui ordonne aux neutres d'interrompre leur commerce avec la nation qu'il déclare en état de blocus ; ce n'est plus un État aveuglé peut-être par la passion, et en tous cas sans droit aucun de commander aux autres États, qui leur commande de sacrifier leurs intérêts à ses caprices. C'est un tribunal impartial, un tribunal composé de délégués de ces nations neutres, qui, au nom de la justice et de la paix, leur notifie ses décisions ; décisions que les délégués internationaux n'ont pu prendre qu'en obligeant, en quelque sorte, leurs mandants à les respecter. Il suffirait donc, en droit démocratique, de la simple déclaration de blocus, faite ensuite d'une décision internationale, pour frapper d'interdit tous les ports de l'État contre lequel la sentence aurait été prononcée. De cette façon, le Blocus serait réellement un droit, et la Force cesserait d'être nécessaire à son établissement comme à son exercice.

Concluons, en terminant ce long chapitre, que, sauf les lettres de marque, tous les moyens imaginés par l'ancien droit pour rendre la guerre fructueuse au plus fort et onéreuse au plus faible peuvent être admis par le droit nouveau, afin de rendre la guerre onéreuse à celui qui voudrait injustement l'entreprendre. La seule différence qui, en ce point, existe entre le droit érastianique, — qui méconnaissait l'existence d'une loi morale imposée par un supérieur aux nations diverses, — et le droit démocratique, — qui reconnaît formellement l'existence de cette loi morale commune et de ce supérieur commun, — c'est que le droit érastianique légitimait dans tous les cas l'emploi des moyens qu'il fournissait aux belligérants pour se nuire le plus possible, tandis que le droit démocratique ne les légitime et ne leur accorde le nom de Droits que dans le cas où la cause à l'occasion de laquelle ils sont employés est une cause juste, une cause dont la justice a été reconnue par un tiers dont l'impartialité est au-dessus de tout soupçon. Cette différence est, au surplus, capitale, car elle a pour effet de transformer en moyens pacificateurs les usages divers que l'Érastianisme avait établis comme moyens spoliateurs.

CHAPITRE VII.

DU DROIT D'INTERVENTION.

I. Le droit d'intervention est d'origine moderne. — II. Il est la conséquence du système d'équilibre européen. — III. Après s'être basé sur la nécessité de maintenir l'équilibre des forces, le droit d'intervention se fonde sur les *pactes d'alliances souveraines.* — IV. Il se fonde ensuite sur le besoin de maintenir l'uniformité du principe autoritaire. — V. La Révolution française base l'intervention sur le secours à porter aux peuples contre les rois. — VI. Lutte des principes érastianiques et révolutionnaires en matière d'intervention. — VII. Le principe d'intervention érastianique inspire la politique de l'Europe après la chute de Napoléon Ier. — VIII. L'Angleterre refuse d'adhérer au principe d'intervention érastianique. — IX. Elle fonde le droit d'intervention sur *l'intérêt* de l'intervenant. — X. L'Europe accepte cette nouvelle explication du droit d'intervention, et proclame ainsi l'anarchie sociale et l'empire de la Force. — XI. Exemples divers d'applications modernes de l'explication anglaise en matière d'intervention. — XII. Divergences des théoriciens en matière de droit d'intervention. Elles résultent de l'absence de principes fixes. — XIII. Tandis que les peuples et les gouvernements reculaient en matières juridiques, ils progressaient en matières économiques : l'exclusivisme disparaissait. — XIV. Les divers désaccords juridiques et économiques doivent disparaître, et le règne du Droit remplacer celui de la Force. — XV. Sur quels principes, en droit nouveau, peut se fonder le droit d'intervention. — XVI. Ces principes ne peuvent être ni ceux du droit érastien, ni ceux du droit révolutionnaire. — XVII. Le droit moderne a pour principe la *Souveraineté du peuple;* ce qui revient à dire souveraineté de la majorité. — XVIII. L'oppression de la majorité par la minorité peut motiver l'intervention, si elle est réclamée. — XIX. L'intervention pour faire respecter le droit des majorités peut être considérée comme un devoir. — XX. Cette intervention est une mesure de police sociale et ne contredit pas la négation du droit de guerre. — XXI. Le droit sur la personne des rebelles est analogue à celui qui existe sur les personnes des meurtriers et des voleurs : lui aussi résulte du droit naturel — XXII. Peut-on accorder l'extradition en matière de rébellion !

I. De même que le droit de neutralité, le droit d'intervention, — c'est-à-dire le droit pour un État de s'immiscer dans les affaires d'un autre État, de s'immiscer dans son régime intérieur, dans son droit public, — est un droit d'invention moderne, que l'antiquité, — qui pratiquait la conquête et le pillage, — ne connut point

15

et ne décora point du nom de Droit, et que le régime grégorien n'eut pas besoin d'inventer. Sous le régime grégorien, le droit de la Papauté, issu de Dieu directement, absorbait théoriquement tous les autres droits, en ce sens qu'il les enfantait tous : le droit des gens était réglé par la volonté de Dieu révélée à son vicaire. La chrétienté formait une seule république au-dessus de laquelle planait, comme un génie bienfaisant et pacificateur, le vicaire de Jésus-Christ armé de ses foudres redoutables, quoique non sanglantes. Et si quelque prince ou quelque État malavisé entreprenait de résister à la puissance de ces foudres, s'il aspirait à former une scission et à se séparer de la grande république dont il faisait partie, ce n'était pas l'Intervention, mais la Croisade qui l'obligeait à rentrer dans la grande famille et à subir l'uniformité du Droit, l'uniformité de la loi morale.

Nous avons dit ailleurs combien fut éphémère la durée de ce système, qui n'eut jamais, d'ailleurs, un succès complet et incontesté; nous avons dit aussi les causes qui amenèrent sa chute et qui produisirent la grande scission du seizième siècle (1). — Cette scission qui, ainsi que le dit M. Ch. Vergé, « fit prévaloir politiquement la doctrine d'indépendance des États, » produisit le système d'équilibre européen, — dont nous avons parlé, — et le droit d'intervention, dont il nous reste à parler.

(1) *Recherches historiques du Juste et de l'Autorité*, 3ᵉ partie, liv. II, ch. 4, § 3.

II. La découverte du droit d'intervention découlait, du reste, naturellement de l'invention de l'Équilibre : celui-ci ne pouvait se maintenir sans l'intervention des États qui s'étaient associés pour l'établir; et si l'on ne voulait pas que cette intervention fût exercée en vertu du droit de Force, il fallait bien lui donner le nom de Droit, et supposer que ce droit résultait d'une convention tacite par laquelle les princes se seraient obligés, les uns envers les autres, à ne point accroître leurs forces et leur puissance.

Nous connaissons ce système d'équilibre, imaginé par la protestante Élisabeth, et réalisé par l'érastianique Louis XIV. Nous savons que, basé sur la négation du droit divin des Papes et sur la négation du droit, non moins divin, des Peuples, il ne fut autre chose qu'un essai de réglementation de l'anarchie; essai infructueux, qui remplaçait en réalité le Droit par la Force, et qui, sous prétexte de pacification, ne sut produire que la guerre en fournissant à toutes les ambitions princières le prétexte qu'elles auraient eu quelque peine à trouver sans lui.

Il faut voir, dans Wheaton, l'énumération nombreuse de ces interventions entreprises au nom de l'équilibre européen, et destinées, disait-on, soit à réprimer les vues ambitieuses de Charles-Quint, soit à contenir celles que l'on attribuait à Louis XIV (1). Tout ce qui paraissait déceler dans un État un accroissement de forces :

(1) V° Wheaton, *Histoire des progrès du droit des gens*, 3ᵉ édition, t. Iᵉʳ, p. 110 et s., 348 et s., puis t. II, p. 190 et s., 210 et s., 241 et s.

l'augmentation de sa population, l'augmentation ou le perfectionnement de son matériel guerrier et même industriel, pouvait donner matière ou prétexte à intervention : et c'est à ce point, que le publiciste américain que nous venons de nommer a cru devoir discuter sérieusement le droit prétendu qu'auraient les peuples de s'opposer à ce que nul d'entre eux puisse accroître ses richesses et développer sa civilisation (1).

Telle fut la première phase du droit d'intervention issu de l'invention du système d'équilibre ; il fut fondé sur la nécessité de maintenir cet équilibre, et considéré comme un droit conventionnel, dérivant d'un pacte réciproque tacitement formé entre les princes. En fait, et malgré son caractère conventionnel, —dont l'objet, étant le sort des peuples, ne paraît guère avoir pu servir de matière à un contrat dans lequel ils n'étaient point partie, et surtout à un contrat affichant des prétentions à la perpétuité, —en fait, disons-nous, le droit d'intervention ne possédait alors que le simple nom de Droit ; nom derrière lequel s'abritait la Force telle que l'antiquité l'avait pratiquée sans se donner la peine de la décorer du nom de Droit.

Avant de vérifier la juridicité du droit d'intervention en lui-même, avant d'examiner la question de savoir si ce droit, malgré son origine érastianique, peut être retenu par le droit démocratique, nous devons parcourir les phases diverses par lesquelles il est passé avant de parvenir aux temps modernes, qui, sans trop oser l'a-

____

(1) V° Wheaton. *Éléments de droit international*, t. 1°, p. 77 et s.

vouer, le reconnaissent encore. Cette étude est, ici, d'autant plus nécessaire que chacune de ces phases, par lesquelles le droit d'intervention est passé, n'a point effacé ou abjuré la phase précédente; de telle sorte que chacun des motifs sur lesquels on s'est successivement basé pour justifier le droit d'intervention, peut être considéré comme l'une des faces de la question juridique que nous aurons à examiner ultérieurement; à savoir si le droit démocratique peut accueillir le droit d'intervention.

III. Après avoir été fondé sur la nécessité de maintenir l'équilibre des forces entre les États, afin de les empêcher de travailler incessamment à se détruire les uns les autres, le droit d'intervention ne tarda pas à être basé sur deux autres causes, qui parurent aux souverains non moins légitimes. L'une de ces causes, qui n'affichait point les prétentions pacificatrices et humanitaires de la précédente, fut trouvée dans les pactes d'alliance ou de famille intervenus entre les princes. Ces princes, se promettant une assistance réciproque, et s'obligeant à s'aider mutuellement, afin de maintenir dans leur famille la possession de la souveraineté, devaient intervenir dans tout partage de succession royale, et, selon les dispositions du pacte, soutenir à main armée les droits de l'un des héritiers prétendus contre tel autre qui, de son côté, et en vertu également d'un pacte d'alliance ou de famille, était soutenu à main armée par un autre prince.

IV. L'autre cause d'intervention, invoquée par

Louis XIV lors de son intervention en faveur de Jacques II, fut trouvée dans la nécessité de maintenir au sein des États les mêmes principes autoritaires. Il importait à la tranquillité des peuples, disait-on bien haut, —et il importait à la sécurité des princes, pensait-on tout bas, — que l'autorité fût considérée partout comme une émanation de la divine puissance; que la souveraineté fût envisagée comme inamissible, et que la doctrine de *non résistance,* que professait en Angleterre le docteur Filmer, fût la doctrine de l'Europe entière. Permettre qu'une nation s'écartât de cette doctrine et professât, chez elle, que l'autorité ne vient pas de Dieu, qu'elle est une délégation soit du peuple entier, soit de la partie aristocratique du peuple; — qu'elle est amissible par conséquent, et qu'il est permis à ceux qui l'ont fondée de lui résister, même lorsqu'elle abuse des pouvoirs qui lui ont été confiés, — c'était laisser s'établir un précédent, un exemple, trop dangereux pour qu'on ne pût s'opposer à son établissement au moyen d'une intervention à main armée.

Telle était la triple base sur laquelle reposait le droit d'intervention; et la conception juridique, en cette matière, était telle que, bien que chacune de ces bases, chacun de ces motifs d'intervenir n'eût été inventé que successivement, il était permis à ceux qui voulaient intervenir et s'immiscer dans les affaires de leurs voisins, d'invoquer soit l'un, soit l'autre de ces motifs d'intervention; car tous étaient considérés comme entièrement fondés en droit. Si donc le motif d'équilibre manquait,

on pouvait invoquer les alliances ou pactes de famille;
et si les pactes de famille faisaient défaut, s'il n'existait
pas de traité qui obligeât à se mêler du partage d'une
succession ouverte, si même, comme en Angleterre, il
n'y avait pas de succession ouverte, on pouvait invoquer
la nécessité de maintenir l'uniformité de doctrine juridique en matière autoritaire, et intervenir afin d'obliger
les peuples ou les aristocraties à reconnaître que le pouvoir royal émane de Dieu, qu'il est inamissible, et qu'il
est tout à la fois impie et fort dangereux de lui résister.

Le régime guerrier ne pouvait que florir au milieu
de toutes ces causes d'intervention. L'anarchie érastianique remplaçait avantageusement l'anarchie féodale,
aussi bien que l'anarchie topistique à laquelle les anciens Romains avaient voulu imposer les mœurs de la
paix : « *pacique imponere morem.* »

Les choses étaient en cet état lorsque la Révolution
française éclata. Le droit d'intervention changea d'aspect
alors, ou plutôt, nous l'allons voir dans un instant, il
se compléta d'une quatrième cause d'intervention, in-
connue jusque-là. D'une part, les princes de l'Europe,
sans abandonner entièrement l'ancien principe d'équilibre comme cause déterminante et légitime de l'intervention, adoptèrent plus particulièrement celle résultant
de la nécessité, — déjà entrevue par Louis XIV, — de
maintenir l'uniformité du principe autoritaire. Ce fut le
motif que firent valoir les Alliés, lorsqu'ils intervinrent
dans les affaires de France. « Notre but, » dit le manifeste que publia alors le duc de Brunswick, « est de

« faire cesser l'anarchie dans l'intérieur de la France,
« d'arrêter les attaques portées *au trône et à l'autel*, de
« rétablir le pouvoir légal, etc. »

V. On sait que le peuple français répondit à ce manifeste par le décret du 19 novembre 1792, qui promit secours à tous les peuples contre tous les rois. Ce fut là la quatrième cause d'intervention dont nous parlions plus haut. Nous verrons plus loin si cette quatrième cause, la dernière venue, la dernière inventée, est plus légitime que les trois autres.

Le manifeste du duc de Brunswick, le manifeste des princes confédérés contre la Révolution française, qui venait de naître, motivait bien réellement le droit d'intervention, non plus sur la nécessité d'équilibrer les forces, — ce motif, dans la circonstance, lui échappait aussi bien que celui d'un pacte de famille autorisant l'intervention au partage d'une succession ouverte; — mais il la motivait surtout sur la nécessité d'uniformité entre les principes autoritaires admis par les peuples de l'Europe. Cependant, tandis que l'Autriche et la Prusse, auxquelles se joignirent bientôt les autres États monarchiques, proclamaient qu'on a droit d'intervenir dans les débats intérieurs d'un peuple pour le contraindre à reconnaître que son roi tient son pouvoir de Dieu, — qui le lui a concédé à lui et à sa race, — la France déclarait qu'on a droit d'intervenir dans les mêmes débats pour obliger les rois à reconnaître qu'ils tiennent leur pouvoir de leur peuple, et que celui-ci est en droit de le retirer quand bon lui semble.

VI. Ainsi, ces deux causes du droit d'intervention se montraient tout d'abord opposées, ennemies, inconciliables ; et la quatrième phase de ce droit cessait d'imiter ses devancières, elle ne voulait pas tolérer celles qui l'avaient précédée, elle ne voulait pas s'unir à elles pour former une quatrième face du droit. Désormais, pour fonder ce droit, il faudrait choisir entre les trois bases précédentes et la quatrième, que la Révolution française, dès ses débuts, entendait substituer aux trois autres. La question était donc nettement posée sur le terrain des principes : l'antinomie absolue de ces principes était déclarée, et le duel à mort allait s'engager. L'épée d'un guerrier fameux fut appelée à soutenir ce duel ; mais, après d'éclatants succès, après d'éclatants triomphes, cette épée faiblit, elle fut vaincue, nous avons dit pourquoi ; et le droit d'intervention, continuant à se poser sur le terrain des principes autoritaires invoqués par le manifeste du duc de Brunswick, engendra la Sainte-Alliance, qui, pendant tout le cours de la Restauration, soit à Carlsbad, soit à Troppau, à Laybach ou à Vérone, affirma que les peuples ont le droit d'intervenir dans les affaires d'un autre peuple pour l'obliger à se soumettre à l'autorité d'un roi puisant en Dieu l'origine de son pouvoir.

VII. Ce fut en invoquant ces principes, nettement formulés dans une circulaire adressée aux cours de l'Europe, le 30 novembre 1820, que l'Autriche intervint dans les affaires de Naples, et contraignit les Napolitains à subir le joug absolu de leur roi. Ce fut en invoquant ces mêmes principes, consignés dans les protocoles de Vérone, que la France intervint dans les affaires d'Espagne et contraignit les Espagnols à se replacer sous l'autorité absolue de leur roi Ferdinand VII. Il semblait que l'Europe désertât entièrement les anciens principes en matière d'intervention, pour ne retenir que l'avant-dernier venu, celui qu'avait invoqué Louis XIV en assistant Jacques II contre Guillaume III, son gendre. On ne parlait plus d'équilibre troublé, de forces à contenir ou à restreindre; on ne parlait même plus de pactes de famille et de successions royales dont on était tenu de protéger la transmission : on ne parlait plus que de principes; et la *très sainte Trinité,* qu'on avait si pieusement invoquée lors du pacte d'alliance du 26 septembre 1815, était devenue l'inspiratrice unique de ce droit d'intervention qui, tout basé qu'il fût sur des paroles de pacification universelle, n'était pas plus pacifique que son aîné, le principe d'équilibre.

VIII. Cependant, et malgré cet apparent oubli des deux anciennes causes motivant le droit d'intervention, ces causes n'étaient point répudiées; et, au besoin, on saurait bien les faire revivre. L'une des grandes puissances européennes, au surplus, l'Angleterre, ne partageait point l'engouement des autres puissances pour le principe de droit divin. Seule, ou à peu près seule en Europe, l'Angleterre persistait à soutenir les anciens principes du droit d'intervention, à soutenir que l'équilibre européen devait surtout le motiver. Le mysticisme de l'empereur Alexandre la touchait peu, on sait pourquoi, et le droit divin dont se prévalait la Sainte-Alliance pour intervenir dans les affaires intérieures des peuples lui inspirait des défiances. Sous ces apparences de générosité pieuse et dévote, l'Angleterre entrevoyait les ambitions ninivites de Charles-Quint, de Louis XIV et de Napoléon Ier; elle ne voulut point servir ces ambitions. Héritière des pensées de sa reine Élisabeth, l'Angleterre s'en tint aux anciennes idées d'équilibre des forces, et elle se refusa à signer le protocole de Laybach, à signer, lors du Congrès de Vérone, le traité du 10 novembre 1822, et, par conséquent, à couvrir de son approbation l'intervention du gouvernement français dans les affaires d'Espagne.

Mais nous nous trompons en disant que l'Angleterre du dix-neuvième siècle était héritière des pensées de sa grande reine Élisabeth, et nous oublions que, à l'avénement de Guillaume III, la notion juridique antérieure s'était nécessairement modifiée. Toute protestante et anti-catholique qu'elle fût, la reine Élisabeth ne pouvait se désintéresser entièrement du sort des autres princes; les affaires du continent devaient l'occuper assez pour qu'elle désirât que la paix y fût maintenue. L'anarchie et les incessantes guerres pouvaient amener la chute du système monarchique; et la reine Élisabeth devait tenir au maintien de ce régime. Il n'en était plus ainsi au dix-neuvième siècle; l'aristocratie anglaise avait conquis la prépotence par la révolution de 1688, et elle s'était, en même temps, détachée des choses du continent en affirmant sa *politique insulaire;* politique qui n'avait pas d'autre principe que l'intérêt anglais, et qui n'avait d'autre but que la prévalence des intérêts anglais.

Ce ne devait donc plus être sur les besoins de paix continentale que l'Angleterre motiverait théoriquement le droit d'intervention; sa politique insulaire la rendait, au fond, tout aussi indifférente à ces besoins de pacification qu'à la rupture de l'équilibre qui, croyait-on encore, la pouvait produire. Ce ne devait plus être non plus sur des intérêts de familles royales ni sur l'espèce de fraternité qui, au temps d'Élisabeth, unissait les monarques entre eux, sinon par un lien affectueux, du moins par une communauté d'intérêts : l'aristocratisme ne connaît ni ces liens de famille ni cette communauté d'intérêts royaux. Et si l'Angleterre, cependant, alléguait encore la nécessité de maintenir l'équilibre européen, et basait sur cette nécessité le droit d'intervenir dans les affaires d'un pays qui le menace de rupture, c'était afin d'obéir à la tradition, et de rallier, par ce moyen, les puissances continentales qui, bien qu'ayant cessé de baser le droit d'intervention sur ce motif, se croyaient pourtant encore intéressées au maintien de l'équilibre.

IX. En réalité, l'Angleterre ne pouvait plus fonder le droit d'intervention que sur l'intérêt du peuple qui voulait intervenir : l'intérêt national, étant devenu son principe juridique, devait dominer son droit public tout entier. Telle fut, telle est la théorie anglaise en cette matière; et bien que, lors des guerres qui suivirent la Révolution française, l'Angleterre ait pris part à la coalition qui se forma entre les princes de l'Europe soit contre les principes accusés par cette révolution, soit contre les conquêtes de l'empereur Napoléon, elle n'y intervint que sous l'inspiration de ses intérêts propres et particuliers. Ce ne fut pas, en effet, parce que, par ses trop nombreux envahissements de territoires, l'empereur avait rompu l'équilibre européen, que l'Angleterre lui fit une guerre acharnée; au fond, cette rupture d'équilibre intéressait aussi peu l'aristocratisme anglais que le renversement du principe de droit divin; mais ce qui l'intéressait, ce qui intéressait l'Angleterre, ce qui l'engageait à intervenir, c'était sa puissance commerciale et maritime menacée, c'était son intérêt propre et particulier qui lui faisait voir un rival commercial paraissant vouloir s'emparer de la Méditerranée pour en faire un lac français, et qui, par le décret de Berlin du 21 novembre 1806, l'avait menacée d'un isolement commercial tel, que si le blocus continental eût réussi à se maintenir, l'Angleterre y eût péri.

Après ces guerres de la Révolution française, guerres dans lesquelles le principe d'intérêt dut se dissimuler le plus possible, — afin de pouvoir s'associer aux autres motifs d'intervention qu'alléguaient les puissances continentales, — l'Angleterre cessa de dissimuler, et, repoussant, tout à la fois, comme cause légitime d'intervention, et le droit divin, et les pactes de famille, et le maintien d'équilibre entre les forces, — et aussi l'assistance populaire contre les rois, — elle affirma que, seul, l'intérêt de la puissance intervenante lui donne le droit d'intervenir. Soit que le torysme de lord Castlreag dirigeât le gouvernement anglais, soit que le whigisme de M. Canning fût à sa tête, la politique insulaire fut hautement affirmée, les principes, quels qu'ils fussent, désertés, et le droit arbitraire d'intervention professé. En effet, tout en refusant, à Laybach comme à Vérone, de sanctionner par sa signature le droit d'intervention basé sur les principes de la Sainte-Alliance, l'Angleterre en arriva à déclarer formellement que l'intérêt des peuples les autorisant à intervenir dans les affaires de leurs voisins, le droit d'intervention existe de la façon la plus complète et la plus illimitée.

C'était là une cinquième cause, un cinquième motif du drcit d'intervention ; mais c'était aussi la négation formelle du Droit, la légitimation du fait, et, en réalité, un retour complet aux principes de l'antiquité, qui ne reconnaissait entre les États d'autre droit que celui de la force brutale.

Et ce retour vers le règne de la force brutale, qui n'impose au droit d'intervenir d'autre limite que l'impuissance de le faire, l'Angleterre ne craignit pas de l'avouer hautement à la face de l'Europe, qui, de son côté, ne craignit pas de l'approuver. Les peuples, dit l'Angleterre, ont bien, il est vrai, le droit de régler leur régime intérieur — (c'était là une déclaration de principes que, pas plus les tories, dont les ancêtres avaient fait tomber la tête de Strafford en 1641, que les whigs, qui, en 1689, imposèrent à Guillaume et Marie la *Déclaration des droits,* ne pouvaient manquer de faire),

— mais tout en ayant le droit d'agir chez eux à leur guise, les autres peuples, de leur côté, ont le droit d'intervenir pour les en empêcher; il suffit pour cela que leurs intérêts les y incitent et que leurs forces le leur permettent. « Un État, » dit à ce sujet une circulaire de lord Castlreag du 19 janvier 1821, « un État peut inter-« venir lorsque sa sécurité immédiate, ou SES INTÉRÊTS « ESSENTIELS sont sérieusement compromis par les tran-« sactions domestiques d'un autre État. »

Vraiment, l'Angleterre aurait pu se dispenser d'affirmer le droit des peuples à régler eux-mêmes leurs affaires intérieures; car l'exception qu'elle apportait à ce principe n'arrivait à rien de moins qu'à le détruire. En effet, dire qu'un État a droit d'intervenir dans les affaires d'un autre, si « sa sécurité immédiate ou ses intérêts essentiels » le lui conseillent, cela revenait à dire qu'un État peut intervenir quand bon lui semble, qu'il n'a à invoquer pour cela que *sa sécurité* et *ses intérêts,* — choses dont lui seul est juge; — et que, par conséquent, la faculté de régler soi-même *ses transactions domestiques* n'est point un droit pour les peuples qui n'ont pas la *force* de repousser l'intervention.

X. L'Europe ne craignit pas, nous l'avons dit déjà, d'approuver la théorie anglaise sur le droit d'intervention, car elle se hâta de la mettre en pratique. Ce fut sur elle, ce fut sur la théorie de lord Castlreag que l'Autriche se fonda principalement pour obliger les Napolitains à renoncer à une *transaction domestique,* qu'elle considéra comme dangereuse pour sa *sécurité;* ce fut sur elle encore, sur cette même théorie, que la France se basa pour obliger les Espagnols à renoncer à leur souveraineté, parce que, en invoquant le principe de souveraineté populaire, ils compromettaient la *sécurité* du gouvernement de Louis XVIII.

La théorie de lord Castlreag et la contradiction qu'elle contenait firent fortune. Les gouvernements les coi.sidérèrent comme une transaction heureuse entre l'ancien droit et le droit nouveau, qu'ils n'osaient pas trop nier, et qui les gênait beaucop au point de vue du droit d'intervention. Aussi un homme d'État, alors en grand crédit, M. de Châteaubriand, s'empressa-t-il d'emprunter à lord Castlreag, avec sa théorie de l'intervention, son affirmation du droit des peuples à régler leurs propres affaires. Ce fut ainsi que l'auteur de *La Monarchie selon la Charte* put, lors du Congrès de Vérone, en 1822, d'accord en cela avec M. de Montmorency et les congréganistes de France, prouver que l'intervention d'Espagne était parfaitement légitime; et qu'il put, le 25 février 1823, dans un très beau discours qu'il prononça à la Chambre des Pairs, prouver que les peuples ont le droit de régler comme bon leur semble leur régime intérieur. M. de Châteaubriand ne croyait pas plus, en 1823, démentir sa doctrine de 1822, que lord Castlreag ne s'imaginait, en affirmant qu'on peut intervenir chez un peuple pour l'obliger à modifier « ses transactions domestiques, » professer une doctrine contraire à celle que son pays avait pratiquée en 1641 et 1689.

La théorie anglaise, la théorie de lord Castlreag et

de Châteaubriand est celle qui, jusqu'à ce jour, a conservé crédit auprès des divers gouvernements de l'Europe.

Les principes autoritaires affirmés dans le protocole de Laybach ont cessé d'être mis en avant comme cause suffisant à motiver l'intervention d'un État dans les affaires intérieures d'un autre État. On ne fonde plus le droit d'intervention ni sur la nécessité de maintenir entre les peuples l'uniformité du principe autoritaire, ni sur la nécessité de maintenir entre eux l'équilibre des forces, ni sur les traités formels, ni enfin sur les intérêts des familles princières ; mais on pratique l'intervention. La seule différence qu'il y ait entre cette intervention toute moderne et celles qui l'ont précédée, c'est que, tandis que ces dernières s'appuyaient sur un principe de droit des gens, vrai ou faux, les interventions modernes ne s'appuient plus sur aucun principe, et ne peuvent invoquer autre chose que l'intérêt dont parlait lord Castlreag, l'intérêt de l'intervenant.

XI. C'est ainsi, c'est en vertu de ce droit, sans principe et sans point d'attache, que, en 1834, les grandes puissances sont intervenues dans les affaires intérieures de la Belgique, et, continuant la politique anglaise et insulaire de Ryswick et de Loo, ont imposé un roi à ce petit État, afin de ne pas laisser les côtes de Flandre prolonger les côtes de France, et fournir à cette puissance des ports militaires et commerciaux inquiétants pour la prépondérance maritime et commerciale que l'Angleterre juge être de son *intérêt* de posséder.

C'est ainsi encore que la France, l'Angleterre et le

Piémont sont intervenus, en 1854, entre la Russie et l'empire turc, afin d'empêcher la première de ces puissances d'acquérir, dans la Méditerranée, une prépondérance dont les *intérêts* commerciaux anglais s'alarmaient, et dont la France crut avoir *intérêt* d s'offusquer.

C'est ainsi, enfin, que cette même France, dirigée par la politique sans principes arrêtés de son empereur Napoléon III, intervint, en 1859, dans les affaires d'Italie pour en chasser l'Autriche et faire l'unité italienne sous le sceptre de Victor-Emmanuel; c'est ainsi qu'elle intervint au Mexique, en 1862, pour renverser le gouvernement républicain de Juarez et lui substituer le gouvernement impérial d'un prince autrichien choisi par l'empereur Napoléon III; c'est ainsi, hélas! que, en 1870, ce même empereur Napoléon III, qui, par son intervention, avait fait l'unité italienne au nom du principe de *nationalité;* qui, par son intervention encore, avait empêché cette unité de se compléter en lui imposant le respect des États vénitiens et des États de l'Église; c'est ainsi, disons-nous, que ce même empereur, en intervenant en Allemagne pour s'opposer à l'unification des peuples de cette contrée, attira sur la France la guerre calamiteuse qui s'est terminée par l'humiliant et onéreux traité de Francfort du 10 mai 1871.

XII. M. Pradier-Fodéré, dans une longue et fort bonne note sur Vattel, liv. II, ch. 3, § 57, a donc bien raison de dire : « qu'il est peu de questions qui aient

« soulevé plus de controverses, où règne plus d'incerti-
« tudes, et dans lesquelles la théorie ait plus souvent été
« démentie par les faits, que la question du droit d'in-
« tervention. » Quelle est donc cette théorie que les
faits ont si souvent démentie, et pourquoi ce désaccord
prolongé entre les principes et les faits?... On le pres-
sent bien, on sent bien que si les faits ne se sont pas
trouvés d'accord avec les principes, et si les usages en
matière d'intervention n'ont pas été uniformes, c'est
que depuis que le droit d'intervention est entré dans
les théories des jurisconsultes issus de la Réforme, les
principes ont fait défaut, et que, à l'heure actuelle, ils
font défaut encore.

Faut-il s'étonner de ces dissentiments, de ces divergences entre les divers gouvernements, imbus des principes soi-disant juridiques des jurisconsultes qui, après
la chute du théocratisme papal, ont entrepris de formuler les règles uniformes du droit des gens, sans reconnaître l'existence d'un centre commun d'où il dérivât,
et d'un critérium commun et unique qui pût servir à
apprécier la justesse de ces règles ?... Faut-il s'étonner
davantage de voir ces gouvernements prendre l'intérêt
national pour critérium de la justice du droit d'intervention, quand on voit l'un des jurisconsultes dont nous
venons de parler, l'un de ces jurisconsultes qui s'étaient
chargés de leur fournir les règles de la justice, dire que:
« la grande fin de tout être doué d'intelligence et de
« sentiment est le *bonheur* (1), » et quand on voit l'un

<hr>

(1) V° Vattel, *Préliminaires*, t. Ier, § 6.

des philosophes les plus accrédités auprès des hommes
d'État de l'Angleterre dire, de son côté : « C'est un
« devoir d'employer *tous les moyens* pour notre bon-
« heur (1) ? »

Donner ainsi le bonheur comme l'unique fin « des
« êtres doués d'intelligence et de sentiment, » et leur
imposer le *devoir* d'employer *tous les moyens* pour parvenir à ce but, n'est-ce pas enlever toute moralité aux
actions humaines, et les abandonner à toutes les convoitises que la force pourra satisfaire ?... A l'intérieur
de chaque État, l'intérêt du plus grand nombre pourra,
il est vrai, contenir ces convoitises, leur imposer quelque
frein ; la justice humaine pourra les intimider, et les
châtiments qu'elle inflige pourront leur imposer une
crainte salutaire. Mais, à l'extérieur, que restera-t-il,
sinon la voix *des intérêts essentiels* dont parlait lord
Castlreag ?

Aussi a-t-on vu tous les gouvernements suivre l'impulsion de la *politique insulaire,* s'isoler les uns des
autres, en ce sens que, les uns vis-à-vis des autres, ils
ne reconnaissaient aucune règle ni aucun frein qui pût
les empêcher de suivre les conseils de *leurs intérêts
essentiels.*

XIII. Et cependant, tandis que ces gouvernements
reculaient ainsi au delà de la conception juridique du
seizième siècle, qui avait essayé de prévenir l'anarchie
internationale en inventant le système d'équilibre européen ; tandis qu'ils imitaient l'isolement vers lequel ten-

____

(1) Dugald-Stewart, *Philosophie,* liv. IV, ch. 4, section I".

dait l'Érastianisme, qui donnait à chaque peuple, à chaque nation un centre juridique reflétant l'un des rayons, — supposés divergents, — de la justice divine; ces mêmes gouvernements répudiaient l'exclusivisme commercial, qui est la conséquence naturelle de l'isolement international, et, par une contradiction bizarre, ils s'efforçaient de plus en plus d'étendre les relations commerciales, qui rattachent les uns aux autres les peuples, que la *politique insulaire*, la politique de l'*intérêt*, isole, et rend plutôt ennemis que rivaux.

C'était faire, évidemment, un mélange des idées anciennes et des idées nouvelles, un mélange du droit ancien et du droit nouveau; mélange qui ne pouvait aboutir qu'à la confusion dont vient de nous parler M. Pradier-Fodéré. Ce mélange, d'ailleurs, était la suite de la confusion commise par lord Castlreag et par M. de Châteaubriand, qui entendaient associer le nouveau principe de souveraineté des peuples sur eux-mêmes avec l'ancien principe, qui permettait de leur refuser cette souveraineté; il était la suite d'une confusion semblable, commise par un publiciste fort accrédité auprès des gouvernements qui avaient combattu la Révolution française, lequel publiciste, auprès duquel lord Castlreag s'était inspiré peut-être, dit : « Tout arrangement « des institutions particulières d'un peuple est à consi- « dérer comme une affaire intérieure de la société, qu'elle « peut régler à l'exclusion de tous les étrangers. Mais « il existe des cas où des nations étrangères peuvent « s'opposer à de tels arrangements, soit comme con-

« traires à des droits qui leur auraient été accordés à
« titre particulier, soit comme incompatibles avec leur
« propre *sûreté* et leur *conservation* (1). »

XIV. Ainsi, dans l'état actuel du droit des gens en
Europe, tel que l'ont fait la Réforme protestante, la Révolution anglaise, les exagérations des premiers jours
de la Révolution française, et la réaction qui fut la suite
de ces exagérations, le droit d'intervention est entièrement dépourvu de règles et peut être exercé par chaque
peuple selon qu'il lui sera conseillé par ce qu'il appellera
sa sécurité ou *ses intérêts essentiels*. C'est là, très certainement, un état d'anarchie juridique pire que celui
qui a existé depuis la chute du Grégorisme et pendant
toute la durée du système d'équilibre européen : le droit
d'intervention ne reconnaît plus aucune limite, il ne se
rattache plus à aucun principe, et le *quid aliud nisi
bella omnium inter se gentium* de Tacite est théoriquement réalisé. Cet état ne peut durer ; ce que les modernes appellent *la paix armée,* c'est-à-dire le maintien
sous les armes de la meilleure partie des populations,
ne peut durer davantage ; et pour faire que cette situation change, que la paix armée cesse d'être la seule
chose qui s'oppose à l'exercice du droit d'intervention,
il faut ou abolir le droit d'intervention, ou lui découvrir un principe duquel il soit possible de le déduire et
de tirer des règles fixes et uniformes qui en limiteront
l'exercice.

(1) V* Martens, *Précis du droit des gens moderne de l'Europe,* liv. III,
ch. 2, § 74.

XV. Quels sont donc, quels doivent être ce principe et ces règles uniformes, que le droit ancien n'a pas connus et que le droit moderne pourrait admettre ?... Ce ne peuvent plus être le principe et les règles de l'Érastianisme, puisque ceux-ci étaient essentiellement dissemblables, et que l'Érastianisme, au surplus, a cessé d'exister. Le droit d'intervention ne peut donc plus être basé sur des pactes de garantie réciproque entre monarques : le droit nouveau n'admet plus la validité de pareils pactes, et très certainement les peuples se refuseraient soit à les ratifier, soit à les exécuter. Il ne peut plus être basé sur la nécessité de maintenir entre les États un certain équilibre de forces : l'équilibre européen, on l'a vu, est devenu ce que M. Guizot appelle *une routine usée,* que le nouveau droit repousse dans l'ombre du passé. Il ne peut plus être basé enfin, comme en 1823, sur le danger qu'une révolution démocratique ferait courir à un prince absolu, voisin de l'État où une semblable révolution éclaterait ; car, ainsi que l'observe Pinheiro-Ferreira, un pareil motif d'intervention ne saurait être suffisant, puisqu'il serait basé sur l'*intérêt* personnel du monarque intervenant, et que le droit moderne, basé sur la notion du Juste, exclut formellement celle d'intérêt personnel.

Trois des quatre causes d'intervention précédemment reconnues doivent donc être repoussées ; le droit démocratique ne peut ni les admettre ni les reconnaître comme légitimes ; et quant à la quatrième, celle invoquée par la Révolution française en 1792, nous nous bornerons, pour le moment, à emprunter, pour la repousser elle aussi, les paroles de Martens sur ce sujet : « C'est sans « doute franchir beaucoup les bornes du droit de la « guerre, » dit-il, « et se déclarer l'ennemi du genre « humain, que de tenter d'exciter tous les peuples à la « révolte en leur promettant secours (1). »

De ce que les quatre bases précédemment reconnues comme fondement du droit d'intervention lui font défaut dans le droit moderne, et de ce que la cinquième, celle rencontrée par lord Castlreag, par Châteaubriand, par Martens, n'est pas une base véritable de ce droit, puisqu'elle est la négation de tout droit, faut-il en conclure que les principes démocratiques excluent formellement, et dans tous les cas, le droit d'intervention?... Klüber, déjà, a dit quelque chose d'approchant; il a dit : « Une « révolution, même une rébellion, quand elles sont « purement nationales et non accompagnées de symp- « tômes de danger direct pour d'autres États, ne justi- « fient pas une intervention de ces États (2). » Wheaton est plus affirmatif encore, il semble ne pas admettre les *symptômes de danger direct* dont parle Klüber (3).

XVI. Toutefois, de ce que les principes du droit érastianique sur l'intervention ne conviennent pas au droit démocratique, on ne saurait, semble-t-il, conclure légitimement que les principes du droit démocratique repoussent absolument, et dans tous les cas, le droit

______

(1) Martens, *Précis du droit des gens moderne de l'Europe*, liv. VIII ch. 4, § 271.

(2) *Droit des gens moderne de l'Europe*, § 237, note.

(3) V⁰ Wheaton, *Éléments de droit international*, t. I⁰, p. 77.

d'intervention. Et de ce que l'intervention révolutionnaire de 1792, — époque où les principes du droit démocratique étaient peu connus et fort peu pratiqués, — est, ainsi que le dit Martens, « en dehors du droit de guerre » et du droit démocratique véritable, on ne peut inférer que les principes de ce même droit démocratique ne peuvent admettre une autre sorte d'intervention, qui ne serait ni celle du droit érastien ni celle du droit révolutionnaire. Il importe donc, nonobstant l'autorité de Klüber et de Wheaton, d'examiner, après eux, et au point de vue démocratique, cette question du droit d'intervention, et de ne repousser ce droit qu'après avoir reconnu si, dans tous les cas, il est inconciliable avec les principes démocratiques.

XVII. Or, le principe démocratique essentiel, le principe moderne, le principe d'autorité que les peuples de l'Europe reconnaissent tous soit explicitement, soit implicitement, est celui de la Souveraineté populaire; et nous avons vu que cette souveraineté, basée sur la libre volonté individuelle, sur le *self arbitre,* — que tous les citoyens d'un État quelconque possèdent également, — se résout, en définitive, en la souveraineté de la majorité. Seule, la majorité possède le droit de vouloir, le droit de gouverner; la minorité n'a d'autre droit que d'attendre son heure et de la préparer en démontrant pacifiquement que la cause ou les principes qu'elle défend sont les seuls justes, ou sont plus justes que ceux qui, grâce à la majorité, ont été transformés en lois ou en institutions.

Admettre d'autres principes en droit démocratique, admettre que la minorité n'est pas tenue d'obéir à la majorité et de respecter les lois qu'elle a édictées, c'est transformer la Démocratie en anarchie, c'est nier dès lors l'existence d'une loi dont nous avons démontré l'existence, c'est nier la *sociabilité,* puisque c'est rendre l'état social et la vie sociale impossibles.

Si donc, et en ce point nous sommes entièrement d'accord avec Klüber et avec Wheaton, si donc, grâce à une intervention, — sollicitée ou spontanée, — la minorité d'un peuple en arrivait, non-seulement à se soustraire à l'obéissance qu'elle doit aux lois et aux institutions établies par la majorité, mais à imposer à cette majorité la volonté de la minorité soutenue par les armes d'un peuple étranger, ce serait violer une *loi naturelle,* ce serait détruire la souveraineté du peuple, ce serait détruire le principe essentiel de la démocratie, ce serait, selon l'expression de Stuart-Mill, réduire la majorité en servitude, ce serait la priver de la liberté de son arbitre et en faire le troupeau asservi et inconscient dont parlait M. de Broglie sous la Restauration.

Sans doute, il se peut que, à côté d'un peuple ayant adopté les principes et les règles du droit démocratique, existe un autre peuple encore soumis au pouvoir absolu ou mitigé d'un monarque. Sans doute, et nous l'avons vu, un pareil état de choses pourra exposer un semblable État démocratique à des dangers de plus d'une sorte (1).

(1) V° *Recherches historiques du Juste et de l'Autorité,* 4° partie, liv. III, ch. 3, § 2.

S'ensuit-il que, pour prévenir ces dangers, et invoquant la doctrine de lord Castlreag et de Martens, ce peuple démocratique ait le droit, — le droit disonsnous, en insistant sur la valeur apodictique de ce mot, — s'ensuit-il que ce peuple ait le droit d'intervenir par les armes au sein de cet État despotique pour l'obliger à changer de régime et à être libre malgré lui?... On le croyait en 1792, on croyait avoir le droit d'intervenir chez les autres peuples, et, sous ce prétexte qu'on leur apportait un secours, — qu'ils ne réclamaient pas, — on croyait pouvoir violer en réalité leur liberté en prétendant les délivrer.

Mais, pour si absolu et si despote que soit un prince, il faut bien admettre qu'il puise le pouvoir d'exercer son absolutisme dans la volonté de ceux sur qui il l'exerce, dans leur volonté exprimée publiquement ou tacitement, dans la volonté de la majorité ou, tout au moins, d'un très grand nombre. Où puise-t-il, ce despote, où puise-t-il les forces à l'aide desquelles il exerce son absolu pouvoir, sinon au milieu de son peuple?... Et si celui-ci ne voulait pas lui donner ces forces, comment ce monarque, cet homme, — qui ne possède, après tout, que la force d'un seul homme, — pourrait-il obliger la multitude de ses sujets à lui obéir?... Donc la volonté d'un peuple asservi au pouvoir d'un despote est la cause unique de la puissance de ce despote; et si un peuple étranger, sous prétexte d'affranchir ces esclaves volontaires, intervient au milieu d'eux et prétend les forcer à renverser le monarque auquel ils veulent obéir, il ne fait, en définitive, rien autre chose que confisquer leur souveraineté en substituant sa volonté à la leur.

La disparité du principe autoritaire ne saurait donc plus, en droit démocratique, autoriser un peuple à s'immiscer dans les affaires intérieures d'un autre peuple; l'intervention spontanée, l'intervention non provoquée, non réclamée par une partie du peuple chez lequel on voudrait intervenir est, dans tous les cas, formellement en désaccord avec le principe essentiel de la Démocratie, et ne peut être légitimée par le droit démocratique. C'est par la persuasion qu'un peuple démocratique peut agir sur un peuple dont le principe autoritaire est en désaccord avec le sien; c'est en lui démontrant la justice des principes démocratiques, leur supériorité, les bienfaits qu'ils prodiguent à ceux qui les adoptent, c'est par de pareils moyens, par sa modération, par sa sagesse, par son bonheur qu'un peuple démocratique peut inciter ses voisins à l'imiter, et démontrer la justesse de cette exclamation de Danton : « Un peuple en révo-« lution est plus près de conquérir ses voisins que d'en « être conquis. »

Ainsi l'intervention spontanée est en désaccord formel avec le principe démocratique; mais l'intervention réclamée est-elle également, et dans tous les cas, en désaccord avec ce même principe?... Nous avons vu plus haut qu'il est de règle essentielle, en droit démocratique, que la minorité obéisse à la majorité et se soumette aux lois que cette majorité a établies. Donc, de même qu'il serait contraire à cette règle essentielle, —

qu'il serait injuste dès lors, — que cette minorité se soulevât afin de se soustraire à la souveraineté de la majorité, de même il serait injuste qu'un peuple étranger vînt, en prêtant assistance à cette minorité rebelle, lui aider à dépouiller la majorité de la souveraineté qu'elle possède à titre de droit, et en vertu de la loi naturelle de sociabilité dont nous avons parlé il y a un instant.

XVIII. Mais si, au lieu d'une minorité factieuse, c'est la majorité elle-même, la majorité souveraine qui réclame l'assistance d'un peuple voisin pour étouffer une rébellion dans laquelle l'énergie de la minorité suppléerait à son infériorité numérique, pourra-t-on dire que, en cédant à cet appel, le peuple voisin viole la loi essentielle de la Démocratie, et que le droit démocratique interdit l'intervention, même en ce cas?... Cette question mérite d'être examinée, et l'on nous pardonnera de nous y arrêter un moment.

Il est des règles essentielles, communes à tous les hommes et puisant leurs racines et leur force dans les profondeurs du droit; il est, répétons-le, des règles que tous les peuples, quelle que soit leur nationalité, ont le devoir de maintenir et de défendre. Ils ont le devoir de défendre, par exemple, les règles qui protégent la vie humaine, qui garantissent la faiblesse contre les cruautés de la force. Aussi partout les assassins sont punis; et la faculté d'extrader, accordée par tous les États civilisés, prouve qu'ils se prêtent une mutuelle assistance contre ceux qui nient le droit du faible à préserver sa vie des atteintes du fort. Il en est de même des règles qui protégent la propriété : les États s'aident les uns les autres pour réprimer le vol et refuser un asile à celui qui nie le droit de propriété en l'usurpant violemment ou subrepticement.

L'empire des lois naturelles est donc bien plus étendu que celui des lois positives, il embrasse le monde civilisé tout entier, et trouve dans les consciences une sanction aussi efficace que celle des textes écrits particuliers à chaque peuple. Une sorte de solidarité réelle rattache les uns aux autres tous les peuples civilisés : quand il s'agit de faire exécuter les lois naturelles, ils se prêtent une mutuelle assistance, ils se soutiennent contre ceux qui veulent les violer, et l'on ne pourrait dire que cette assistance soit injuste, qu'elle soit contraire aux principes du droit démocratique, car ce droit, fondé sur les principes du droit naturel, a précisément pour but d'assurer l'exécution des devoirs qu'impose le droit naturel.

Or, le principe juridique qui protége le droit des majorités, qui établit et protége le droit de souveraineté populaire, — lequel, nous venons de le dire, n'est autre que la souveraineté des majorités, — est tout aussi sacré et aussi universel que celui qui protége la vie ou la propriété individuelle. Le droit des majorités, leur droit de faire des lois, leur droit d'obtenir l'obéissance à ces lois, est, lui aussi, un droit naturel; car, de même que le droit à la vie ou à la propriété, il puise sa légitimité dans une loi divine : loi qui impose la sociabilité à la race humaine, comme elle lui impose la conservabilité, et, dès lors, la propriété individuelle, — seul moyen d'obtenir le travail sans la contrainte, et de produire l'aliment suffisant à l'accroissement indéfini de l'espèce.

Donc si, dans un État, la minorité se met en révolte ouverte contre la majorité, et si cette majorité implore le secours d'un État voisin obéissant, comme lui, aux règles du droit démocratique, rien ne s'oppose à ce que cet État voisin aille aider au triomphe du principe démocratique, aider au triomphe de la souveraineté du peuple, de la souveraineté de la majorité. La minorité, en ce cas, ne pourrait se plaindre, elle ne pourrait dire que l'intervention la menace d'un injuste asservissement, et que ce sera ainsi la force qui l'obligera à obéir aux lois édictées par la majorité. La force, ici, la force résultant de l'intervention ne créerait pas le droit, puisque le droit existait avant qu'on y eût recours; elle ne ferait que lui prêter assistance. L'obligation, pour la minorité, d'obéir aux lois édictées par la majorité, existait bien, en effet, avant l'intervention qui vient la sanctionner.

XIX. Ainsi donc, le droit démocratique admet, lui aussi, le droit d'intervention; il l'admet dans le cas où la majorité d'un peuple la réclame contre une minorité factieuse; mais dans ce cas seulement. Toute autre intervention que celle fondée sur une réclamation de la majorité serait condamnée par les principes du droit démocratique, et, cessant d'être un droit, elle deviendrait un fait violent, un abus de la force.

Mais, prenons-y garde, dans le cas unique où l'intervention est permise, dans le cas où elle est autorisée par une loi naturelle analogue à celle sur laquelle se fondent les États civilisés pour admettre l'extradition et se prêter une mutuelle assistance contre des attaques criminelles, cette intervention n'est pas seulement un droit, elle peut être aussi un devoir. Soit, par exemple, le cas où une lutte sanglante menacerait de se prolonger entre une majorité souveraine et une minorité rebelle, l'humanité n'imposera-t-elle pas aux autres peuples le devoir de céder aux sollicitations de la majorité, et de faire cesser, même en employant la force, une lutte fratricide où le sang coule abondamment des deux parts ?

XX. Mais, dira-t-on, peut-être, vous avez proscrit la guerre, vous avez nié qu'elle fût un droit, et vous avez établi que, sauf le cas de légitime défense, le droit démocratique ne peut la considérer que comme une injustice criminelle, contraire au droit naturel et à la volonté divine, de qui émane ce droit ; et voici que vous justifiez la guerre d'intervention en admettant qu'un peuple peut employer les armes à aider un autre peuple dans sa lutte contre une minorité rebelle ?... N'y a-t-il pas là une contradiction difficile à expliquer ?

Cette objection n'aurait rien de fondé. Tout en excluant du droit démocratique les nombreux cas de guerre que, sous prétexte de conservation, le droit érastianique avait justifiés, nous avons admis le droit de police ; nous avons admis que, en cas de résistance de

la part d'un malfaiteur, l'officier de police a le droit de
se servir des armes qui lui ont été confiées pour assurer
l'obéissance à la loi. Or, la minorité rebelle résiste à la
loi, elle résiste au droit. Si le meurtrier, le voleur, qui
résistent au droit et à la loi, sont des malfaiteurs, les
rebelles sont également des malfaiteurs pris en flagrant
délit, et il est tout aussi permis de les contreindre à
l'obéissance, de les tuer s'ils résistent, qu'il est permis
de tuer, en pareil cas, le meurtrier ou le voleur qui ne
veulent pas se soumettre aux lois de leur pays, et qui
refusent de venir rendre compte de leurs crimes à la
justice que ce pays a instituée.

Que si l'on repoussait l'analogie, si l'on alléguait que,
dans le cas du meurtrier et du voleur, ce sont la justice
et les lois de leur pays que ces criminels ont violées, et
que c'est leur résistance aux lois de leur pays qui autorise l'officier de police à employer la force, et à les tuer
même s'il y est contraint par leur résistance, — tandis
que si les rebelles violent la loi de leur pays, ils ne violent
pas celles du pays de l'intervenant, et ne lui confèrent,
dès lors, ni le droit de les tuer ni celui de leur faire la
guerre, — nous répondrions que c'est là une erreur, et
que ce ne sont pas seulement les lois de leur propre pays
que violent les rebelles, mais qu'ils violent celles de
tous les pays civilisés, qu'ils violent une loi naturelle
dont tous les peuples ont le droit d'assurer le respect.
Au surplus, dans le cas où l'officier de police fait usage de
ses armes à l'encontre du criminel qui lui résiste, est-ce
au nom de la loi positive qu'il le tue?... Non, certes;

car celle-ci ne peut permettre de tuer, puisqu'elle n'a pas le droit de *punir*. Si donc l'officier de police a le droit de tuer le criminel qui résiste, c'est qu'il puise ce droit, non pas dans la loi du pays, dans la loi positive, mais dans la loi naturelle, qui le considère comme agissant en cas de légitime défense. L'intervenant puise son droit à la même source, et l'analogie est complète.

XXI. Soit donc qu'il s'agisse du droit sur la personne du meurtrier ou du voleur, soit qu'il s'agisse du droit sur la personne du rebelle, la source du droit est la même, nous venons de le dire : c'est la loi naturelle; et la loi naturelle ne reconnaît pas de limites terrestres à son empire; elle est obligatoire en tous lieux, comme elle est la même en tous lieux, les usages en matière d'extradition en sont la preuve. Peu importe, dès lors, que l'intervenant n'ait pas, sur la personne du rebelle, le même droit de juridiction locale que celui possédé par l'officier de police qui frappe un criminel de droit commun, puisque ce n'est pas ce droit de juridiction locale qui autorise l'officier de police à frapper. La juridiction de l'intervenant est réelle précisément parce qu'elle n'est pas locale; son droit sur la personne du rebelle est réel précisément parce qu'il n'émane pas d'une loi positive, au rayon limité; et, répétons-le, l'analogie que nous avons établie entre le criminel de rébellion et le criminel de droit commun nous paraît justifiée.

XXII. Prenez garde, insistera-t-on, prenez garde, avec cette analogie vous allez jusqu'à permettre l'extradition pour crime politique; car, permettre l'intervention pour le soutien des droits de la majorité, parce qu'on considère la minorité comme aussi criminelle que l'assassin et le voleur, c'est bien permettre aussi bien l'extradition des membres de cette minorité factieuse que celle de l'assassin et du voleur.

Eh! mon Dieu, oui, nous allons jusque-là; nous considérons, en droit démocratique, les peuples comme tout aussi solidaires les uns des autres contre les attentats à la vie humaine et à la propriété privée, que contre les attentats à la souveraineté populaire; parce que nous considérons la vie humaine, la propriété privée et la souveraineté populaire comme des droits émanant également de la loi naturelle. En droit érastianique, il n'en était pas de même, il est vrai, les usages internationaux étaient plus doux en ce point, et ceux qui, dans un lieu, avaient attenté au droit divin d'un monarque, trouvaient un refuge assuré dans tous les États voisins. Mais c'est que, en droit érastianique, le droit divin des monarques n'était divin que chez eux; c'est que les autres princes et les autres peuples n'avaient aucun intérêt à maintenir un droit qu'ils ne reconnaissaient pas, puisque, au premier moment, ils pouvaient se mettre en marche pour l'aller détruire; c'est que, enfin, l'attentat à la souveraineté érastienne ne mettait pas en question un droit résultant d'une loi divine, et réellement di--ine, il ne mettait pas en question la *sociabilité*, et, réussît-il, ne détruisait que la forme et laissait subsister le fond.

Voilà pourquoi l'extradition n'était pas accordée en droit érastianique, voilà pourquoi elle doit être accordée en droit démocratique; et si elle ne l'est pas encore, c'est que le droit démocratique n'est pas encore uniformément adopté; c'est qu'il existe des monarchies, un grand nombre de monarchies, et que les crimes politiques pour lesquels l'extradition est unanimement refusée par les États de l'Europe ne sont pas des crimes commis contre la souveraineté populaire, — dont le droit est universel, — mais contre la souveraineté monarchique, — dont le droit est local.

De même que, lorsque le principe démocratique aura été adopté par toutes les nations de l'Europe, le droit d'intervention sera limité au cas où, chez un peuple, la majorité souveraine se trouvera obligée d'en réclamer l'exercice, de même le droit d'extradition sera admis comme une garantie nécessaire du droit de cette majorité. Nous savons qu'il ne sera pas toujours facile de reconnaître l'existence de la majorité chez un peuple qui réclamera l'intervention ou l'extradition, et qu'il sera parfois difficile de distinguer les cas où le droit existe de ceux où il n'existe pas. Mais la difficulté d'appliquer le droit n'empêche pas l'existence du droit; et n'ayant eu, dans ce chapitre, qu'à rechercher l'existence du droit, nous n'avons pas eu à nous occuper des difficultés que son exercice peut rencontrer; difficultés qui, dans la pratique, devront souvent motiver l'application de cette sage maxime : *Dans le doute, abstiens-toi.*

CHAPITRE VIII.

DU DROIT DE CONQUÊTE.

I. Nous avons pu, dans les deux chapitres précédents, considérer le droit de neutralité et le droit d'intervention comme des créations modernes, dont l'antiquité ne contenait aucune trace, et dont les jurisconsultes réformistes, confusément éclairés par les lumières que le Christianisme a jetées sur le monde, ont dû édifier la doctrine de toute pièce. Il n'en est plus ainsi du droit de conquête; l'antiquité l'avait créé et pratiqué sur une grande échelle bien avant la Réforme et bien avant l'avénement du Christianisme, et les jurisconsultes modernes, en entreprenant d'expliquer ce droit antique et de l'approprier au droit moderne, n'ont pu faire autre chose que le mettre en question.

II. On sait que l'antiquité n'eut et ne put avoir aucune notion du droit véritable : pour elle, le Droit ne fut autre chose que la Force; et de même que le travail fut joint à la terre par l'action de la force, de même la terre fut jointe à l'homme par l'exercice de la force. Le droit de propriété, pour les anciens, résultait en effet de l'exercice de la force; et soit que cette force fût considérée comme résidant en la personne du prince, soit qu'elle fût considérée comme un résultat de l'association, le droit de propriété n'en résida pas moins, non sur la tête des individus pris isolément, — qui, ne possédant pas la force, ne pouvaient servir d'assiette au droit, — mais sur celle du prince ou de la personne morale connue sous le nom d'État, de Royaume, de Nation ou de République.

Dans cet ordre d'idées, qui fut celui de toute l'antiquité, c'était l'individu qui accédait au sol, et non pas le sol à l'individu. La force, en créant le droit au sol, créait en même temps le droit sur les personnes qui habitaient le sol, qui le cultivaient, mais qui n'en pouvaient avoir la propriété, puisque celle-ci était un résultat de la force, et que les particuliers ne possédaient pas la force. De là il résultait que la propriété et la souveraineté étaient intimement unies, qu'elles ne faisaient, à proprement parler, qu'une seule et même chose, qu'un seul et même droit résidant sur la tête de celui ou de ceux qui, ayant possédé la force de conquérir, possédaient celle de conserver. Sous l'empire d'un pareil droit, sous l'empire d'un pareil ordre d'idées juridiques, le droit de conquête, aussi bien sur le sol que sur les habitants du sol, était facilement légitimable.

Sur le sol, la conquête se légitimait par le seul fait du succès; elle se légitimait par la possession de la force qui repoussait du sol ceux qui n'avaient pas la force de le défendre. De quel droit se seraient-ils plaints, quelle injure leur faisait-on?... N'étaient-ils pas les plus faibles, et le droit que leur faiblesse leur faisait perdre ne leur avait-il pas été acquis par le seul exercice de la force qu'ils avaient autrefois possédée?... La force ayant été la cause de leur droit, ce droit cessait à l'instant où sa cause s'évanouissait : l'effet ne saurait survivre à sa cause.

Sur les habitants, la conquête se légitimait avec tout autant de facilité : ceux-ci étaient un accessoire du sol. Au surplus, la volonté de ces habitants n'avait et ne pouvait avoir aucune efficacité, puisqu'elle n'avait aucune réalité, et que le *serf arbitre* était un dogme sur lequel reposait tout l'édifice antique. De même que cette volonté était impuissante à créer le droit de propriété, de même elle était impuissante à créer le droit de souveraineté : la force, accusée par la conquête, créait et légitimait l'un et l'autre droit.

III. Aussi Grotius, Leibnitz et tous les jurisconsultes de l'école dite *historique*, n'éprouvaient-ils aucune difficulté, en se basant sur la tradition, à constater l'existence des souverainetés qu'ils nommèrent *souverainetés patrimoniales*, et à prouver que les princes jouissant de cette souveraineté patrimoniale ont le droit d'en céder amiablement le territoire, et par suite les habitants. Ils n'éprouvaient non plus aucune difficulté à prouver que ces mêmes souverains ont le droit d'engager le territoire et ses habitants, de les transmettre par succession, de les partager entre leurs héritiers, et aussi le droit de les perdre, en tout ou en partie, quand la force nécessaire pour les conserver venait à leur faire défaut (1). C'est là un droit qui ne peut être mis en doute, dit à ce sujet Leibnitz, car, « pour que le droit « pût primer la force, il faudrait qu'il dérivât d'un *pri-* « *vilége divin*. » Or, on n'en était pas venu encore à considérer le droit comme un *privilége divin*, car l'Érastianisme ne permettait pas de remonter à la divinité unique par qui ce privilége aurait été concédé. Aussi Leibnitz légitimait-il le droit de conquête, bien qu'il reconnût, — très illogiquement, — le droit de pro-

_____

(1) V° Grotius, *Droit de la paix et de la guerre*, liv. I", ch. 3, art. 12, et art. 8, n° 6. — V° Leibnitz, *Cod. jur. gent. diplomat.*

priété privée, — et pour le légitimer, il disait : « *Quod*
« *dominia regnorum inalienabilia dicuntur, id res-*
« *pectu privatorum intelligitur, non contra alios gen-*
« *tes :* DIVINO PRIVILEGIO FORET. »

Cependant Grotius, Leibnitz et les juristes de leur
école n'étaient point aussi à l'aise que les anciens
quand il leur fallait établir que la force crée le droit et
qu'il n'y a pas d'autre droit que la force. Les souverainetés patrimoniales, que le droit antique reconnaissait sans difficulté aucune, les offusquaient quelque
peu, eux qui commençaient à entrevoir, bien que confusément, le droit de propriété privée ; et, quant au droit
divin sur les choses et les personnes, ce droit les trouvait hésitants ou plutôt incrédules. Pour Grotius,
notamment, le droit divin n'était point le seul où la souveraineté pût trouver une origine légitime, car il reconnaissait qu'un dictateur, élu par la volonté populaire,
jouissait d'une souveraineté qui, bien que temporaire,
était parfaitement légitime (1). Tout compte fait, Grotius en arriva à trouver que la force ne pouvait point
constituer un droit de souveraineté, qu'il était douteux
que la volonté divine s'employât à créer des souverainetés diverses, peu d'accord entre elles, et qu'il était
certain que la volonté du peuple, étant apte à créer la
souveraineté d'un dictateur, était apte à créer celle d'un
monarque.

On se souvient que Grotius, en effet, établit en défini-

____

(1) V° Grotius, liv. I°, ch. II, art. 2.

tive que toute souveraineté émane d'une élection originaire, et que cette élection a eu pour effet d'enchaîner à tout jamais les enfants, nés et à naître, des électeurs, parce que ceux-ci avaient le droit de soumettre eux et leur race, présente et future, à l'esclavage (1).

IV. Grotius, tout partisan qu'il fût de la tradition historique, se séparait, ici, de l'antiquité : il distinguait le droit de souveraineté du droit de propriété; et tandis que, par une étrange contradiction, il laissait dériver ce dernier droit de la force, — puisqu'il le laissait reposer sur la tête de la collection et le faisait résulter, on l'a vu, d'un partage présumé, — il faisait découler le premier, le droit de souveraineté, de la volonté humaine. Ce droit de souveraineté, suivant lui, était perpétuel, il est vrai; mais sa perpétuité ne changeait pas sa nature et n'empêchait pas qu'il ne dérivât d'un acte de volonté libre et spontanée, et que la souveraineté ne cessât ainsi d'être territoriale.

Évidemment, cette division en un droit de propriété fondé sur la force, — sur la conquête dès lors, — et un droit de souveraineté fondé sur la volonté, devait rendre assez difficile la question du droit de conquête. La souveraineté, il est vrai, étant déclarée perpétuelle, offrait les apparences d'un droit véritable que l'on pourrait continuer d'assimiler au droit de propriété. Mais, malgré cet expédient, Grotius en séparant la souveraineté de la propriété, en leur donnant une origine différente, en

____

(1) V° *Démocratie en Europe*, p. 346 et s.

renonçant à la conception antique de souveraineté territoriale, se préparait des obscurités juridiques qu'il lui serait bien difficile d'éclaircir. Pour lui, pour ce jurisconsulte, la souveraineté, cessant d'être un patrimoine, devenait une fonction; une fonction perpétuelle, il est vrai, mais une fonction cependant (1). Or, si, quand elle était une propriété, la souveraineté pouvait vendre son droit, le céder, le partager, le donner ou le perdre, — parce que l'objet de ce droit était une chose matérielle, divisible, aliénable, et amissible par conséquent, — pouvait-elle, en devenant une fonction, vendre son droit, le céder, le partager, le donner ou le perdre?... L'objet ne cessait-il pas d'être matériel, ne cessait-il pas d'être divisible, d'être même aliénable?

V. Pour Grotius et pour tous les jurisconsultes qui, à son exemple, ont voulu « *coudre une pièce de drap* « *vieux à un vêtement neuf,* » il était difficile de répondre à cette question sans abjurer entièrement les principes du droit antique, et sans refuser à la souveraineté fonctionnelle le droit de faire tout ce que le droit ancien permettait à la souveraineté patrimoniale de faire. Aussi le jurisconsulte hollandais, examinant, avant d'aborder le droit de conquête en lui-même, le cas où, soit volontairement, soit même sous l'empire de la contrainte, un prince voudrait aliéner une portion de son royaume, lui refuse net le droit de le faire. « Pour « l'aliénation d'une partie de l'État, » dit-il, « on re-

____

(1) V° Grotius, liv. 1", ch. 3, art. 13, n° 1.

« quiert quelque chose de plus que la volonté du sou-
« verain : *c'est que la portion qu'il s'agit d'aliéner y*
« *consente* (1). »

Sous l'ancien droit, sous le droit territorial, « la portion de territoire » n'avait ni le droit ni le moyen de
consentir à son aliénation : un territoire n'a pas de volonté, et ses habitants n'en avaient pas davantage.
L'arminien Grotius ne pouvait, en ce point, être aussi
logique et aussi absolu que l'ancien droit, et s'il voulait
que le territoire cédé consentît à son aliénation, c'est
que, sans doute, il comprenait que les habitants de ce
territoire avaient quelque droit de délibérer sur la cession que leur prince voulait faire de leurs personnes.
Donc leurs personnes n'étaient point possédées à titre
de droit, car celui qui possède un droit peut l'aliéner ;
donc la souveraineté fonctionnelle ne jouissait pas de
tous les droits dont avait joui la souveraineté patrimoniale; donc, si la force continuait de régir le droit de
propriété, elle ne continuait pas de régir le droit de
souveraineté.

VI. La notion juridique de Grotius en matière d'aliénation territoriale était, du reste, celle des États de
l'Europe longtemps avant qu'il écrivît son livre célèbre
sur les *Droits de la paix et de la guerre*. En l'année
1526, le roi de France, François Ier, après avoir « tout
perdu, fors l'honneur, » à la bataille de Pavie, se crut
autorisé à racheter sa liberté en cédant à l'empereur
Charles-Quint, son vainqueur, la province de Bourgogne

(1) V° Grotius, liv. II, ch. 6, art. 4.

et, avec elle, ses habitants. Mais, dit l'historien Gaillard, les États de Bourgogne se refusèrent à l'exécution du traité de Madrid, — qui avait stipulé cette cession, et qui avait disposé d'eux et de leur territoire sans leur consentement, — et ils alléguèrent que le roi de France n'avait pas eu le droit de souscrire un pareil traité (1). L'historien ne dit pas si l'empereur Charles-Quint reconnut l'existence du droit sur lequel se fondèrent les États de Bourgogne, mais il dit, et l'on sait de reste, que le vainqueur de Pavie dut en passer par là.

VII. Ainsi Grotius refusait aux rois le droit de disposer d'une portion de leur territoire sans le consentement de leurs sujets habitant la partie qu'ils voulaient céder. Mais il y a plus, et les difficultés que s'était créées Grotius en séparant le droit de souveraineté du droit de propriété devaient le conduire plus loin encore. Ce même jurisconsulte qui, tout en déclarant que la souveraineté constitue un droit en faveur de ceux qui la possèdent, leur refusait cependant la faculté de disposer de ce droit sans la volonté de ceux qui en sont l'objet, refusait à ceux-ci le droit d'émettre cette volonté. En effet, d'après lui, une portion d'État ne pouvait se détacher du surplus; sa volonté, fût-elle unanime, était inefficace à produire ce détachement, parce que la *sociabilité* est une loi naturelle et divine qui serait violée si la volonté humaine possédait le droit de disloquer les États, et de les détruire par conséquent (2).

<hr>

(1) V° Gaillard, *Hist. de François I"*, t. II, p. 297.
(2) V° Grotius, liv. II, ch. 5, art. 24, n° 2.

D'où il résultait que, même avec le consentement de
« la partie de l'État qu'il s'agissait d'aliéner, » l'aliénation était nulle; d'où il résultait que ni le roi ni le peuple n'avaient le droit de consentir une semblable aliénation; d'où il résultait que toute aliénation d'une portion
du territoire et des habitants d'un État était impossible,
absolument impossible.

Et, remarquez-le, tout ce qui interdisait le droit d'aliénation partielle interdisait le droit de conquête partielle.
La souveraineté, n'entraînant pas avec elle le droit de
propriété, et n'étant fondée ni sur la force, ni sur le
droit divin, ne pouvait être conquise, puisque, après la
conquête, elle se serait trouvée résulter soit de la force,
soit du droit divin, qui se serait manifesté en accordant
la victoire au conquérant. On le comprenait si bien, du
reste, qu'on ne reconnaissait point au seul fait de conquête la vertu acquisitive, et que, nous le verrons plus
loin, on exigeait que ce fait fût confirmé par un traité
portant cession de la partie de territoire conquise. Or,
les raisons données par Grotius interdisaient aux rois
de souscrire ces traités de cession partielle sans l'aveu
des habitants cédés, et elles ne permettaient pas à ceux-
ci de fournir cet aveu.

Que devenait l'Europe si la théorie de Grotius était
admise? Tous les États, tous les royaumes qui la com-
posaient avaient été formés de lambeaux divers de territoires juxtaposés par des traités, lors desquels ces
lambeaux n'avaient pas même été consultés. Et voici
que Grotius déclarait tous ces traités, toutes ces cessions

territoriales radicalement nulles, non-seulement parce que « les territoires aliénés n'y avaient pas consenti, » mais encore parce que, y eussent-ils consenti, leur consentement eût été nul.

VIII. Barbeyrac s'émut des conséquences d'une pareille théorie, et, dans ses notes sur Grotius, il s'efforça de démontrer que la loi de conservation étant supérieure même à la logique, un prince, menacé de destruction s'il ne consentait à céder une partie de son royaume, — ou une province, menacée d'être ravagée si elle ne consentait à subir la domination d'un prince voisin, — avaient le droit de se racheter d'un péril imminent, l'un en cédant une partie de ses États, et l'autre en consentant à se détacher de l'État auquel elle avait jusque-là appartenu.

L'opinion de Barbeyrac avait bien quelque chose de fondé, son argumentation prouvait qu'il est des cas où la nécessité fait la loi; mais elle ne prouvait pas qu'il en fût où la nécessité fait le droit. Or, c'est du droit qu'il s'agissait pour Grotius; et la raison donnée par Barbeyrac, si elle prouvait que le vaincu dût se résigner à subir les conséquences de sa défaite, ne prouvait pas que le vainqueur eût acquis un *droit* sur ce que la victoire avait fait tomber en ses mains. Pour soutenir que les territoires *habités* ainsi conquis appartiendraient désormais au vainqueur à titre de droit, il aurait fallu soutenir que c'est la Force qui crée le Droit, que c'est sur elle que se fonde la souveraineté, et Barbeyrac était trop spiritualiste pour aller jusque-là.

IX. La théorie de Grotius demeurait donc dans toute
sa force; l'aliénation partielle était juridiquement impossible, et la conquête partielle l'était également. Mais
si l'aliénation ou la conquête partielles étaient impossibles dans la théorie de Grotius, en était-il de même de
l'aliénation ou de la conquête totales ?... Un prince pouvait-il céder sa souveraineté, pouvait-il la perdre par
la conquête ?...

Tout d'abord, on ne conçoit guère que la question se
puisse poser. Si la souveraineté est inaliénable et inamissible, parce qu'elle est distincte de la propriété, —
qu'elle est une fonction, et qu'elle résulte de la volonté
de ceux sur qui cette fonction est exercée, —peu importe,
semble-t-il, qu'il s'agisse d'une cession ou d'une perte
totales ou partielles : dans l'un et l'autre cas, les raisons
de décider sont les mêmes, et si la cession ou la perte
partielles sont interdites, la cession ou la perte totales
doivent être interdites également : le droit de conquête
n'est un droit dans aucun cas, il n'existe pas en tant que
droit.

Mais Grotius ne raisonnait pas ainsi; sa distinction
entre le droit de propriété et le droit de souveraineté
ne lui permettait pas l'emploi de la logique, et elle le
conduisait à des contradictions dont on aurait droit de
s'étonner si l'on ne se souvenait que ce jurisconsulte,
tout en plaçant la souveraineté en dehors et au-dessus
du droit de force, avait laissé la propriété soumise à
ce droit : ce qui revient à dire soumise au droit de
conquête.

Certes, Grotius n'allait pas jusque-là, il n'allait pas jusqu'à soutenir que la conquête, ne pouvant s'exercer sur la souveraineté, pourrait s'asseoir sur la propriété. Et c'est parce qu'il n'allait pas jusque-là, lui qui avait distingué l'*imperium* du *dominium*, qu'il était contraint de tomber dans une suite de contradictions, et d'affirmer, pour le total, ce qu'il avait nié pour le partiel. Grotius, qui avait si bien justifié l'inanité du droit de conquête partielle, admit complétement la légitimité du droit de conquête totale ; et, au défaut d'arguments logiques, qui lui auraient absolument fait défaut, il invoqua des arguments historiques, il invoqua Apollodore, il invoqua les écrivains grecs et romains; oubliant qu'Apollodore et les autres anciens sur l'autorité desquels il se fondait avaient admis, sans difficulté aucune, la confusion des droits de propriété et de souveraineté, tandis que lui niait cette confusion et se refusait à reconnaître le droit de souveraineté patrimoniale (1).

Ainsi Grotius admit la légitimité du droit de conquête. C'était là, très certainement, une contradiction et une inconséquence; mais cette inconséquence, une fois professée, il alla jusqu'au bout, il appliqua les principes de la souveraineté patrimoniale à la souveraineté fonctionnelle, —qu'il avait dit être la souveraineté nouvelle, — enseigna que cette dernière peut, tout aussi bien que la précédente, se perdre par le non-usage, par la prescription, par les traités, et déclara que le sort des batailles

____

(1) V' Grotius, *De la paix et de la guerre*, liv. II, ch. 3, art. 4. n° 2.

pouvait décider très légitimement les questions de souveraineté.

Disons, en passant, qu'il serait difficile de concilier, en ce point, l'opinion de Grotius avec celle de Martens. Celui-ci distingue formellement les gouvernements de fait des gouvernements de droit (1). Grotius ne pouvait faire une pareille distinction, car, pour lui, il ne pouvait y avoir que des gouvernements de droit, puisque la conquête formait un titre légitime à la souveraineté.

X. On ne saurait, toutefois, reprocher bien sévèrement à Grotius les contradictions et les inconséquences qui se rencontrent entre sa théorie du droit de souveraineté et sa théorie du droit de conquête; car, en professant ces doctrines contradictoires, il ne faisait que reproduire celles qui existaient depuis longtemps dans la conception du droit public international de l'Europe. On en acquiert la preuve, on acquiert la preuve de l'existence de ces contradictions et de ces inconséquences juridiques en se reportant aux faits qui précédèrent le traité d'Oliva, du 3 mai 1660.

Un siècle avant ce traité, en 1560, les habitants de Revel et de l'Estonie s'étaient donnés à la Suède pour se soustraire à l'invasion russe, contre laquelle leur prince, Gothart Kettler, était impuissant à les protéger. C'était là un acte de souveraineté populaire d'autant plus légitime que ce n'était point un acte de rébellion dépouillant un prince héréditaire de sa souveraineté

____

(1) *Précis du droit des gens moderne de l'Europe*, t. Ier, p. 224, éd. Guillaumin.

perpétuelle. En fait, cette souveraineté était perdue par suite de l'invasion, elle était perdue par le droit de conquête, elle était perdue par l'irruption des Russes que Gothart Kettler ne pouvait repousser. Si donc on admettait la légitimité du droit de conquête, il fallait considérer Gothart Kettler comme dépossédé de son droit, comme ne possédant plus aucun droit sur les habitants de Revel et de l'Estonie, et comme incapable d'en disposer par conséquent. Que si, au contraire, on admettait le principe de souveraineté populaire et si l'on reconnaissait que le droit des monarques ne peut résulter que d'une élection originaire, il fallait respecter l'acte par lequel les habitants de Revel et de l'Estonie s'étaient donnés aux Suédois, et considérer encore Gothart Kettler comme incapable de disposer d'une souveraineté qui, n'étant qu'une souveraineté fonctionnelle, était par cela même inaliénable.

Cependant Gothart Kettler, dépouillé de ses droits de souveraineté, soit par la conquête russe, soit par l'annexion volontaire de ses sujets à la Suède, crut pouvoir disposer de cette souveraineté, et la céda aux Polonais; peuple qui n'accordait à la souveraineté d'autre caractère que celui d'une fonction, qui reconnaissait soit aux peuples, soit aux aristocraties le droit de disposer de cette souveraineté, et qui, à ce titre, aurait dû reconnaître que les habitants de Revel et de l'Estonie n'avaient fait qu'user de leur droit en s'annexant à la Suède.

Mais ce ne fut pas ainsi que les Polonais comprirent

le Droit. La Pologne était une république aristocratique;
et l'on sait que les Aristocraties, — dont les idées juridiques domaniales sont nécessitées à se rattacher au droit
de Force, — ne peuvent avoir une intelligence complète
du Droit véritable. Aussi, fournissant à Grotius un précédent aux contradictions qu'il consigna dans son livre,
les Polonais prirent les armes pour soutenir la validité
de la cession qui leur avait été faite par Gothart Kettler.
Il s'ensuivit une longue guerre entre : les Suédois, qui,
en fait, soutenaient la cause du droit populaire, bien
qu'ils ne le pratiquassent pas chez eux; les Russes, qui,
seuls logiques, soutenaient la cause du droit de conquête,
et s'en tenaient, chez eux, aux principes de la souveraineté patrimoniale admis par l'antiquité; et enfin les
Polonais, qui soutenaient apparemment la cause du droit
divin, inamissible (et cependant aliénable, puisqu'ils
l'avaient acquis), mais qui, chez eux, pratiquaient le
droit électif et aristocratique, négation formelle du
droit divin.

Ce fut à cette longue guerre que le traité d'Oliva mit
un terme, en laissant complétement indécise et entièrement obscure la question de savoir si la souveraineté
est bien réellement un droit divin, si le droit à la souveraineté, en tant que divin, ne peut être retiré que par
celui qui l'a concédé, si la conquête est impuissante à
retirer ce droit de souveraineté, si le droit existe indépendamment de son exercice, et si enfin ce même droit
peut être cédé en tant que droit, alors que la souveraineté a cessé en tant que fait. Le droit de conquête ne

fut pas plus discuté qu'éclairci, du reste, lors de ce fameux traité, et la seule chose qu'on en pût tirer, et qui probablement n'échappa pas à Grotius, c'est que, nonobstant la transformation de la souveraineté patrimoniale en souveraineté fonctionnelle, la Force continua de primer le Droit.

XI. Les choses ont-elles changé depuis le traité d'Oliva et depuis Grotius?... Les contradictions de ce jurisconsulte, — contradiction de sa doctrine sur l'origine de la souveraineté et de sa théorie sur le droit de conquête, — ont-elles cessé? A-t-on continué de séparer le droit de propriété de celui de souveraineté, de façon à soumettre l'un de ces droits à un principe et de faire dériver l'autre d'un principe différent et opposé; ou bien, au contraire, a-t-on réuni les deux droits sous la domination d'un même principe soit en attribuant la propriété à la souveraineté, — ainsi que le faisait l'antiquité, — soit en attribuant la souveraineté à la propriété et plaçant l'une et l'autre, plaçant l'un et l'autre droit sur la tête des individus?

Certes, les idées ont marché, et la conception juridique s'est éclaircie et élargie depuis l'époque où écrivait Grotius; mais nous ne croyons pas que ces idées et cette conception en soient arrivées à ce point de netteté qui ferait cesser entièrement les obscurités au milieu desquelles se débattait en vain le jurisconsulte hollandais. Au surplus, pour en juger, nous devons suivre, au milieu des temps plus modernes, le développement de la notion juridique dont nous poursuivons l'éclaircissement, et rechercher, dans les faits, les indices du progrès qui a pu s'accomplir dans les idées.

Lors du traité d'Oliva, et dans le temps même où écrivait Grotius, — qui, en sa qualité d'arminien et de citoyen d'une république, se trouvait placé dans un ordre d'idées juridiques autre que celles dont le droit public de l'Europe était imprégné, — le droit divin des princes, bien qu'il eût cessé d'être avoué comme un droit territorial, était hors conteste. Les choses, en ce point, ont changé; et ce fut l'Angleterre qui, par sa révolution de 1688, imprima le premier mouvement aux idées qui produisirent ce changement. On nous pardonnera donc de nous arrêter un instant sur ce point initial du mouvement intellectuel qui s'est poursuivi depuis lors, et qui se poursuit encore.

XII. S'il est un fait certain et avéré, c'est celui de la négation du droit divin des rois ; négation résultant soit de l'assassinat juridique, en 1641, du roi Charles Ier d'Angleterre, soit de l'avénement, en 1688, de Guillaume d'Orange et de Marie Stuart, sa femme, à qui l'aristocratie anglaise ne voulut point laisser croire que leur autorité provînt d'une source divine.

Il fallait que le mouvement d'idées qui entraînait ainsi la Noblesse anglaise à rompre avec la tradition fût bien prononcé, ou que les intérêts de l'aristocratie anglaise fussent bien engagés dans la question, pour que cette aristocratie, qui ne voulait point avouer que la force constitue seule le droit, — aussi bien celui de la souveraineté que celui de la propriété, — se déterminât à transformer en une sorte de monarchie élective *sui generis* la monarchie héréditaire et de droit divin dont s'étaient prévalus les Stuarts. On était fort en peine, d'ailleurs, pour déterminer le caractère de cette nouvelle monarchie, que l'on voulait rendre héréditaire comme sa devancière. Pour proclamer héréditaire la nouvelle monarchie, il fallait, non-seulement désavouer le droit divin, désavouer la doctrine de non-résistance que, lors de l'avénement de Charles II, le docter Filmer avait fait adopter par les Universités anglaises et par tout le parti Cavalier, devenu le parti Tory, mais il fallait, en quelque sorte, renoncer au principe d'hérédité lui-même : et l'aristocratie anglaise tenait d'autant plus à ce dernier principe, qu'elle y trouvait un gage de sa propre hérédité domaniale et territoriale.

En effet, en supposant que l'on pût, ainsi que le professait Grotius, constituer par l'élection une monarchie héréditaire, encore fallait-il que le trône fût vacant. Or, le trône n'était point vacant : Jacques II avait fui, il est vrai, devant Guillaume, son gendre, mais il n'avait point abdiqué, il n'avait point renoncé au trône, il le revendiquait au contraire; et, y eût-il renoncé, que, d'après les doctrines du docteur Filmer, d'après les usages anglais en matière d'hérédité, d'après le *droit* d'hérédité, enfin, c'eût été le prince de Galles, son jeune fils, qui aurait dû prendre sa place. A quel titre donc couronner Guillaume et Marie?... Celle-ci n'était point héritière; et, au surplus, la succession n'était point ouverte. Il fallait donc désavouer la doctrine de non-résistance,

désavouer le principe d'hérédité monarchique, désavouer le droit divin à la souveraineté, et donner pour
origine à celle-ci soit le vœu populaire, soit la volonté
de l'aristocratie anglaise; volonté révocable par son essence même.

C'était là, cependant, donner un bien dangereux exemple : révoquer le droit d'hérédité existant en faveur des
Stuarts, c'était déclarer, non-seulement que ce droit
n'est pas divin, mais qu'il n'est pas même un droit dans
le sens défini par Grotius; car un droit ne se peut perdre sans la volonté de celui qui le possède et par la volonté de ceux qui en sont l'objet : les esclaves, autrefois, n'étaient pas affranchis par leur volonté, mais par
celle de leur maître. Or, si l'hérédité n'était pas un droit,
comment établir, à titre de droit, l'hérédité en faveur de
la nouvelle dynastie qu'on voulait fonder?

XIII. Et si cependant cette nouvelle dynastie n'était
pas investie du *droit* d'hérédité ; s'il était reconnu que,
de même que l'aristocratie anglaise avait eu le droit de
briser l'ancienne hérédité parce qu'elle avait eu la
force de le faire, de même elle aurait le droit de briser
l'hérédité nouvelle si elle conservait la force, n'était-ce
pas reconnaître que le droit repose sur la force et qu'il
n'existe que grâce à la force?... Mais si le droit repose
ainsi sur la force, il faut avoir la force pour le conserver. L'aristocratie anglaise avait, à la vérité, possédé
cette force lors de la conquête; elle l'avait possédée et
s'en était servie pour fonder son droit de propriété héréditaire. La possédait-elle encore?... Certes non, et

l'exemple qu'elle donnait en renversant l'hérédité souveraine pouvait lui devenir funeste.

L'aristocratie anglaise le sentait bien ; elle sentait bien que son peu de respect pour le droit d'hérédité souveraine, en démontrant au peuple, — en qui résidait alors la force réelle, — qu'il suffit de posséder la force pour détruire le droit d'hérédité souveraine, pouvait engager le peuple à l'imiter, et à détruire son droit d'hérédité domaniale. Comment faire donc pour éviter ce danger, et dissimuler au peuple l'infraction au droit qui venait d'être commise?

On proposa un expédient. Tout ce qui arrive arrive par la volonté de Dieu, dit-on : la conquête est un droit légitime, elle donne un droit divin à la souveraineté, car elle est le résultat d'une décision prononcée par Dieu même. Dieu a voulu que Guillaume III fît la conquête de la souveraineté sur Jacques II, comme il a voulu que Guillaume Iᵉʳ fît la conquête de cette même souveraineté sur Harold. Donc le droit de Guillaume III est un droit divin, qui peut être accepté et reconnu par le peuple anglais sans l'obliger à désavouer le principe d'hérédité (1).

Cet expédient, cette doctrine qui transformait le droit de conquête en droit divin, semblait devoir paraître séduisante à l'aristocratie anglaise, dont le droit de propriété, issu lui aussi de la conquête, avait quelque besoin d'un secours de ce genre pour s'élever au rang

____

(1) Vᵒ Macaulay, *Histoire d'Angleterre depuis Jacques II*, t. VI, p. 90.

d'un droit véritable. En acceptant cette doctrine, en acceptant cette définition de la souveraineté du roi Guillaume, le principe d'hérédité se trouvait sauvegardé aussi bien en ce qui concernait la souveraineté qu'en ce qui concernait la propriété; il venait de Dieu, il était un droit, un véritable droit, contre lequel la force ne pouvait rien, que la force n'avait point brisé au préjudice des Stuarts, mais que Dieu, qui l'avait donné, avait retiré pour le conférer à un autre.

XIV. Mais si l'hérédité, si la souveraineté devenait ainsi un droit, il restait à savoir sur quoi reposait ce droit, il restait à savoir quel en était et quel en pouvait être l'objet. Si l'on s'en rapportait à Grotius, cet objet était les personnes mêmes des sujets du prince : ceux-ci étaient possédés et transmis héréditairement, comme, sous le droit antique, un maitre possédait et transmettait héréditairement ses esclaves. Très certainement l'aristocratie anglaise, si fière et si orgueilleuse, ne pouvait admettre la théorie de Grotius. Au surplus, l'esclavage était aboli, et l'analogie invoquée par ce jurisconsulte ne pouvait plus être invoquée. Ce n'était donc plus les personnes des sujets qui pouvaient servir d'objet au droit de souveraineté et d'hérédité accordé par Dieu aux monarques.

Et si le droit divin des monarques ne reposait plus sur les personnes de leurs sujets, il fallait, si l'on voulait reconnaitre ce droit divin, si l'on voulait reconnaitre que la conquête avait fourni à Guillaume un droit semblable à celui de Jacques, considérer ce droit comme ayant pour objet le sol de l'Angleterre, comme ayant pour objet la propriété. De cette façon, en transmettant, de par le droit divin, leur héritage à leur successeur, les princes lui transmettraient le sol, et, avec lui, l'accessoire qui habite et cultive le sol.

XV. C'eût été refaire la souveraineté patrimoniale de l'antiquité; légitimer le droit d'héritage, il est vrai, légitimer avec lui le droit de conquête, mais légitimer ce dernier droit en faveur des princes seulement, sans le légitimer en faveur de l'aristocratie. La Noblesse anglaise ne pouvait l'admettre ainsi; et puisqu'elle ne pouvait donner pour objet au droit divin de la souveraineté ni les personnes ni les choses, elle dut renoncer au droit divin, — qui aurait sauvegardé le principe d'hérédité, — et demeurer dans l'embarras où la révocation du droit de Jacques II la plaçait. Il fallut donc que cette Noblesse affrontât les périls qu'elle entrevoyait, il fallut qu'elle brisât l'hérédité tout en établissant l'hérédité, il fallut qu'elle demeurât inconséquente si elle voulait demeurer propriétaire.

Ainsi l'intérêt de l'aristocratie anglaise, intérêt dont nous avons parlé plus haut, lui fit abjurer le droit divin et porter la main, la première, à cette arche sainte sur laquelle reposait tout le droit public de l'Europe. Cette abjuration fut complète, formelle, éclatante. L'évêque Burnet, l'ami et le confident de Guillaume, — lequel, vraisemblablement, se fût prêté volontiers à la reconnaissance du droit divin de la royauté, — l'évêque Burnet, malgré la haute faveur dans laquelle il était auprès de son maître, fut publiquement blâmé et puni pour avoir professé cette doctrine du droit divin résultant de la conquête; doctrine qui, dit-on, était humiliante et injurieuse pour la vaillante et libre population anglaise, qu'elle voulait faire considérer comme une population lâche, vaincue et asservie.

XVI. C'était le droit de propriété, ou, plus exactement, les prétentions de l'aristocratie anglaise à posséder le droit plein de propriété, qui avaient conduit cette aristocratie à repousser le droit divin de souveraineté, — au risque de compromettre le droit d'hérédité, — et à ne faire, du souverain, que le chef de l'aristocratie qui, pour que ce souverain ne pût s'y méprendre, prit soin, en l'appelant au trône, de lui imposer des conditions et de lui fournir, en quelque sorte, le texte du mandat qui lui était confié (1). Et puisque c'était la question de propriété qui avait dominé la question politique, il allait de soi que l'aristocratie anglaise tînt à démontrer que la révolution qu'elle venait de faire était une révolution dans le droit domanial aussi bien que dans le droit politique.

Jusque-là, le droit de propriété avait été considéré, théoriquement, comme résidant sur la tête du prince : lui seul était propriétaire; la Noblesse tenait ses droits du bon plaisir, elle ne les possédait pas directement, ils ne lui provenaient pas immédiatement de la source d'où émane le droit; et si elle les possédait cependant

(1) V° Macaulay, *Histoire d'Angleterre depuis Jacques II*, t. III, p. 405 et suivantes.

irrévocablement, c'était par suite d'abus et d'envahissements dont nous avons parlé ailleurs (1). De cette théorie il résultait que si quelques terres, quelques domaines étaient demeurés sans concession, le monarque, vrai propriétaire de ces terres et de ces domaines, avait conservé le droit de les concéder à qui bon lui semblait. Tel avait été le droit public et privé de la Grande-Bretagne : ses rois de droit divin avaient usé largement de ce droit, et ils avaient distribué, sans difficultés aucunes et selon que bon leur avait semblé, plusieurs de ces terres à leurs favoris et surtout à leurs favorites.

Le roi élu, Guillaume III, crut pouvoir continuer les errements de ses prédécesseurs, et, comme eux, il donna à quelques-uns de ses favoris et de ses serviteurs des terres restant à concéder, et qui n'étaient pas encore possédées privativement. Ce monarque n'avait vu dans son avénement au trône qu'une révolution politique, et il ne se doutait pas que, en faisant cette révolution, l'aristocratie anglaise avait entendu faire passer sur sa propre tête le droit plein de propriété que les anciens souverains avaient possédé; il ne se douta pas qu'elle avait voulu, non-seulement consolider, sur la tête des anciens concessionnaires, le droit qu'ils avaient reçu du prince, mais attribuer à l'aristocratie anglaise la propriété de tout le sol anglais, aussi bien de celui qui avait été concédé que de celui qui restait à concéder.

Mais le Parlement anglais comprit mieux que Guil-

(1) V° *Recherches historiques du Juste et de l'Autorité*, 4° partie, liv. II, ch. 3, § 2.

laume III le sens de la révolution qui venait de s'accomplir : il comprit qu'un chef élu, fût-il déclaré héréditaire, ne peut ressembler à un chef délégué par Dieu, à un chef à qui le Créateur concède, en lui déléguant la puissance, la propriété du sol sur lequel doit s'exercer cette puissance. Aussi, le 7 février 1698, le Parlement anglais, annulant toutes les concessions faites par Guillaume, déclara, par ce fait, que la souveraineté nouvelle ne possédait point les droits territoriaux dont jouissait la souveraineté ancienne, et que le nouveau prince n'avait point, comme l'avaient eu les Tudors et les Stuarts, le droit de disposer des terres non concédées.

On ne put s'y méprendre, du reste, on ne put se méprendre sur le sens de la décision du Parlement anglais ; car, tout en annulant les concessions faites par Guillaume, — l'élu de l'aristocratie, — il respecta celles faites par les monarques du droit divin ses prédécesseurs, par Jacques II lui-même, lesquels furent ainsi considérés comme les seuls qui possédassent la souveraineté territoriale dont parlaient Grotius et les anciens juristes du droit théocratique (1).

XVII. Le résultat de la Révolution anglaise de 1688 était-il donc de placer le droit de propriété sur la tête de l'aristocratie et de laisser résider la souveraineté sur la tête d'un monarque?... C'eût été là reproduire et appliquer la théorie de Grotius, qui, on s'en souvient,

____

(1) V⁰ Macaulay, t. VII, p. 36 et s.

séparait le droit de propriété du droit de souveraineté,
et faisait découler l'un de ces droits d'un principe, tandis qu'il faisait résulter l'autre droit d'un principe différent et même opposé; c'eût été là, peut-être, s'exposer aux contradictions et aux inconséquences que ce jurisconsulte éminent ne put éviter de commettre, — en matière de droit de conquête notamment; — c'eût été, enfin, ne faire qu'une révolution à peine sensible dans le droit public de l'Europe, car les théories de Grotius, — mais avec leurs contradictions, — pouvaient être admises dans ce droit public sans y occasionner un trop grand dérangement.

Mais la Révolution anglaise fut bien une révolution véritable, qui donna l'impulsion première au mouvement intellectuel dont nous avons parlé, et elle ne laissa point subsister, en Angleterre du moins, la séparation des deux droits de propriété et de souveraineté, cause des contradictions et des inconséquences de Grotius : de même qu'elle fit passer la propriété sur la tête de la Noblesse, de même elle y fit passer la souveraineté. Désormais, ce fut la Noblesse, propriétaire du sol anglais, investie du droit soit de composer la Chambre haute, soit de choisir et de nommer, — directement ou par sa prépondérante influence, — les membres de la Chambre basse, désormais, disons-nous, ce fut la Noblesse qui eut la véritable souveraineté, qui eut le gouvernement, car ce fut elle qui, au moyen de son Parlement, choisit les ministres chargés d'exercer le gouvernement et d'accomplir les actes de la souveraineté.

XVIII. Que devait-il résulter, pour la conception du droit de conquête; — dont nous avons pour but, dans ce chapitre, d'étudier les évolutions et de découvrir la juridicité, — que devait-il résulter de cette réunion du droit de souveraineté au droit de propriété?... Grotius, qui avait séparé ces deux droits et les avait soumis à des principes juridiques différents, avait flotté entre les deux, et, tantôt, considérant le droit de conquête au point de vue du droit populaire, il l'avait interdit comme une violation flagrante de ce droit; tantôt, considérant ce même droit au point de vue du droit de force, — qui, selon lui, constituait le droit de propriété, — il l'avait admis. Cette contradiction devait cesser. Le droit de souveraineté étant le même que celui de propriété, et découlant absolument du même principe, de la même conception juridique, on ne pourrait plus, pour admettre ou pour refuser la juridicité du droit de conquête, se placer alternativement à un point de vue ou à un autre : selon que le droit de propriété découlerait du principe de force ou dériverait de la spontanéité humaine, il faudrait admettre ou refuser au droit de conquête la juridicité.

Le progrès, on le voit, n'était ni complet ni définitif; il était seulement préparé. En abjurant le droit divin, dont la souveraineté s'était jusque-là prévalue, en privant cette souveraineté du droit de propriété, on abolissait définitivement l'antique souveraineté territoriale, à laquelle était attaché le droit de conquête; mais on n'abolissait pas pour cela le droit de conquête, on se bornait à permettre que ce droit, dépendant uniquement désormais de la conception juridique domaniale, cessât d'être considéré comme un droit lorsqu'on en serait arrivé à faire découler le droit de propriété, — et avec lui le droit de souveraineté, — de l'autoergie et de l'autonomie humaine et individuelle.

XIX. Pour que le progrès fût définitif et complet, pour que le droit de conquête fût aussi bien abjuré que le droit divin et la souveraineté patrimoniale, il fallait donc parvenir à la conception véritable du droit de propriété. De là il suit que l'Angleterre qui, par sa révolution de 1688, plaça le droit de propriété sur la tête de l'aristocratie, — laquelle, ne pouvant faire dériver son droit de propriété de la spontanéité humaine et du libre travail incorporé dans le sol, était contrainte de le faire dériver de la force, de le faire dériver de la conquête, et de placer son droit domanial sous le patronage de Guillaume le Conquérant, — de là il suit que l'Angleterre, tout en ayant repoussé le droit divin des rois, tout en ayant brisé avec la souveraineté territoriale, dut, comme cette dernière, admettre la légitimité du droit de conquête, admettre la légitimité du droit de la force, et faire, de la souveraineté aristocratique, le pendant de la souveraineté patrimoniale.

Les faits ici, et un grand nombre de faits, confirment les déductions de la logique. Après comme avant leur révolution, mais surtout après, les Anglais pratiquèrent le droit de conquête. Ce fut ainsi que, après la bataille de la Boyne, ils s'emparèrent violemment des propriétés privées des jacobites irlandais; ce fut ainsi, et en vertu de ce même droit de conquête, qu'ils profitèrent des troubles que la Révolution française produisit en Europe pour s'emparer de vastes territoires et de nombreuses colonies; ce fut ainsi qu'ils conquirent Gibraltar sur les Espagnols, le Canada sur les Français, et l'Inde sur tous les petits princes ou rajahs qui la possédaient. .

XX. L'impulsion donnée par la Révolution anglaise fut suivie par les autres nations de l'Europe, qui, à son exemple, abjurèrent peu à peu le droit divin, dépouillèrent la souveraineté de la propriété, pratiquèrent cependant le droit de conquête, et se bornèrent à signaler leur acheminement vers la réunion des deux droits de propriété et de souveraineté par la séparation de l'*imperium* et du *dominium*, par le respect qu'elles affichèrent pour le *dominium*, pour le droit individuel de propriété, tout en laissant l'*imperium* servir d'objet au droit de conquête, que l'on continua de considérer comme un droit véritable.

XXI. Jusque-là il y avait, en apparence, peu de changement dans le droit public. Bien que la souveraineté territoriale ne fût plus reconnue, on reconnaissait cependant la légitimité des droits que confère la conquête; et l'on pratiquait la conquête sans remonter à l'origine du droit que l'on continuait de pratiquer, sans s'enquérir du lien qui pouvait exister entre les idées qui produisaient ce droit de conquête et celles d'où pouvait naître le droit de propriété. Mais la Révolution française survint; et, avec elle, la conception du droit domanial changea de face : ce droit cessa de reposer sur la force, il prit son origine dans la libre volonté individuelle, dans le travail que cette libre volonté ordonne au corps d'accomplir, et que celui-ci accomplit en laissant dans la terre la trace ineffaçable de la volonté qui l'a ordonné et du droit que cette volonté créatrice a ainsi fondé. L'heure était rendue de se demander si le droit de force, dont l'aristocratique Angleterre avait dû reconnaître l'empire, ne devait pas disparaître enfin, et définitivement, du droit international moderne de l'Europe.

En effet, il aurait dû résulter du changement de concept domanial un changement correspondant dans la conception du droit de conquête. On ne pouvait plus séparer l'*imperium* du *dominium* : l'Angleterre avait appris que ces deux choses, que ces deux droits sont confondus. On ne pouvait donc plus, comme l'avait fait l'Europe après la Révolution d'Angleterre, donner l'*imperium* pour objet aux droits que confère la conquête, et soustraire le *dominium* à l'empire de ce même droit de conquête. La France, du moins, la France, qui plaçait la source de la souveraineté tout aussi bien que celle de la propriété dans la libre volonté de l'individu humain, ne pouvait continuer, en matière de droit de conquête, de séparer ces deux droits l'un de l'autre. Il devait donc en résulter que la France abjurerait le droit de conquête, qu'elle compléterait le mouvement intellectuel que l'Angleterre avait commencé en 1688, et que, en même temps qu'elle affirmait, à la face de l'Europe, que la souveraineté réside dans le peuple, et que la propriété pleine, *imperium* et *dominium,* réside sur la tête du peuple entier, sans distinction de classes, elle affirmerait que le droit de force est aboli, et que le droit de conquête n'est pas un droit puisqu'il ne peut s'exercer sans confisquer ou l'*imperium* ou le *dominium,* sans confisquer le droit de souveraineté que tout individu humain tient de Dieu.

XXII. Il n'en fut pas ainsi. La France, affolée par la lutte gigantesque qu'elle eut tout d'abord à soutenir, égarée par l'exemple de l'Angleterre, qu'elle s'imagina devoir imiter, — et qu'elle avait pour mission de dépasser, puisque sa Révolution était le complément de la Révolution anglaise,—la France, disons-nous, tout en parvenant à la véritable conception domaniale, et n'ayant nul besoin, par conséquent, d'imiter l'Angleterre en conservant le droit de force après avoir uni la souveraineté à la propriété, la France associa irrationnellement le droit de conquête à son droit domanial : elle voulut conquérir ce qu'elle appelait *ses limites naturelles;* elle voulut bien plus, elle voulut conquérir le monde, conquérir l'Europe tout au moins, et, dans les divers traités qui suivirent ses heureuses guerres, elle ne manqua pas de considérer les divers princes avec qui elle traita comme des *souverains territoriaux,* ayant le droit de céder tout ou partie des territoires soumis à leur souveraineté, et de les céder sans plus consulter leurs habitants qu'on ne les consultait soit au temps de Romulus ou des Césars, soit au temps des traités d'Oliva, d'Osnabruck ou de Munster.

L'inconséquence de Grotius était dépassée : on ne distinguait pas, comme lui, l'aliénation partielle de l'aliénation totale, la conquête partielle de la conquête totale. Toute conquête, partielle ou totale, était légitime du moment où l'on avait la force de la faire ; et l'on n'avait pas plus à consulter le vœu des habitants qu'on avait conquis en cas de conquête partielle qu'en cas de conquête totale. Tel fut le droit international que la France, momentanément enivrée de ses succès, pratiqua à partir du traité de Campo-Formio, du 17 octobre 1797 ; traité par lequel les États vénitiens furent cédés à l'Autriche, et par lequel la France acquit ces fameuses *limites naturelles,* tant appétées que Dumouriez disait à leur sujet « que le seul désir de les conquérir suffisait à autoriser et à légitimer la guerre (1). »

A partir de ce fameux traité de Campo-Formio, dans lequel la France démentait si formellement, en droit international, le principe de souveraineté populaire, — qu'elle avait proclamé comme le droit public et commun de tous les peuples, — tous les traités souscrits soit par la République française, soit par le chef qu'elle fut obligée de se donner pour soutenir les guerres que son désir de conquêtes rendait inévitables, furent inspirés par une notion du droit semblable à celle qui avait inspiré les traités de Westphalie, le traité d'Oliva ou les traités de Nimègue et d'Utrecht.

(1) V° *Histoire de la Révolution française,* par M. Thiers, t. II, p. 66.

XXIII. Dans tous ces traités, dans celui de Presbourg, du 19 janvier 1806 ; dans celui de Tilsitt, du 7 juillet-25 juin 1807, comme dans ceux faits avec la Saxe, le 11 décembre 1806, et avec l'Espagne, le 5 mai 1808, les princes cèdent « *en toute propriété et souveraineté* » des territoires destinés soit à arrondir d'autres territoires possédés par des princes sujets ou amis de l'empereur des Français, soit à constituer des royaumes destinés à être soumis à la domination de quelques membres de la famille du conquérant.

Faut-il donc s'étonner que, lorsque sonna l'heure de la revanche, le droit de conquête ait défait ce qu'avait fait le droit de conquête?... Le Congrès de Vienne, en 1814 et 1815, ne fit autre chose que continuer l'application du droit pratiqué à Campo-Formio, à Presbourg et à Tilsitt. Comme en 1806, en 1807 et en 1808, les diplomates assemblés disposèrent des territoires dont la force paraissait leur avoir donné le droit de disposer ; et s'ils réservèrent cependant aux habitants de ces territoires le droit de vendre leurs terres et de se retirer dans le pays auquel ils avaient appartenu avant la conquête, ce fut là un illogique adoucissement à la rigueur du droit, un adoucissement qui n'était conforme ni au principe de souveraineté nationale ni au principe de force, qui lui est opposé.

En effet, accorder ainsi aux habitants des territoires conquis le droit de vendre leurs propriétés, c'était reconnaître que la force produisant la conquête ne produisait pas le droit de propriété. D'un autre côté, concéder à ces habitants le droit de se retirer dans leur ancienne patrie, c'était reconnaître que cette même conquête n'engendrait point un droit sur les personnes. Quel était donc le droit qu'engendrait la conquête, puisqu'il n'avait pour objet ni les propriétés ni les personnes ?

XXIV. L'empereur Napoléon III, malgré son origine plébiscitaire, n'eut pas une conception plus nette des principes du nouveau droit que ne l'avaient eue les plénipotentiaires d'Utrecht, de Vienne ou de Campo-Formio. Ce chef d'un État démocratique, ce chef élu, qui avait proclamé tout à la fois le *droit* héréditaire et la responsabilité des princes, reproduisit, en matière de droit de conquête, les variations et les contradictions qu'il avait manifestées soit en matière de droit d'intervention, soit en matière de droit d'équilibre européen et de nationalités. Après s'être fait céder par le roi Victor-Emmanuel l'ancien comté de Nice et la Savoie, pour prix des services qu'il avait rendus à ce roi en lui aidant à conquérir, sur l'Autriche, la majeure partie de l'Italie ; après avoir coloré cette intervention et cette conquête en alléguant qu'elles n'avaient eu lieu que pour favoriser l'unification de l'Italie, pour obéir au principe moderne des nationalités, ou au vœu des peuples italiens, qui voulaient se réunir sous le sceptre du roi *Galant-homme,* Napoléon III, pris d'un scrupule qu'il crut inspiré par la logique, exigea que la cession qu'il avait obtenue, à prix d'argent en quelque sorte, lui fût confirmée par le vote des populations de Nice et de la Savoie. C'était là, pensait-il, reproduire, en droit international, en droit externe, le principe de souveraineté populaire, qui lui avait valu la couronne de France.

Mais à l'instant même où Napoléon III reconnaissait ainsi que, sous le principe de souveraineté populaire, la conquête ne peut engendrer le droit et que celui-ci ne peut résulter que de la volonté des populations conquises, il souscrivait le traité de Villafranca, du 10 juillet 1859; traité par lequel, donnant un démenti aux principes qu'il venait de reconnaître à propos de Nice et de la Savoie, il obtenait, de l'empereur d'Autriche, la concession de tous ses droits *« de propriété et de souveraineté »* sur la Lombardie. Il n'était pas question des droits du peuple lombard dans cette cession; et cependant Napoléon III se considéra si bien comme investi par elle de la « *souveraineté et de la propriété,* » il s'en considéra si bien comme investi par le seul consentement de l'empereur d'Autriche, qu'il disposa à l'instant même de la province qu'il venait d'acquérir, et la transmit au roi Victor-Emmanuel.

C'était bien là admettre la légitimité du droit de conquête, c'était bien là reconnaître la souveraineté territoriale des princes, et reculer même au delà des principes professés par Grotius.

L'antiquité, qui admettait la souveraineté territoriale, était logique en reconnaissant la validité des droits conférés par la conquête; car, d'une part, elle fondait le droit de propriété sur la force, et, d'autre part, elle considérait les hommes comme un troupeau privé de volonté et attaché au sol sur lequel il végétait.

Grotius, quoique moins logique que l'antiquité, puisque ses doctrines arminiennes ne lui permettaient pas de considérer l'homme comme un être passif et purement matériel, était en un certain point excusable lorsqu'il admettait le droit de conquête, car il n'accordait point à l'individu le droit de propriété ; droit qui, pour lui, n'existait qu'au profit de la collection, et ne reposait que sur la force par conséquent.

Vattel, Martens, qui, l'un comme l'autre, reconnaissent la validité du droit de conquête ; les négociateurs de Munster, d'Osnabruck, d'Utrecht, et même du Congrès de Vienne, qui régularisèrent et appliquèrent ce droit, étaient, eux aussi, excusables ; car tous professaient l'Érastianisme, tous professaient que le droit des princes est un droit divin, bien que local, et tous étaient imbus de cette idée que c'est Dieu qui, de même que dans les jugements du moyen âge, donne la victoire à qui il lui plaît ; que c'est lui, par conséquent, qui donne au conquérant le droit sur les choses et sur les personnes conquises.

L'Angleterre enfin, bien qu'elle n'admît pas le droit divin des rois, et qu'elle ne pût voir, dans l'issue des combats, une décision du Dieu unique, — dont nous savons qu'elle ne s'embarrassait guère de se prouver à elle-même l'existence, — l'Angleterre, disons-nous, était logique elle aussi en admettant le droit de conquête ; car, en plaçant le droit de propriété sur la tête de son corps

aristocratique, elle admettait que c'est la Force qui
constitue le Droit soit à la propriété, soit à la souveraineté, réunies l'une et l'autre entre les mains de l'aristocratie; elle admettait que ce droit de souveraineté et
de propriété n'existe qu'autant qu'il possède la force de
se défendre, et que si la force de se défendre constitue
seule le droit, la force d'acquérir, la force de conquérir.
constitue seule aussi un droit parfaitement incontestable de la part de ceux qui n'ont pas la force de le contester.

Mais la France qui, lors de sa grande Révolution,
avait reconnu que le droit plein de propriété réside sur
la tête des individus; la France, qui avait déclaré à la
face du monde que toute souveraineté émane du peuple; la France qui, à la place de la Force, — qui fournissait à l'ancien droit aussi bien qu'au droit accepté
par l'aristocratie anglaise leur critérium de justice, —
s'était posé pour objectif la poursuite du Juste et s'était
vouée à la recherche de sa notion, la France, l'empereur Napoléon III, comment pouvaient-ils donc admettre
qu'un fait violent pût engendrer un droit, et qu'un
traité souscrit entre princes pût transférer soit la propriété de terres, — qu'ils ne possèdent à aucun titre, —
soit la souveraineté, — qui ne s'acquiert que par la
libre et persistante volonté de ceux qui l'édifient?

Ce serait une erreur, toutefois, de croire que le traité
de Villafranca ait exprimé la notion de droit international admise par l'Europe au temps où il fut souscrit. Nous
connaissons assez l'ignorance juridique de l'empereur

Napoléon III, qui dicta ce traité; nous connaissons assez le peu de fixité de la politique étrangère de ce prince, pour qu'il nous soit permis de supposer qu'il résumait en lui-même le degré précis du droit public auquel l'Europe était parvenue. Nous verrons plus loin, d'ailleurs, que le dernier mot du droit international moderne n'a point été donné par ce traité de Villafranca, et qu'un traité, postérieur de quelques années, — le traité de Francfort, du 10 mai 1871, — semble s'être inspiré d'une tout autre doctrine juridique.

Ainsi, depuis la Révolution anglaise de 1688, qui nia le droit divin et réunit cependant la propriété à la souveraineté, — mais en faveur d'une aristocratie, — jusqu'au traité de Villafranca, — postérieur de plus de trois quarts de siècle à la Révolution française, — la conception juridique relative au droit de conquête ne paraîtrait pas avoir changé, et la conquête aurait toujours été considérée comme génératrice d'un droit en faveur du conquérant; mais à la condition, remarquez-le bien, que le fait de conquête fût suivi d'un traité confirmatif : de telle sorte que les droits du conquérant dérivassent de ce traité, et non de la conquête, et que ce qu'on appelait le droit de conquête pût être considéré comme un droit contractuel.

Nous devons, afin d'éclairer plus complétement la question du droit de conquête, la considérer sous ce nouveau point de vue du droit contractuel, examiner, à son tour, la juridicité des traités confirmatifs de la conquête, et, avant d'arrêter définitivement notre opinion sur le point de savoir si le droit de conquête peut être conservé et reconnu par le droit démocratique, reconnaître le degré de valeur que ces traités postérieurs peuvent ajouter au fait de conquête.

XXV. Les docteurs érastianiques, dont les doctrines ont engendré, sur la question de conquête, un trouble qui n'est pas dissipé, avaient, sur la parfaite légitimité du droit qu'ils reconnaissaient, des scrupules que n'avait pas connus l'antiquité. Pour eux, pour ces docteurs, le fait de conquête ne suffisait point seul à engendrer le droit ; il y fallait quelque chose de plus, il y fallait un traité en bonne et due forme qui, consécutif au fait de conquête, l'élevât à la hauteur d'un droit. Mably, sur ce point, remarque fort bien : « que si le fait de conquête « fournissait par lui-même un titre pour les terres con- « quises, un prince dépouillé par son ennemi n'aurait « plus aucun droit sur le pays qu'on lui a enlevé, et, « par conséquent, il serait ridicule que le vainqueur « exigeât de lui une cession dans les traités de paix (1). »

Ainsi le fait de conquête, aussi bien pour ces docteurs érastianiques que pour les gouvernements qui, jusqu'à ce jour, ont continué de faire confirmer les conquêtes par un traité, était par lui-même sans valeur. C'était le traité qui, seul, conférait le droit ; c'était le traité qui conférait au vainqueur la propriété éminente des terres conquises ; c'était lui qui établissait la souveraineté du conquérant sur les personnes résidant sur ces terres.

(1) V° Mably, *Droit public de l'Europe,* œuvres, t. V, p. 300, éd. de l'an III.

XXVI. Il fallait donc que le prince vaincu qui souscrivait les traités de paix eût le pouvoir d'aliéner ces terres et de conférer cette souveraineté?... Mais il fallait plus encore, il fallait pour que le traité, pour que le contrat fût valable, que la volonté d'aliéner fût libre.

C'est un principe élémentaire, en matière de contrats, que les volontés qui concourent à former ce qu'on appelle le *vinculum juris,* le lien de droit, doivent être libres, et que tout consentement arraché par la violence ou surpris par le dol est un consentement vicié; ou plutôt n'est pas un consentement, n'est pas l'émission d'une volonté, n'est pas un élément de contrat, et ne peut créer ni Droit ni Devoir.

Or, le consentement du vaincu sur la gorge duquel repose encore le pied du vainqueur est-il un consentement libre?... Quel droit peut résulter d'un consentement ainsi obtenu ; quel devoir peut-il imposer à celui qui a été contraint de le fournir?... Suis-je donc lié par le don de ma bourse à celui qui me l'a réclamée en plaçant sur ma poitrine désarmée la pointe d'un poignard ou le canon d'un pistolet?... Et si, après avoir donné cette bourse, je rencontre sous ma main une arme qui me permettra de la reprendre, dois-je m'en abstenir, dois-je me considérer comme lié par mon abandon contraint, et désarmé par le consentement qui m'aura été arraché?

Et si le fait de conquête en lui-même est insuffisant à conférer un droit véritable au conquérant ; si le traité consécutif à ce fait, alors même que ceux qui le souscrivent auraient le droit de disposer des choses qui en sont l'objet, est insuffisant lui-même à conférer un droit, quelle est donc, quelle peut être la légitimité du droit de conquête?

Il faut, véritablement, que les doctrines professées par les jurisconsultes du droit érastianique aient bien troublé les idées modernes et confondu tous les principes, pour qu'un publiciste aussi éclairé que l'Américain Wheaton puisse admettre qu'un traité de paix postérieur à l'état de guerre a la vertu de transmettre au vainqueur un droit légitime sur une portion quelconque du territoire ennemi (1). Vattel lui-même, l'érastianique Vattel, tout en admettant la légitimité de la conquête, est moins affirmatif que Wheaton, car, démentant en réalité la légitimité du droit qu'il venait de reconnaître, et poussé, sans doute à son insu, par la force de la logique, il dit que le droit qu'acquiert le conquérant ne va point jusqu'à pouvoir priver les habitants du territoire conquis des *immunités* qu'ils possédaient avant la conquête (2).

Pour Vattel, les *immunités* ne peuvent donc être l'objet de la conquête, elles ne peuvent être l'objet du contrat consécutif à la conqu ste, elles doivent être respectées par le conquérant. Mais que sont ces *immunités* que la conquête ne peut atteindre et que le droit des princes doit respecter?... La propriété, la liberté de culte et de conscience, dira-t-on avec Vattel comme avec

(1) V⁺ Wheaton, *Éléments du droit international,* t. II, § 3.
(2) V⁺ Vattel, *Droit des gens,* liv. III, ch. 13, § 199.

Montesquieu. — Oui, ces immunités-là sont en effet, et selon les usages admis même sous l'Érastianisme, en dehors du droit de conquête, parce qu'elles sont de droit naturel. Mais si le droit de propriété est de droit naturel, le droit de voter l'impôt, — droit inséparable de celui de propriété, — est un droit naturel que la conquête doit également respecter. Et si le droit de voter l'impôt est respecté, le droit de refuser l'impôt est reconnu... que deviennent les droits du conquérant avec ce respect des *immunités?*... Que deviennent-ils si l'on ajoute que si la liberté de conscience est un droit naturel, une immunité respectable, la liberté de soi-même, la souveraineté, en un mot, est, elle aussi, un droit naturel, et une *immunité* respectable par conséquent. Encore une fois, l'érastianique Vattel niait, en réalité, la légitimité du droit de conquête, que Wheaton, citoyen de la libre et démocratique Amérique, n'a pu reconnaître qu'en oubliant le principe même du droit de son pays, en oubliant que les *immunités* sont en dehors du droit de conquête, et que la souveraineté de soi-même est la principale de ces immunités.

XXVII. Admettre, en droit international, la légitimité de la conquête, c'est dire qu'il n'existe pas d'autre droit que celui de la Force, que ce droit prime le droit naturel, qu'il peut confisquer les *immunités,* et que les individus n'ont reçu aucun droit inamissible de l'auteur de tout droit. Admettre la légitimité du droit de conquête, c'est dire que les rapports entre les nations ne peuvent être régis que par la force, qu'il n'existe

entre elles aucun rapport juridique, aucune notion du
Juste qui leur soit commune; c'est dire, enfin, qu'il n'y
a pas de droit naturel, pas de droit international, pas
de Juste international, pas de Juste universel, pas de
Dieu universel, pas de Dieu du tout.

Les Érastiens pouvaient, sans aller aussi loin, et sans
professer l'athéisme absolu, soutenir la légitimité du
droit de conquête : leur Dieu n'était pas universel,
et leur notion du Juste était locale. Vattel aurait donc
pu se passer de prescrire le respect des *immunités* sans
être contraint de nier absolument l'existence d'un droit
naturel ; il n'aurait fait que nier celle d'un droit international, — ce que l'Érastianisme faisait volontiers. —
De son côté, Martens pouvait, lui aussi, soutenir l'existence du droit de conquête sans être absolument obligé
de professer l'athéisme, et il pouvait dire : « Tout État
« ayant naturellement le droit de travailler à sa per-
« fection, est autorisé à employer tous les moyens
« licites par eux-mêmes pour accroître ses forces pécu-
« niaires, militaires et fédératives, *pour agrandir son*
« *territoire et sa population* (1). »

Mais ce que Vattel pouvait dire, ce que Martens pouvait répéter, ce que Grotius pouvait soutenir en se plaçant
au point de vue unique du droit domanial, Wheaton,
dont les principes domaniaux n'étaient pas ceux de
Grotius, et dont les idées métaphysiques n'étaient pas
obligées de se renfermer dans un horizon aussi restreint

____

(1) V° Martens, *Précis du droit des gens moderne de l'Europe,* liv. IV,
ch. 1ᵉʳ, § 120.

que celui imposé à Vattel et à Martens par la logique,
Wheaton, disons-nous, ne pouvait continuer de le professer; et l'on ne peut que s'étonner de voir M. Ch.
Vergé, le savant annotateur de Martens, approuver les
opinions de ce dernier, et dire : « Le droit que notre
« auteur reconnaît aux États est *incontestable*. »

Incontestable!... Le droit de conquête serait incontestable?... Mais, avant d'affirmer cette incontestabi-
lité, il aurait fallu admettre la distinction antique entre
le droit naturel et le droit des gens, de façon à pouvoir
dire que le droit des gens permet *incontestablement* ce
que le droit naturel défend non moins incontestablement. Or, M. Vergé a fait tout le contraire; il a reconnu,
et avec grande raison, qu'il n'y a pas deux morales,
qu'il n'y a pas deux lois morales, et que la tendance
constante de l'humanité a été de confondre le droit des
gens dans le droit naturel. Si donc le droit des gens ne
se distingue pas du droit naturel, il proscrit le vol, apparemment; car le droit naturel n'admet nulle part, et
chez aucun peuple quelque peu civilisé, la légitimité du
vol. Et s'il proscrit le vol, il proscrit l'*incontestable*
droit de conquête de M. Vergé; car, à quelque point de
vue qu'on se place, érastianique ou démocratique, la
conquête est un vol : elle est un vol en droit érastianique, puisqu'elle dépouille le souverain vaincu d'un droit
qu'il détenait justement en vertu d'une concession
divine; elle est un vol en droit démocratique, parce que,
soit qu'elle dépouille ou ne dépouille pas les citoyens
conquis de leurs propriétés, elle les dépouille de leur

souveraineté; laquelle est aussi un droit résultant de la loi divine qui a doté l'homme de la liberté de volition.

L'affirmation si positive de M. Vergé nous paraît donc être un anachronisme. Nous ne sommes plus au temps où le peuple le plus fort s'emparait du territoire du plus faible, en égorgeait les habitants, ou, comme Sparte des Messéniens et des Ilotes, les contraignait à cultiver leurs terres au profit de leur vainqueur; nous ne sommes plus au temps de la propagande agricole et pacificatrice qui légitimait en quelque sorte le droit des gens pratiqué par les Romains; nous ne sommes plus au temps où la propriété était considérée comme une concession de Dieu faite aux monarques, et où les habitants, accédant à la terre, suivaient le sol transmis soit par héritage, soit par contrat de mariage ou par des traités successionnels; nous ne sommes plus même au temps, si proche de nous cependant, où le droit de conquête faisait si bien perdre la nationalité, et conférait un droit si certain sur la personne des habitants conquis, que si des traités, comme ceux de 1814 et de 1815, réservaient à ces habitants conquis le droit de vendre leurs biens et de se retirer dans leur ancienne patrie, ils n'y étaient reçus que comme des étrangers, ils n'y étaient considérés que comme des gens que la conquête avait dénationalisés, et qui étaient tenus de se pourvoir de *lettres de naturalisation* (1).

---

(1) V° *Histoire de la Restauration*, par M. de Viel-Castel, t. II, ch. 9.

XXVIII. La conquête ne dénationalise plus. Le fait de conquête, pas plus que le traité consécutif à la conquête, ne font acquérir aucun droit au conquérant ni sur les propriétés ni sur les personnes des peuples conquis; il y faut autre chose, il y faut le consentement explicite ou tacite des peuples conquis.

C'est ainsi que lors du traité de Francfort, du 10 mai 1871, les habitants des provinces que la France fut contrainte de céder à la Prusse eurent le droit, pendant un certain temps déterminé par le traité, d'opter soit pour leur ancienne nationalité, soit pour la nationalité qui leur était imposée par la conquête. Pour ces habitants, l'option, exprimée ou tacite, fut considérée comme un droit aussi bien par la Prusse que par la France; ils n'eurent plus besoin, comme en 1815, de réclamer des *lettres de naturalisation* pour redevenir Français : ils demeurèrent Français malgré la conquête, jusqu'à ce qu'ils eussent exprimé ou laissé présumer leur volonté de ne plus l'être, de même qu'ils demeurèrent, malgré la conquête, pleins et absolus propriétaires de leurs terres.

Tel est l'état du droit nouveau, telle a été la marche des idées depuis la Révolution anglaise de 1688 jusqu'au traité de Francfort de 1871. La conquête ne confère plus au vainqueur aucun droit sur les terres du vaincu, elle ne confère, non plus, aucun droit sur les personnes; et l'on peut dire que le droit de conquête est disparu, puisque les objets sur lesquels il peut porter lui sont retirés. On peut dire autre chose encore, on peut dire que, même pour les États monarchiques qui, comme la Prusse, persistent à donner à leur roi le titre de chef *par la grâce de Dieu,* le pouvoir est considéré, en définitive, comme une émanation de la volonté du peuple, aussi bien du peuple conquérant que du peuple conquis. Serait-il admissible, en effet, que ce dernier jouît d'une immunité dont le peuple conquérant ne jouirait pas?

Nous avions donc raison de dire plus haut que le traité de Villafranca n'avait pas exprimé la conception juridique des peuples modernes, et que l'empereur Napoléon III, malgré son origine plébiscitaire, malgré son affectation à professer le principe de *nationalité* et à faire confirmer la conquête par le vote des populations conquises, n'avait pas plus compris le droit démocratique que ne l'avait compris son oncle le conquérant, son oncle le négociateur des traités de Campo-Formio, de Prague et de Tilsitt.

XXIX. Le droit de conquête, ce droit que, après la Réforme, les jurisconsultes ont si inconsidérément conservé dans le code de droit international qu'ils entreprirent de substituer à la Révélation internationale du Papisme grégorien, est donc absolument incompatible avec le droit démocratique qui, en faisant découler aussi bien le droit de souveraineté que le droit de propriété de l'autonomie humaine et individuelle, a enlevé à ce droit la double base sur laquelle, seule, il pouvait reposer.

Est-ce à dire que, en droit démocratique, les limites

des nations, les limites de leur territoire doivent demeurer absolument fixes, et qu'il ne leur soit pas permis de se compléter, de s'élargir, de se donner ces fameuses *limites naturelles* qui ont fait couler jusqu'ici tant de sang français?... Nullement. Cela veut dire seulement que, sous le règne du Droit, la violence ne peut former un titre, et que les traités, les pactes, les contrats ne peuvent être valables s'ils ne sont volontaires et purgés de toutes fraudes qui en vicient le consentement. Rien ne s'oppose donc à ce que, sous l'empire du droit démocratique, un territoire se détache volontairement d'une nation pour s'unir à une autre nation vers laquelle il se sentirait poussé par des convenances de langage, de mœurs, de religion, et autres du même genre dont nous avons parlé précédemment. En ce point, Benjamin Constant, qui refuse cette faculté d'annexion aux peuples démocratiques, nous parait trop rigide (1).

Mais si les peuples démocratiques ont le droit d'accepter une annexion de territoire ou de province qui leur est librement offerte, il reste à savoir s'ils ont un intérêt quelconque à accepter une semblable annexion. On en peut douter, et il est même certain que dans la plupart des cas cet intérêt n'existera pas. Une province ou une portion de territoire, en apportant à l'État auquel elles voudraient s'annexer, un accroissement de territoire et de population, lui apporteraient aussi un accroissement de charges. Il est évident, en effet, que

(1) V° Benjamin Constant, *Cours de politique constitutionnelle*, t. II, p. 167 et s., éd. Guillaumin

cette province ou cette portion de territoire ne peuvent se détacher de l'État dont elles font partie sans emporter avec elles leur part proportionnelle des dettes et charges de cet État. Reste, il est vrai, l'accroissement de forces résultant de l'annexion, accroissement qui était pris en grande considération sous l'ancien droit. Cet accroissement de forces peut-il, en droit démocratique, suppléer au défaut d'intérêt?... Mais, pour qu'il en fût ainsi, il faudrait que la force pût, en droit démocratique, être de quelque utilité à un État; ce qui n'est pas, puisque, en droit démocratique, la force est impuissante à créer les droits et inutile pour les défendre.

XXX. Quant au droit d'une province à se détacher d'un État pour se joindre à un autre État, bien que, théoriquement, on puisse le nier, il serait difficile, pratiquement, de le contester. Certes, le caprice d'un jour ne peut suffire à autoriser une province à se séparer de l'État dont elle fait partie; nous avons vu que les lois de *sociabilité* et de *conservabilité* ne permettent point qu'une partie d'un peuple puisse détruire la totalité en la disloquant capricieusement. Mais si, au lieu d'être la suite d'un caprice ou d'un accès d'humeur, comme celui, par exemple, qui amena la guerre de la sécession dans les États-Unis d'Amérique, la volonté de se séparer est exprimée d'une façon persistante et prolongée; si cette volonté est déterminée par des convenances évidentes,— comme celles qui, en 1826, excitèrent la Grèce à se séparer de l'empire de Turquie, par exemple,—la stricte justice ne saurait refuser l'efficacité à une volonté pareille. Ce ne serait plus là ni le cas d'une séparation capricieuse, ni celui d'une conquête violente; ce ne serait plus que l'occasion d'un traité parfaitement licite, puisque aucune violence ni aucun dol n'en corrompraient les éléments essentiels.

Avons-nous besoin, après avoir ainsi nié l'existence du droit de conquête, d'ajouter que les anciennes pratiques du droit des gens, qui permettaient de donner en gage ou en hypothèque une ville, une province ou telle autre portion de territoire, ne sauraient plus exister en droit démocratique. Comment, en effet, l'État qui recevrait un pareil gage ou une pareille hypothèque pourrait-il les réaliser sans violer le principe même de la démocratie, sans violer la souveraineté populaire?

Quelques autres questions, telles que celle de savoir si un souverain peut aliéner un territoire inhabité ou s'emparer d'un territoire que ses habitants ne cultivent pas, sont traitées par les auteurs qui se sont occupés du droit de conquête. Ces questions, se rapportant plutôt à ce que ces auteurs ont nommé *le droit d'occupation*, seront traitées dans le chapitre suivant, où nous aurons à examiner ce droit d'occupation, ainsi que le droit de colonisation, au point de vue du droit démocratique moderne.

CHAPITRE IX.

DU DROIT D'OCCUPATION ET DE COLONISATION.

I. Le droit d'occupation a la même origine que le droit de conquête. — II. Les anciens, soumis au droit de Force, ne pouvaient comprendre le droit *in intellectu*. — III. Le monde chrétien, apte à percevoir le droit *in intellectu*, en fait l'application au droit d'occupation. — IV. Grotius, bien que n'admettant pas le droit patrimonial de souveraineté, reconnaît aux Princes le droit de première occupation. — V. Le droit d'*invention*, ou de première occupation, séparé du fait de possession, est reconnu comme légitime. — VI. Vattel, toutefois, exige que la première occupation soit suivie d'une prise de possession réelle. — VII. Les modernes ont, en ce point, accepté les idées de Vattel ; ils ne respectent pas la première occupation des hordes sauvages et chasseresses. — VIII. Le droit démocratique, qui confond les droits de souveraineté et de propriété, ne peut admettre le droit d'occupation séparé de la prise de possession effective. — IX. Les peuples civilisés ont-ils le droit de s'emparer des territoires occupés, mais non cultivés?... — X. De ce que l'occupation n'est légitimée que par l'appropriation et la culture, il ne suit pas que les choses non susceptibles d'appropriation individuelle ne puissent être possédées collectivement à titre de droit. — XI. Le droit de défense motive la possession exclusive d'une certaine zone maritime, des lacs, des fleuves, des rivières, etc. — XII. Est-il permis, en droit démocratique, de céder un territoire inoccupé?... — XIII. Distinction entre les territoires extérieurs et intérieurs. — XIV. L'usucapion et la prescription peuvent-elles être admises en droit international?... — XV. L'usucapion ne dérive pas d'une clause résolutoire implicite, ainsi que le croyait Vattel ; elle dérive de l'incorporation du libre travail de l'usucapionnaire. — XVI. Elle ne peut être admise en droit international. — XVII. Il en est, à plus forte raison, de même de la prescription. — XVIII. De la colonisation. Une colonie diffère-t-elle d'une province?... — XIX. La distinction était facile en droit romain, l'*optimum jus* la déterminait. — XX. Sous le droit érastianique, l'existence des *semi-souverainetés* permettait de faire une distinction semblable. — XXI. Les colonies, sous l'Érastianisme, étaient, selon Grotius, des « *collections quasi-serves.* » Le droit démocratique ne peut admettre cette *quasi-servitude*. — XXII. Si les colonies possèdent la plénitude du droit, n'induiront-elles pas les métropoles en des relations hostiles?... — XXIII. Le droit démocratique résout cette difficulté en accordant le droit de représentation aux colonies comme aux autres provinces. — XXIV. Les indigènes coloniaux peuvent-ils jouir du droit de représentation?... — XXV. Du cas où les colonies veulent se séparer de leur métropole. — XXVI. Politique de l'Angleterre à l'égard de ses colonies.

I. Nous voici encore en présence de l'un de ces faits érigés en droits par l'antiquité, et faisant partie de son système juridique, dont les diverses pièces étaient si bien ajustées, si bien reliées ensemble et à leur principe, qu'on n'aurait pu retirer l'une d'elles sans faire crouler l'édifice entier. Au sommet, la Force, empruntant à la crédulité les apparences du Droit, descendait,—engendrant sur son passage le droit de guerre, le droit de conquête, le droit de colonisation, le droit de propriété; — parvenait à l'esclave, qu'elle attachait irrévocablement au sol, et auquel elle savait arracher les sueurs fécondantes qu'il enfouissait, stérilement pour lui, dans un sol qui ne pouvait jamais lui appartenir.

De même que la conquête était le fondement du droit de propriété quand la force rencontrait de la résistance, de même, quand cette résistance n'existait pas, quand la terre était inoccupée, la première occupation était considérée comme génitrice d'un droit parfait; les jurisconsultes l'affirmaient, et ils invoquaient même le droit naturel, le *jus æquitatis* pour le prouver: « *Quod enim* « *nullius est,* » disaient-ils, « *id*, RATIONE NATURALI *oc-* « *cupanti conceditur* (1). »

II. De cette définition des jurisconsultes romains, il semblerait qu'ils devaient induire que le droit du premier occupant était un droit véritable, un droit *in intellectu juris,* un droit puisant son origine dans les consciences et rencontrant, dans ces consciences, la sanction qui devait le faire respecter. Mais les jurisconsultes romains ne concevaient point le Droit de cette façon. Dans une société où la Force tient la place du

____

(1) Dig., lib. XLI, tit. Ier, frag. 3.

Juste, il n'est pas une seule des catégories du droit qui puisse se passer de la sanction de la force. Les jurisconsultes romains le comprenaient bien ainsi : pour eux, le droit d'occupation, soit en droit interne, soit en droit externe, devait être accompagné ou de la possession réelle, — qui savait opposer la force aux tentatives de l'usucapionnaire, — ou de la force organisée, qui savait repousser, non point un injuste envahisseur, mais un envahisseur trop faible.

Ainsi, pour ce monde matérialiste soumis à l'empire des forces aveugles, le droit conscient de lui-même n'existait pas, et la *ratio naturalis* elle-même ne pouvait fonder un droit ; de telle sorte que le premier occupant ne se pouvait prévaloir d'un véritable droit que tant qu'il possédait la force de repousser les attaques de celui qui aspirait à devenir second occupant.

Le droit d'occupation parvint en cet état au monde moderne, lequel crut devoir se l'approprier. Cependant il existait une différence profonde entre la conception juridique du monde chrétien et celle du monde païen : la force ne régnait plus seule et sans conteste au sommet de l'édifice ; et nous savons que, dans cet édifice, dont le monde moderne hérita, S. Paul était parvenu à introduire un élément qui devait, à la longue, en ronger les bases et le faire crouler (1).

III. Le monde moderne, le monde chrétien, n'expulsa point tout d'abord le droit de force de son édifice juri-

____

(1) V° *Recherches historiques du Juste et de l'Autorité*, t. II, 3° partie, liv. I°, ch. 2, § 2.

dique, mais il sentit bien qu'il faudrait en venir tôt ou tard à l'en expulser, et, en attendant, il se mit à concevoir le droit autrement que ne l'avaient conçu les anciens : il se mit à le concevoir véritablement *in intellectu,* et à croire qu'il pouvait exister des droits auxquels la force seule ne servirait pas de sanction, des droits qui pourraient se défendre par eux-mêmes, parce qu'ils seraient véritablement des droits.

L'occupation fut l'un de ces droits. Chose étrange, alors que la propriété était encore considérée comme un fait auquel la force seule pouvait donner la sanction nécessaire pour l'élever au rang de « *droit parfait;* » alors que la propriété était considérée comme appartenant soit au prince, soit à la collection, — qui, seuls, avaient la force de la défendre, — la légitimité du droit d'occupation fut reconnue. L'occupation, résultant d'un simple acte de volonté, d'un acte de prise de possession en quelque sorte symbolique, fut considérée comme engendrant un droit parfait, existant par lui-même et se défendant au moyen de l'évidente justice qui le fondait.

IV. Par quels artifices de logique subtile Grotius en arriva-t-il à se persuader et à dire « que c'est l'occupa-« tion qui, depuis les temps primitifs, est le seul mode « naturel et originaire d'acquérir (1) ?... » Comment ce jurisconsulte, qui ne reconnaissait pas le droit de la souveraineté territoriale fondée soit sur la force, soit sur une délégation divine; qui ne donnait d'autre ori-

____

(1) *Droit de la paix et de la guerre,* liv. II, ch. 3, art. 4, n° 1.

gine à la souveraineté que l'élection ; qui distinguait la souveraineté de la propriété, et n'accordait point celle-ci aux princes, mais aux peuples, considérés dans le sens collectif et indivisible de ce mot, comment en arriva-t-il à professer cette doctrine : que le seul fait de prise de possession d'un territoire désert par un souverain suffît à lui en faire acquérir la souveraineté, et constitue en sa faveur un droit parfait ?

Certes, Grotius avait raison de reconnaitre qu'il existe des droits parfaits, des droits qui peuvent se passer de la force ; et nous sommes loin de lui reprocher d'avoir, en ce point, rompu avec la conception juridique de l'antiquité. Mais nous ne pouvons comprendre que ce jurisconsulte ait choisi précisément le droit d'occupation comme sujet de cette rupture. Quelle sorte de droit pouvait donc, dans l'esprit de Grotius, faire acquérir la première occupation au souverain qui l'avait effectuée?... Était-ce un droit de souveraineté?... Mais il déclarait que la souveraineté ne se pouvait acquérir que par le vœu de ceux sur qui elle devait s'exercer; or, un territoire désert ne pouvait fournir un vœu semblable. Était-ce un droit de propriété?... Mais il professait que le droit de propriété n'appartient pas et ne peut appartenir aux princes, et qu'il ne peut se passer de la force. Dans l'une et l'autre hypothèse, dans l'un ou l'autre de ces deux cas, l'occupation était mal choisie pour une tentative de spiritualisation du Droit.

V. Et cependant on sait que les usages se conformèrent à l'opinion de Grotius ; ou que, peut-être, Grotius avait conformé son opinion aux usages. Pendant long-temps, — et nous ne répondrions pas qu'il n'en fût pas ainsi encore pour plusieurs peuples navigateurs, — pendant longtemps, ce que l'on pourrait appeler *le droit d'invention* fut affirmé comme un droit véritable subsistant *per se.* Un navigateur, rencontrant dans ses courses une île qui lui paraissait déserte, y plantait un drapeau aux couleurs nationales, ou y dressait une pierre sur laquelle il gravait le nom de son souverain. Cela s'appelait prendre possession, et cette prise de possession était considérée comme suffisante : le droit prenait naissance à l'instant même, la souveraineté et la propriété éminente étaient conquises, et se perpétuaient par la seule force du droit.

Il est vrai qu'il arrivait bien parfois que les tempêtes emportassent le drapeau, ou que la pierre gravée fût renversée par de seconds occupants peu scrupuleux. Mais les jurisconsultes ne s'occupaient point de ces exceptions, qu'ils déclaraient imperturbablement illégitimes, et laissaient les États vider entre eux la question, ordinairement résolue en faveur du plus fort. Quoi qu'il en fût, et quelque démenti que pût recevoir parfois la doctrine professée par les jurisconsultes, — qui reconnaissaient le droit de conquête, et qui, à ce titre, auraient dû reconnaître le droit du second occupant qui s'était trouvé le plus fort, — ceux-ci n'en continuèrent pas moins à dire que le droit du premier occupant est un droit sacré, parce que le Digeste, — qui ne s'occupait cependant que du droit interne, — avait dit : « *Quod*

« *enim nullius est, id ratione naturali occupanti con-*
« *céditur.* »

Pour ces jurisconsultes chrétiens, qui ne pouvaient faire dériver le droit que de la volonté divine révélée, ou accusée par une loi naturelle, — divine par conséquent; — pour ces Réformés, qui n'accordaient qu'aux seuls livres sacrés le don de révéler la volonté de Dieu, faire dériver ainsi le droit d'un texte païen était faire une chose peu orthodoxe. Aussi, dès le temps de Vattel, quelques doutes survinrent sur la validité de ce droit d'occupation séparé du fait d'appropriation; et l'on commença à comprendre qu'il n'était pas aussi facile que l'avait cru Grotius de séparer la souveraineté de la propriété. Reconnaître le droit d'occupation indépendamment du fait d'appropriation, c'était bien, en effet, reconnaître que le droit de souveraineté peut subsister par lui-même, qu'il peut subsister seul, qu'il n'a pas besoin de s'étayer du droit de propriété, et que, dès lors, la souveraineté peut être séparée de la propriété sans cesser d'être un droit.

Grotius, lui, qui ne faisait dériver la souveraineté que de l'élection, n'aurait pas dû pouvoir souscrire à de semblables conclusions; et Vattel lui-même, bien qu'il fît dériver le droit de souveraineté d'une source divine, pouvait difficilement les admettre; car, pour ce faire, il lui fallait reconnaître que le droit du découvreur, le droit du premier occupant est un droit divin, une concession divine faite à ce découvreur par la Divinité qui l'a inspiré et guidé dans sa découverte. Chose difficile à croire pour un jurisconsulte érastien accoutumé à ne donner d'autre rayon à la concession divine que celui du territoire de chaque État.

VI. Aussi, pour Vattel, l'acte d'occupation ne fut qu'un préalable, nécessaire sans doute, mais insuffisant à engendrer le droit, même à la souveraineté. Pour produire le droit de souveraineté, il fallut y joindre le droit de propriété; pour compléter et valider l'occupation, il fallut y joindre la détention effective, le travail individuel. — C'est-à-dire que pour transformer le fait en droit, il fallut y joindre le droit. — Vattel dit, en effet : « C'est ainsi que des navigateurs, allant à la dé- « couverte munis d'une commission de leur souverain, « en rencontrant des îles ou d'autres terres désertes, en « ont pris possession au nom de leur nation; et, *com-* « *munément,* ce titre est respecté, *pourvu qu'une pos-* « *session réelle l'ait suivi de près.* Le droit des gens ne « reconnaîtra donc la propriété et la souveraineté d'une « nation que sur les pays qu'elle aura occupés *réelle-* « *ment et de fait* (1). »

VII. Les idées de Vattel en matière d'occupation sont devenues, peu à peu, les idées du monde moderne : la prise de possession a cessé de suffire à l'émergence du droit; et la preuve de ce changement dans la notion juridique des modernes, c'est qu'ils ne se font nul scrupule de s'emparer de territoires occupés par des hordes sauvages et chasseresses. Le droit d'occupation de ces

(1) *Droit des gens,* liv. 1er, ch. 18, §§ 207 et 208.

hordes n'est pas respecté, il n'est pas reconnu, parce que l'on conçoit que l'occupation ne suffit pas plus à faire acquérir le droit de propriété que le droit de souveraineté. Ce qui constitue l'un et l'autre droit pour les modernes, ce qui, bien qu'on ne se l'avouât pas, le constituait déjà avant que la Révolution française eût proclamé le principe de l'individuation domaniale, c'est le travail libre incorporé dans la terre (1). Jusque-là, jusqu'à ce que ce travail ait enfoncé, pour ainsi dire, le droit dans le sol, le sol est *res nullius*, il n'appartient à personne, et la hampe du drapeau de l'audacieux navigateur n'y fait point pénétrer le droit avec elle.

VIII. Ce que le droit érastianique avait commencé d'admettre, le droit démocratique ne peut se dispenser de l'avouer hautement. Pour lui, pour ce droit démocratique, — qui n'admet plus la séparation des droits de souveraineté et de propriété, — la première occupation ne peut devenir un droit que lorsqu'elle s'est complétée par l'appropriation, et que le sol découvert a été fécondé par un travail réel qui y ait incorporé la volonté de l'occupant. Jusque-là, vainement un drapeau flotterait sur une terre déserte, vainement même une bicoque, un fort, construits, puis abandonnés, attesteraient que certains habitants d'une contrée éloignée ont passé par là et qu'ils ont eu un instant l'intention de s'y fixer. Ces

____

(1) En effet, Martens lui-même, si imbu qu'il soit des anciens principes du droit des gens, professe la même opinion que Vattel en matière de droit d'occupation. V° *Précis du droit des gens moderne de l'Europe*, liv. II, ch. 1er, § 37.

vestiges, semblables aux pierres gravées que, selon Hérodote, Sésostris érigea sur son passage, ne pourraient fonder aucun droit, et ne s'opposeraient pas à ce que d'autres, marchant, comme jadis les Gaulois, *ad novas sedes quærendas,* ne vinssent s'établir sur la terre à laquelle leur travail saura incorporer tout à la fois la fécondité et le droit.

IX. Cependant Vattel, après avoir reconnu que, pour que la prise de possession soit valable, il faut qu'elle soit suivie de l'appropriation, — qui seule enfante le droit, — n'accorde point aux peuples civilisés le droit de dépouiller les hordes chasseresses ou pastorales du territoire qu'elles parcourent, — mais dont elles ne peuvent avoir la propriété, puisqu'elles n'y mettent rien d'elles-mêmes (1).— Et M. Ch. Vergé, sur Martens, partageant les scrupules du publiciste neuchatellois, dit, de son côté : « Le droit de propriété des individus et des na-« tions ne dépend pas du degré de culture intellectuelle « de ces individus et de ces nations. Il est respectable « par lui-même et en dehors de toute condition de civi-« lisation (2). »

Ce scrupule est honorable sans doute, et l'on ne peut que s'étonner de ce que Grotius, qui, pas plus que Vattel, ne connut point le véritable fondement du droit de propriété, ne l'ait pas partagé (3). Cependant, avant

(1) V° Vattel, *Droit des gens,* liv. II, ch. 7, § 97.
(2) Sur Martens, *Précis du droit des gens moderne de l'Europe,* liv. II, ch. 1", § 37.
(3) V° Grotius, liv. II, ch. 22, art. 10, n° 1.

de recommander le respect du droit de propriété « des individus et des nations, » il aurait fallu, croyons-nous, commencer par définir le droit de propriété, afin de savoir si « ces individus et ces nations, dont le degré de culture intellectuelle serait peu avancé, » possèdent ou ne possèdent pas un droit de propriété. Pour nous, il nous semble que les hordes qui parcourent, inutilement pour elles et pour le genre humain tout entier, un territoire vaste et fertile, n'y acquièrent pas un droit supérieur à celui de cet occupant qui plante son drapeau sur un vaste territoire, et dit : Cela est à moi parce que je veux que cela soit à moi. Vattel, qui refuse à cet occupant orgueilleux le droit qu'il prétend s'arroger, aurait été plus logique en refusant le *droit* aux populations non moins orgueilleuses qui parcourent une terre féconde et ne veulent pas la cultiver.

Si les Romains eussent obéi aux scrupules de Vattel et de M. Vergé, s'ils se fussent abstenus de s'emparer des territoires parcourus par des hordes chasseresses ou pastorales, il y a tout lieu de croire que l'univers serait barbare encore, et que, pour remédier à ses excès de population, il aurait encore recours aux sacrifices humains et aux autres moyens suppressifs ou préventifs en usage, on s'en souvient (1), parmi les peuples chasseurs et pasteurs.

Respecter le droit des sauvages, c'est respecter le

____

(1) V° *Recherches historiques du Juste et de l'Autorité*, 2° partie, liv. IV, ch. 1°°, § 2.

droit de première occupation isolé de l'appropriation, c'est respecter un droit qui n'est pas un droit, qui n'est pas la souveraineté, parce qu'il n'est pas la propriété. Le droit démocratique, qui cherche à s'inspirer de la notion du Juste, et qui est très loin, par conséquent, de confondre le Droit avec la Force, le droit démocratique, disons-nous, ne saurait respecter l'occupation des hordes chasseresses ou même pastorales, car le droit démocratique sait que Dieu a dit aux hommes : *Croissez et multipliez;* il sait qu'il leur a dit : *Vous ne tuerez point;* et pour ne pas être obligé de tuer, de même que pour ne pas empêcher la race humaine de multiplier, ce droit sait bien que l'homme est contraint d'appliquer son intelligence et son travail à la terre. Ceux donc qui n'obéissent pas à cette obligation, et qui occupent cent fois plus de place qu'il ne leur en faudrait s'ils y obéissaient, ne suivent pas les voies de la justice, ils sont des usurpateurs, et l'on a le droit de faire cesser leur usurpation.

Sans doute on n'a pas le droit d'égorger les sauvages, on n'a pas le droit non plus de les contraindre à périr de faim en s'emparant de leur territoire; mais on a le droit de les cantonner, et l'on a le devoir de les civiliser, même par force : on sait que, dans une certaine mesure, nous avons légitimé l'apostolat romain. Disons-le, toutefois, les modernes n'ont plus besoin d'employer les moyens coercitifs de l'ancienne Rome; et nous avons vu, dans nos études sur *le Juste et l'Autorité,* que le commerce leur donne des moyens *persuasifs* supérieurs aux moyens coercitifs que, seuls, l'antiquité savait employer (1).

X. La possession collective et indivise ne peut donc engendrer ni le droit de propriété ni celui de souveraineté; et, — de même que pour les individus, — la possession ou l'occupation ne crée le droit au profit des nations qu'autant que celles-ci sont parvenues à ce degré de civilisation qui pratique la culture et qui a fait cesser l'indivision primitive. Cependant, si l'on appliquait dans toute sa rigueur le principe d'individuation domaniale, et si l'on ne reconnaissait d'autres droits que ceux possédés par les individus à titre privé, on en arriverait à des conséquences que le droit démocratique ne peut pas plus admettre que ne les admettait le droit érastianique; on en arriverait à soutenir que les États ne peuvent pas posséder ces choses que le droit romain appelait *res nullius,* et qui ne sont pas susceptibles d'appropriation individuelle. Ainsi, faisant dériver le droit du travail individuel, on en arriverait à nier le droit des nations sur tout ce qui n'a pu être ni produit ni modifié par ce travail, à nier leur droit sur la mer qui entoure leurs côtes, par exemple, leur droit sur les grands fleuves qui parcourent leur territoire, ou sur les lacs qui s'y trouvent enfermés.

Ce serait là une erreur. Ce n'est point, à la vérité, en vertu du droit d'occupation ou du droit de propriété qu'un peuple peut repousser de ses côtes ceux qui s'en

(1) V° *Recherches historiques du Juste et de l'Autorité,* 4° partie, liv. III, ch. 1er et 2.

approchent de trop près; ce n'est point en vertu de ces droits d'occupation et de propriété qu'il peut empêcher les citoyens d'un autre peuple de traverser ses fleuves, de pêcher dans ses lacs ou de naviguer sur ses rivières; mais c'est en vertu du droit de conservation, du droit de défense, du droit, en quelque sorte, qui protége le seuil du foyer domestique. C'est en vertu de ce droit que les peuples peuvent repousser de leurs eaux les navires indiscrets, et c'est en vertu de ce droit qu'a été faite la maxime: *Terræ potestas finitur ubi finit armorum vis.*

XI. Rien ne s'oppose donc à ce que le droit démocratique s'approprie cette maxime du droit érastianique; et de ce que *la force des armes* semble être ici la génitrice d'un droit, on ne saurait rien conclure contre la définition du droit domanial démocratique, puisque le droit que les armes fondent ainsi est un droit de défense, et non pas un droit domanial. Remarquez, d'ailleurs, que ce droit de défense produit, par le fait, des résultats analogues à ceux que produit le droit domanial, et qu'il suffit pour assurer aux nationaux le droit exclusif de pêche, aussi bien sur leurs fleuves et leur lacs intérieurs que sur la mer entourant leurs côtes. *La force des armes,* la portée du canon, autorisant l'exercice d'une sorte de police vigilante, et repoussant les pêcheurs étrangers,— non pas en tant que pêcheurs, mais en tant qu'indiscrets ou suspects, — assure aux nationaux le même droit exclusif que leur assurerait un véritable droit de propriété.

On remarquera, en outre, que les routes, les canaux, certaines rivières elles-mêmes, ne rentrent point dans cette catégorie des *res nullius* que le travail humain ne peut ni créer ni modifier, et qui semblent ne pouvoir servir d'objet à l'assiette d'un droit véritable. Le travail, pour ces routes, ces canaux et ces rivières canalisées, possédées indivisément cependant, les a transformés en véritables domaines ; et si, par des considérations d'un autre ordre, « l'usage innocent » de ces choses est, dans l'état actuel des relations commerciales, abandonné, souvent sans péage, aux étrangers comme aux nationaux, c'est là un usage que la moderne civilisation approuve, mais qui ne détruit point le droit indivis de propriété que les peuples acquièrent très légitimement sur les voies de circulation que leur travail crée ou approprie.

XII. Après en avoir fini ainsi avec le droit d'occupation et avec celui de s'emparer des terres occupées par des hordes errantes, nous avons à nous occuper d'une question d'un autre genre ; et bien que, dans le chapitre précédent, nous ayons examiné la question de savoir si un prince ou un État peut aliéner une province ou un territoire, — ce qui a été résolu négativement, — nous avons à nous demander si cette solution négative s'applique à tous les cas, aussi bien au cas où le territoire à céder serait inhabité, inculte et non approprié, qu'à celui où il serait pourvu d'habitants.

On peut s'étonner de ce que, sous l'empire du droit érastianique, cette question, ou plutôt cette distinction entre les territoires habités et non habités, ait été sérieusement faite. Peu importait à ceux qui professaient que le droit vient de Dieu et que le prince seul en est investi, que les territoires aliénés fussent habités ou inhabités. La volonté des habitants ne comptait pas, nous l'avons vu au précédent chapitre, elle n'était pas exigée pour la validation des traités portant cession de territoire. Et si elle ne comptait pas, c'était absolument comme si le territoire eût été inhabité; il n'y avait aucune différence entre un territoire habité et un territoire non habité : le droit du prince était le même sur l'un comme sur l'autre.

Cependant Grotius distinguait formellement les deux cas : il refusait au prince le droit d'aliéner une partie de son royaume quand cette partie était habitée ; il lui accordait, au contraire, le droit de l'aliéner quand le territoire dont il s'agissait n'avait pas d'habitants. Mais Grotius, nous le savons, était plutôt arminien qu'érastien, il faisait dériver le pouvoir de la volonté populaire, et il était contraint de compter avec cette volonté. Les docteurs qui le suivirent n'ont pas eu, tous, ses principes et ses idées libérales (1).

XIII. En droit démocratique, cette question n'offre aucune espèce de difficulté. Si le territoire est inhabité, s'il est inculte, il appartient à tous ceux qui viendront le cultiver. La souveraineté, sous ce droit, n'est pas indépendante de la propriété, les deux choses se tien-

____
(1) V° Grotius, liv. II, ch. 6, art. 7.

nent, ou plutôt ne forment qu'une seule et même chose; et il n'est pas admissible qu'un peuple puisse posséder un territoire éloigné sans l'occuper et le cultiver réellement. Il n'en est pas ainsi des terres intérieures : pour celles-ci, de même que pour les fleuves et lacs, le droit de conservation permet à un peuple dont la population n'est pas encore assez nombreuse pour cultiver la totalité du sol qu'il occupe, de se réserver cependant les terres incultes qui sont à l'intérieur de ses frontières, et de ne pas laisser s'établir au milieu de lui un autre peuple, dont le futur développement et l'indépendance pourraient devenir un danger.

Hâtons-nous de le dire, ce droit, que possède incontestablement un peuple, de repousser de chez lui tout autre peuple qui voudrait s'y venir établir et cultiver des terres incultes et non encore appropriées, est strictement défini par son objet, qui n'est autre que la conservation. Si donc, au lieu d'un peuple qui réclame la cession de territoires intérieurs encore incultes, ce sont des citoyens isolés qui demandent l'autorisation de venir féconder une terre qui, sans leur travail, pourrait demeurer inculte et improductive pendant de longues années encore, le droit démocratique ne permet plus de leur refuser la concession qu'ils demandent ; car le droit démocratique est inspiré de cette idée que les fruits de toute la terre étant destinés, où qu'ils viennent, à nourrir la population de la terre entière, il est juste que ces fruits deviennent le plus abondants possible afin de nourrir la population la plus nombreuse possible. C'est là, du reste, la façon dont le peuple américain comprend le droit public; il écarte avec soin les autres peuples de chez lui, et il ouvre cependant son vaste territoire à l'immigration individuelle de tous les peuples du globe.

XIV. Une autre question encore a été posée par les jurisconsultes de l'ancienne école ; ils se sont demandé si, de même que l'usucapion et la prescription sont admises en droit privé, l'usucapion et la prescription peuvent être admises en droit international, et si elles peuvent être considérées, elles aussi, comme un moyen international d'acquérir, comme un moyen d'élargir les frontières et d'accroître le territoire et la population des États. Déjà nous avons traité ces questions d'usucapion et de prescription en matière de droit international; nous devons y revenir encore cependant, et en dire quelques mots qui se rattacheront plus particulièrement aux matières traitées dans ce chapitre.

Les jurisconsultes de l'ancienne école ignoraient, on le sait, les véritables principes du droit de propriété. Vattel, tout aussi bien que Grotius, supposait un partage originaire fait entre les citoyens d'un même État. Ce partage, disaient ces jurisconsultes, avait bien pu conférer la possession aux particuliers, mais il ne leur avait point conféré le droit de propriété; celui-ci reposait toujours sur la tête de la collection, seule apte à le posséder parce qu'elle était seule apte à le défendre. Or, disait Vattel, en conférant la possession aux particuliers, on leur a imposé tacitement la condition de cultiver les portions qui leur ont été attribuées. S'ils

manquent à ce devoir, s'ils n'exécutent pas cette condition, le contrat est résolu. — D'où, concluait-il étour-
diment, le droit d'usucapion (1).

XV. Si le droit d'usucapion eût, ainsi que le disait
Vattel, dérivé du partage que lui et Grotius supposaient
avoir été fait, s'il eût dérivé d'une condition de culture
tacitement imposée à chaque citoyen loti, ce droit n'aurait pas été un droit d'usucapion, mais un droit de réso-
lution pour cause d'inexécution des conditions. A ce
titre, la terre non cultivée serait retournée à celui qui
l'avait concédée sous condition, elle serait retournée
au peuple entier, elle serait retournée à l'indivision
primitive, et l'usucapionnaire n'aurait pu y prétendre
aucun droit. Il faut donc que l'usucapion, admise en
droit civil par tous les jurisconsultes anciens et modernes, repose sur d'autres principes que ceux accusés
par Vattel.

Or, l'usucapion a bien été admise, ainsi que le disaient
les anciens feudistes, « pour punir les possesseurs né-
gligents; » mais elle a été admise aussi, elle est admise
en droit démocratique, parce que l'usucapion suppose
l'incorporation du travail de l'usucapionnaire; tandis
que la négligence du possesseur qui laisse usurper son
domaine suppose qu'il n'y a incorporé aucune espèce de
travail, qu'il a même laissé dépérir le travail incorporé
par ses auteurs.

Et il n'en peut être autrement; le droit démocratique
ne peut fonder le *droit* de l'usucapionnaire sur rien

(1) V⁺ Vattel, *Droit des gens,* liv. II, ch. 11.

autre chose que l'incorporation de son travail dans le sol usucapionné, puisque son principe domanial ne lui permet de reconnaître d'autres *droits* dans la terre que ceux fondés sur l'incorporation du travail.

XVI. Or, si tel est le motif qui, en droit moderne, en droit démocratique, motive l'usucapion; si elle est fondée sur cette considération que l'usucapionnaire a enfoui son travail dans le sol, tandis que l'usucapionné a laissé dépérir celui de ses auteurs; on comprend facilement que l'usucapion ne puisse être admise qu'en droit civil, qu'en droit interne, et qu'elle ne puisse être admise en droit international, qu'elle ne puisse être admise entre États. Les États sont des personnes morales du front desquelles ne peut s'épancher la sueur fécondante qui engendre le droit de propriété. Qu'un État actif, rencontrant un territoire inoccupé et négligé par un autre État, s'en empare, se l'approprie en le faisant cultiver par ses nationaux; il en a le droit, on l'a vu plus haut. Mais ce n'est pas là de l'usucapion, c'est de l'occupation. L'usucapion est donc de droit civil, exclusivement de droit civil; le droit international ne peut ni connaître ni admettre l'usucapion.

Il le pouvait autrefois, il le pouvait quand on croyait avoir le droit de séparer la souveraineté de la propriété. Si un prince, après s'être emparé d'une colonie, par exemple, après l'avoir gouvernée, venait à négliger d'accomplir ses devoirs de souverain; si un autre prince, plus vigilant, sans employer la force, ce qui eût été le cas du droit de conquête, employait la ruse, et venait, dans la colonie négligée par son souverain, faire régner l'ordre en y établissant un gouvernement, il y acquérait un droit, disaient les jurisconsultes, il y acquérait la souveraineté par usucapion. Pour ceux qui admettaient la légitimité du droit de conquête, la chose ne pouvait être douteuse ; et ils n'avaient pas besoin, pour justifier le droit du souverain usucapionnaire, de recourir aux subtilités de Vattel, de supposer un partage originaire, impossible à supposer en ce cas. Le fait ayant, pour ces jurisconsultes, toute la valeur du droit, le fait d'occupation, le fait d'usucapion pouvait bien être considéré comme un droit. Ce fait ne valait-il pas autant que le fait de conquête, et n'avait-il pas sur celui-ci cet avantage de dépouiller de la souveraineté sans faire couler le sang ?

Mais le droit démocratique ne sépare plus la souveraineté de la propriété, il ne reconnaît plus la légitimité du droit de conquête, et il refuse absolument de reconnaître que l'usucapion puisse être admise au rang des droits internationaux.

XVII. Ce que nous venons de dire de l'usucapion nous le dirons aussi de la prescription, qui n'est autre chose que la détermination arbitraire du temps pendant lequel l'usucapion doit se prolonger pour devenir un droit de propriété et dépouiller l'ancien propriétaire. On conçoit peu que cette définition ait échappé à Klüber, à Martens, au jurisconsulte Merlin, et à plusieurs autres docteurs, qui ont agité la question de savoir si la prescription pouvait être admise entre États.

Comment le serait-elle?... Quel est le législateur commun dont l'arbitraire volonté fixera la durée nécessaire à l'usucapion pour sé transformer en droit et conférer une souveraineté légitime à celui qui, jusque-là, ne pouvait se prévaloir que d'une souveraineté usurpée?... Et, d'ailleurs, nous venons de démontrer que l'usucapion n'est pas admissible entre États, donc la prescription ne l'est pas davantage.

XVIII. Il nous reste, avant de terminer ce chapitre, à nous occuper du droit de colonisation. Nous avons parlé de la colonisation dans nos *Recherches historiques du Juste et de l'Autorité* (1), nous ne reviendrons pas sur ce que nous avons dit à ce sujet, et nous nous bornerons à parler de la colonisation au point de vue du droit moderne, au point de vue des droits que les nouveaux principes doivent reconnaître soit aux colons, soit aux métropoles.

Avant de parler du droit des colons, toutefois, nous devons nous demander ce que c'est qu'une colonie, en quoi elle diffère, si tant est qu'elle diffère, d'une province ou d'un département; nous devons enfin définir l'objet de notre étude, et chercher à savoir à qui profiteront les droits que nous pourrons reconnaître.

XIX. En droit romain, il était facile de distinguer les colonies de leur métropole : celles-ci, ces colonies, ne jouissaient point de la plénitude du droit, de l'*optimum jus ;* elles ne jouissaient pas, en un mot, de la souverai-

<hr>

(1) *Recherches historiques du Juste et de l'Autorité,* 4ᵉ partie, liv. III, ch. 1ᵉʳ et 2.

neté d'elles-mêmes. Et si cependant ces colonies n'étaient pas toutes également soumises, pour leur droit inté-rieur, à la législation et à la juridiction de la métropole, elles étaient, pour leurs relations extérieures, entière-ment soumises à cette législation et à cette juridiction. Les colonies, à Rome, ne se distinguaient pas facile-ment des provinces; celles-ci ne jouissaient pas, elles non plus, de l'*optimum jus,* réservé pendant si long-temps à la métropole et à ses habitants.

Ainsi, pour Rome, ce qui distinguait les colonies de la métropole, c'était que cette dernière jouissait seule du droit de souveraineté, du droit de guerre et de paix ; tandis que la colonie, qui le plus souvent s'administrait elle-même, ne jouissait pas de ces droits, et que, libre quant à ses agissements intérieurs, elle était sujette, et en quelque sorte esclave, quant à ses agissements exté-rieurs.

XX. On sait que les jurisconsultes du droit érastia-nique s'inspirèrent tout particulièrement du droit ro-main : ils y prirent l'idée de ce que nous avons nommé, dans un autre ouvrage, les *semi-souverainetés* (1) ; et, de même que les Romains faisaient pour leurs colonies, ils crurent pouvoir, non-seulement séparer la souve-raineté de la propriété, mais diviser la souveraineté elle-même en deux parts, dont l'une, celle relative au droit intérieur, demeurait au peuple soumis à la semi-souveraineté, et dont l'autre, celle relative au droit extérieur, lui était enlevée.

(1) V° *Démocratie en Europe,* p. 226 et s.

Cependant, tout en introduisant dans le droit public de l'Europe les pratiques de l'ancien droit romain, les jurisconsultes érastiens ne s'en dissimulaient pas les effets, et ils voyaient une sorte de servitude dans cette mutilation de la souveraineté. Grotius, qui admettait parfaitement l'existence des États mi-souverains, jouissant de l'autonomie intérieure et privés de l'autonomie extérieure, considérait ces États comme des sortes d'esclaves collectifs, et il les appelait « un membre moins « digne d'un autre État, de la même manière que les « esclaves sont les membres d'une famille (1). » Mais cela n'arrêtait point Grotius et ne l'empêchait pas de légitimer l'existence de « ces membres moins dignes faisant « partie de l'État comme l'esclave fait partie de la fa- « mille. » Car Grotius admettait l'esclavage, et, pas plus que les Romains, il ne pouvait concevoir de scrupules à propos d'un esclavage collectif, moins rude après tout que l'esclavage individuel.

XXI. Ainsi la privation d'une partie de la souveraineté suffisait, selon Grotius, à réduire en servitude les agglomérations sociales qui, de gré ou de force, étaient soumises à cette privation. Nous partageons en ce point l'opinion de Grotius, et nous croyons avec lui, avec Stuart-Mill, et avec un grand nombre de publicistes modernes, qu'un peuple, une fraction de peuple, une colonie par conséquent, « sont, qu'ils le sachent ou non, réduits en servitude quand un autre qu'eux peut disposer de leur destinée. »

____

(1) V° *Droit de la paix et de la guerre*, liv. I", ch. 3, art. 7, n° 2.

Le régime colonial adopté par l'Érastianisme ne s'arrêta point, on le sait, à cette difficulté, et se préoccupa médiocrement de la servitude collective à laquelle furent soumises les colonies. Le droit érastianique, d'ailleurs, n'éprouvait point une répugnance invincible pour l'esclavage, et il s'occupait peu de laisser à chacun « la disposition de sa destinée. » Mais le droit démocratique est quelque peu plus rigoureux; non-seulement il ne saurait admettre le régime colonial érastianique, — qui privait les colonies de leur autonomie aussi bien intérieure qu'extérieure, — mais il ne saurait imiter le régime colonial romain, qui ne privait ces mêmes colonies que de leur autonomie extérieure, et leur laissait la faculté de s'administrer intérieurement à leur gré.

S'ensuit-il que, en droit moderne, les colonies doivent et puissent jouir de l'indépendance absolue; que leur droit soit plus ample que celui des provinces ou des départements, et qu'elles puissent, non-seulement s'administrer elles-mêmes, ainsi que le faisaient les colonies romaines, mais régler à leur gré leurs rapports et leurs relations extérieures?... Pour les modernes, les colonies sont, en général, des îles ou des territoires éloignés, sur lesquels un nombre assez restreint d'habitants de la métropole vont s'établir dans le but d'y faire le commerce ou de s'y livrer à la culture. Ces colonies sont, la plupart du temps, petites, et établies au milieu d'une civilisation indigène de beaucoup moins avancée que celle de la métropole. Peuvent-elles s'isoler, peuvent-elles se prévaloir de la souveraineté pleine et entière?... Et si elles ne le peuvent pas cependant, ne seront-elles pas esclaves, ainsi que le disait Grotius, et privées « de la direction de leurs destinées ?... »

XXII. La question peut, au premier abord, sembler difficile, car si on accorde aux colonies le droit de souveraineté pleine et absolue, si on leur accorde le droit de nouer ou de rompre à leur gré des rapports extérieurs, il pourra arriver que les rapports ainsi noués dégénèrent en rapports hostiles. Or, qui défendra ces imprudentes colonies, qui les protégera?... Les colons, livrés à leurs paisibles travaux, et du reste en petit nombre, ne pourront guère, le plus ordinairement, se charger de cette défense; et les indigènes ne le pourront pas davantage, leur infériorité de civilisation s'y opposera.

Ce sera donc la métropole qui devra défendre et protéger ses colonies. Mais le pourra-t-elle, le voudra-t-elle si elle n'a pas, elle-même, la direction des rapports qui peuvent l'engager dans un conflit?... Et si elle y était contrainte, s'il lui fallait guerroyer sans l'avoir voulu, ne serait-ce pas elle, ne serait-ce pas la métropole qui serait asservie à la colonie, et obligée de verser son sang selon les irresponsables caprices de cette colonie?

Cependant, — et Macaulay, qui s'est occupé aussi de la question des colonies, le remarque avec juste raison, — les colons, tout aussi bien que les habitants de la métropole, ont, en droit démocratique, la pleine et absolue propriété de leurs biens, et, par suite, le droit de consentir l'impôt et d'en surveiller l'emploi. D'un autre côté, la métropole, chargée des relations extérieures tout au moins, et chargée aussi de la protection de ses colonies, ne peut le faire à ses frais ; ce serait là un métier de dupe auquel elle ne se résignerait pas. La métropole doit donc exiger un impôt de la colonie et l'obliger à le fournir. Le pourra-t-elle sans attenter au droit de propriété des colons ?

Donc si, d'une part, la colonie ne peut jouir de sa souveraineté entière sans exposer la métropole à des difficultés qui le plus souvent appellent la guerre, et si, d'autre part, les colons ne peuvent, sans être privés de leur droit de propriété, être écartés du vote et de la surveillance de l'impôt, il faut inventer, en droit moderne, un état de rapports coloniaux qui ne soit pas celui de dépendance défini par le droit romain et le droit érastianique, et qui ne soit pas cependant l'état d'indépendance absolue qui constitue la souveraineté.

XXIII. On a compris déjà que cet état existe, qu'il est pratiqué par les États démocratiques modernes, et qu'il consiste à assimiler complétement les colonies aux provinces ou aux départements de la mère-patrie, à leur donner le droit de choisir des représentants, et à conférer à ceux-ci le droit de voter, avec les autres représentants provinciaux ou départementaux, les impôts dont ils discuteront la quotité ainsi que l'utilité, et dont ils surveilleront l'emploi. De cette façon, les colonies jouissent, comme toute autre province, de leur souveraineté pleine et entière, et il est vrai de dire que, pour ces colonies, le droit de propriété, la plénitude de ce droit entraîne logiquement la plénitude du droit de souveraineté.

XIV. Ce n'est pas ici le lieu de traiter avec tous les développements qu'elle exigerait la question difficile de représentation des races indigènes, de ces races que nous avons dites plus haut n'être pas parvenues au même degré de civilisation que les colons établis parmi elles. La pratique, ici, rencontre des difficultés que la théorie ignore, et qui peuvent obliger à faire quelques exceptions aux règles absolues. C'est ainsi qu'il pourra arriver que, bien que, en théorie, en droit pur, tous les hommes doivent être égaux et jouir des mêmes droits, il soit impossible de conférer aux indigènes les mêmes droits électoraux qu'aux colons. En effet, la colonisation moderne a pour but de propager les bienfaits de la civilisation, elle est une sorte d'apostolat analogue à l'apostolat agricole de l'empire romain, et il peut se trouver tel cas où ce but ne pourrait être atteint si les indigènes, jouissant du droit de représentation, pouvaient, à l'aide de leur plus grand nombre, imposer à la civilisation la nécessité de reculer et de laisser continuer la barbarie là où la colonisation voulait la faire cesser.

XXV. Quoi qu'il en soit, que les colonies soient représentées par les délégués des seuls colons, ou par les délégués des indigènes aussi bien que des colons, ne peut-il se présenter tel cas, telle circonstance où ces colonies, bien que complétement assimilées aux provinces et aux départements, auront intérêt à se séparer de

la mère-patrie et à se constituer à l'état de nation séparée? Et si ce cas, si ces circonstances se présen-
tent, les colonies auront-elles le droit de se séparer
de leur métropole?

Nous nous sommes expliqué au sujet des provinces,
nous avons reconnu, avec tous les publicistes qui ont
traité de matières semblables, que, en règle générale,
les provinces n'ont pas le droit de se séparer, de rompre le faisceau dont elles font partie, et de *tuer* l'État,
dont toute l'existence consiste dans le maintien de ce
faisceau. Mais toutes les raisons que nous avons données
sur ce point ne peuvent s'appliquer aux colonies. —
Éloignées de l'État qui leur a donné naissance, les colonies n'en font point, à proprement parler, partie intégrante, elles n'en sont pas une partie essentielle, elles
peuvent se détacher de lui sans qu'il périsse; et si elles-
mêmes peuvent vivre de leur vie propre, si elles sont
assez étendues, assez civilisées, assez éclairées pour s'administrer complétement et pour se défendre au besoin,
de quel droit la mère-patrie voudrait-elle les retenir
malgré elles? Le droit démocratique n'admettrait plus
les raisons que, à la fin du précédent siècle, alléguait
l'Angleterre pour refuser à ses sujets d'Amérique le
droit de se constituer en corps de nation; il n'admettrait
plus que la souveraineté d'un roi suive ses sujets partout où ils vont s'établir et prévale sur leur propre souveraineté.

Le but de la colonisation moderne, son but véritable
et conforme aux principes de justice qui inspirent le

droit nouveau, est précisément d'aider les populations moins avancées à s'élever dans l'échelle de la civilisation : il n'est plus d'enrichir la mère-patrie, car « le bonheur commun » et la poursuite d'un bien-être local ont cessé d'être le principe du droit des gens moderne de l'Europe. En colonisant, les peuples modernes s'acquittent du devoir d'éducation, que nous savons être en même temps un privilége de la race humaine. Quand l'élève est instruit, quand le maître n'a plus rien à lui apprendre, il le livre à lui-même : ainsi doit-il en être des peuples entre eux. Aussi Macaulay dit-il, parlant des colonies, « qu'il doit y avoir incorporation complète, « si une telle incorporation est possible, et que, si elle « ne l'est pas, il faut une indépendance complète (1). »

XXVI.   D'après Stuart-Mill, l'Angleterre, dont nous connaissons les principes juridiques et métaphysiques cependant, mais entraînée dans le courant irrésistible des idées modernes, comprendrait ainsi, à l'heure actuelle, le droit de colonisation. L'Angleterre, dit cet auteur, a cessé de considérer ses colonies comme des territoires asservis; et lorsque leur population lui semble mûre pour la liberté et l'autonomie, elle leur donne la liberté et l'autonomie. Dans le cas contraire, dans le cas où la maturité n'est pas arrivée encore et où le don de la liberté pourrait être un présent funeste, qui ferait reculer la civilisation et permettrait à la barbarie de se relever, l'Angleterre s'efforce à élever de plus en plus

____

(1) *Histoire d'Angleterre depuis Jacques II,* t. VII, p. 50 et s.

le niveau de l'intelligence chez les peuples soumis à sa domination coloniale, et semble tendre à rapprocher l'époque où elle leur restituera une liberté dont ils sauront faire usage (1).

Tel est, en effet, le droit de colonisation en droit démocratique : ce droit est surtout l'accomplissement d'un devoir, et c'est en imitant l'Angleterre, dont la propagande civilisatrice paraît vouloir s'étendre sur l'univers entier, c'est en imitant l'aristocratique Angleterre que la Démocratie moderne réalisera de plus en plus cette notion du Juste, qui est son objectif, et qui se résume dans ces paroles si souvent rappelées : « *Croissez, multipliez, et répandez-vous sur la terre entière.* »

(1) Stuart-Mill, *Le Gouvernement représentatif,* ch. 18.

CHAPITRE X.

DES TRAITÉS, OU DU DROIT CONTRACTUEL INTERNATIONAL.

I. Le droit contractuel international constituait, seul, le droit des gens de l'antiquité. — II. Ce droit ne pouvait engendrer de devoir, il manquait de sanction
soit matérielle, soit conscientielle. — III. Le droit *Fécial* eut pour but de
suppléer à ce défaut de sanction. — IV. La *Fides alma* a mission de sanctionner les pactes internationaux. Sa juridiction manque d'ampleur et d'efficacité. — V. Discrédit dans lequel tombent les dieux antiques, et la *Fides alma*
elle-même; anarchie internationale qui en résulte. — VI. La chute de l'empire
romain, *qui imposait la paix par la force,* oblige à trouver, soit dans les
consciences, soit dans la crainte d'un Dieu unique, la sanction des traités,
qui maintiennent l'état de paix. — VII. Ce fut à la crainte de Dieu qu'on
s'adressa. — VIII. Le droit des gens chrétien demeure contractuel. On charge
les saints de veiller à l'exécution des pactes internationaux. — IX. Ineffico-
cité des serments prêtés sur les reliques; on charge la Papauté d'y remédier.
— X. Après la chute du système grégorien, les jurisconsultes de la Réforme
entreprennent de donner des règles au droit contractuel international. Ils ne
peuvent leur donner une sanction. — XI. Futilité de la question de savoir si
les pactes internationaux sont *réels* ou *personnels.* — XII. Les jurisconsultes érastiens considèrent les engagements des princes comme grevant les
terres de leurs États. — XIII. Cette assimilation des contrats internationaux
aux contrats civils ne donne pas aux premiers la sanction qui leur manque.
— XIV. Malgré la perpétuité que les jurisconsultes attribuent aux traités internationaux, ils subordonnent leur durée à l'*intérêt* des peuples liés par traités.
— XV. C'était nier l'existence du droit contractuel international. — XVI. Si
le droit contractuel international n'engendrait pas de *lien de droit,* il engendrait, en revanche, des guerres fréquentes. — XVII. Le droit démocratique peut
rencontrer la sanction des pactes internationaux dans les consciences. —
XVIII. S'ensuit-il que l'usage des traités internationaux doive être continué?...
— XIX. Les générations présentes ne peuvent engager *perpétuellement* les
générations futures. — XX. En droit démocratique, le droit naturel remplace
le droit contractuel.

I. Nous ne saurions terminer cet aperçu du droit des
gens démocratique sans jeter un coup d'œil sur le droit
contractuel, et nous demander si les principes de la
Démocratie permettent aux États qui les acceptent de
se lier par des traités avec d'autres États.

Les peuples anciens, qui ne connaissaient pas, il est

vrai, les principes de la Démocratie moderne, ne faisaient aucun doute de la réalité du droit contractuel
international. Nous avons même vu que c'était sur ce
droit contractuel qu'était fondé leur droit des gens, et
que, entre nations diverses, il n'existait pas d'autre
droit que celui qui avait été stipulé par des traités d'alliance et d'amitié. Toutefois, l'antiquité était fort en
peine de définir le *devoir* correspondant à ce *droit* créé
par des pactes internationaux. Tout devoir suppose une
sanction, morale ou matérielle. Or, quelle était la sanction rattachée au devoir résultant de la contractation
d'un traité international ?... Elle ne pouvait être matérielle; il n'y avait pas de forces organisées entre les
États pour les obliger à exécuter les conventions qu'ils
avaient faites entre eux. Cette sanction devait donc
être une sanction morale, une sanction résidant dans les
consciences, une sanction semblable à celle qui, pour
les modernes, confirme les règles du droit naturel.

II. Mais les anciens qui, en ce qui concerne les rapports internationaux tout au moins, n'admettaient pas
l'existence d'un droit naturel, commun à tous les hommes
et à tous les peuples, ne pouvaient admettre la sanction
conscientielle en matière de pactes internationaux. D'un
autre côté, la conscience des anciens, — qui reconnaissaient la légitimité du droit de Force, et qui, pour en
arriver là, avaient été contraints de nier l'existence de
la conscience humaine en niant la liberté humaine, — ne
pouvait fournir une sanction aux engagements contractés par des traités internationaux. D'où il résultait

que le droit contractuel international des anciens n'était pas un droit, puisqu'il n'en résultait aucun devoir véritable, aucun devoir sanctionné soit matériellement, soit moralement.

III. Vainement, pour suppléer aux consciences, les anciens avaient-ils inventé ce qu'ils appelèrent *le droit fécial* ; vainement avaient-i's placé le respect des traités, leur sainteté, leur inviolabilité au nombre des règles tracées par ce droit fécial ; ces règles manquaient de sanction soit morale, soit matérielle, et ne pouvaient obliger, d'ailleurs, que ceux qui avaient inventé le droit fécial. On sait qu'elles ne les obligeaient qu'autant qu'ils avaient intérêt à se trouver obligés, et que les Romains, inventeurs du droit fécial, ne manquaient pas, quand ils voulaient rompre un traité qui avait cessé de leur convenir, de trouver que les Féciaux avaient omis quelques formalités essentielles, quelques rites, quelques gestes ou quelques paroles sacramentelles, dont l'omission rendait le traité radicalement nul.

IV. Cependant, pour remplacer les consciences, que les rayons du Juste ne pouvaient éclairer, puisque les éléments qui le constituent étaient inconnus, pour remplacer les consciences, dont il avait fallu nier l'existence afin de consolider l'Autorité et tout le système juridique et économique qui en émanait, pour remplacer les consciences, de même que pour remédier à l'insuffisance du droit fécial, qui ne pouvait être reconnu et respecté que par ses inventeurs, on avait cherché à rencontrer une sanction suprà-humaine qui, en créant le devoir, permît

au droit d'acquérir une certaine réalité. On avait imaginé une divinité supérieure même aux dieux (dont la
juridiction était trop peu étendue); on avait imaginé
une divinité dont la fonction serait de donner, dans le
monde moral, la sanction que le devoir issu des traités
internationaux ne pouvait rencontrer ni dans le monde
matériel, ni dans les consciences individuelles. Cette
divinité, aux blanches ailes, planait sur le monde entier,
elle veillait au maintien de la parole jurée, et châtiait
aussi bien les individus que les États, ou même les dieux,
qui violaient leurs serments. Cette divinité s'appelait
la bonne Foi; on lui dressait des autels, et le poète
Ennius disait d'elle :

« *O fides alma, apta pinnis, et jusjurandum Jovis* (1). »

Mais la *fides alma* d'Ennius et des Romains, malgré
la supériorité de puissance qui lui était accordée, n'était,
après tout, qu'une divinité romaine, dont la juridiction
ne dépassait pas le territoire romain, et dont l'action
coercitive, ne se pouvant exercer que dans le monde
moral, ne pouvait être redoutée que par ceux qui reconnaîtraient l'existence d'un monde moral. Le matérialisme antique devait peu s'effrayer des dangers que
ferait courir la violation de la parole jurée. Du reste,
même à Rome, — l'inventrice de la *fides alma* comme du
droit fécial, — il y avait facilité de s'arranger avec la
déesse et de se préserver des peu redoutables effets de
sa colère. En effet, les capitulations de conscience et

(1) V· Cicéron, *De Off.*, lib. III, § 29.

les réserves mentales ne sont point des inventions modernes, car les Romains avaient appris des Grecs, ils
avaient appris d'Euripide, au rapport de Cicéron, ce
vers, que le poète grec avait placé dans la bouche
d'Atrée :

 « Juravi linguâ, mentem injuratam gero (1). »

V. On s'aperçut bien, vers les derniers temps de
Rome, que la crainte inspirée par la divinité aux
blanches ailes était insuffisante à sanctionner le droit
contractuel international. Les philosophes, les jurisconsultes, cherchèrent à trouver dans les consciences
individuelles ce qu'ils ne pouvaient rencontrer dans la
crainte d'une divinité dont l'universalité n'était point
reconnue; et, déplaçant totalement l'idée superstitieuse
du devoir, ils en firent quelque chose d'austère, d'intime,
d'individuel, qui ne résultait plus de la crainte d'un châtiment soit actuel, soit futur, mais qui provenait d'une
sorte de révélation, d'un sentiment du Juste et de l'Honnête, dont il leur était difficile d'indiquer la source. Ce
fut ainsi que l'auteur du *De Diis* et du *De Divinatione*,
voulant concourir à ce déplacement de la notion du
devoir, s'appliqua à détruire les craintes superstitieuses
qui l'avaient jusque-là inspirée, et alla même jusqu'à
refuser à la déesse des serments, aussi bien qu'à Jupiter,
toute action sur les choses humaines, et toute intervention pour faire respecter la foi jurée. Il dit : « *Non fuit*

(1) Cicéron, *De Off.*, lib. III, cap. 20.

Jupiter metuendus, ne iratus noceret ; qui neque irasci solet nec nocere (1). »

Il était plus que difficile, il était impossible que les anciens, et que Cicéron lui-même, en dévoilant les fraudes dont leurs ancêtres s'étaient servis pour maintenir quelque ordre dans les rapports internationaux et obtenir tout au moins le respect du droit contractuel, pussent arriver à un autre résultat que celui de détruire même le droit contractuel et de dépouiller les traités internationaux de toute garantie et de toute valeur. Il ne pouvait être donné aux anciens, qui ne reconnaissaient pas l'existence d'un Dieu unique, de s'élever jusqu'à la connaissance d'un Juste unique, éclairant uniformément la conscience de tous les hommes à l'aide des lois qu'il leur a imposées. Les anciens ne pouvaient donc rencontrer dans les consciences humaines la sanction morale du droit contractuel international, puisque toutes les consciences ne pouvaient être, pour eux, uniformément éclairées, et que la notion du Juste aussi bien que la juridiction des dieux divers étaient enserrées entre les limites de chaque État.

Et si, cependant, la sanction morale du devoir résultant des traités internationaux ne se pouvait rencontrer dans les consciences individuelles ; si l'on niait qu'elle se rencontrât dans la colère des dieux ; et s'il était certain que cette même sanction n'était pas matérielle, — puisque aucune force sociale n'était en mesure de la

(1) *De Off.*, lib. III, cap. 29.

fournir,—il s'ensuivait bien que les devoirs résultant des traités étaient des devoirs sans aucune sorte de sanction (des devoirs qui n'étaient pas des devoirs dès lors) ; que le droit contractuel international n'existait pas, et que, entre les États, il n'y avait ni droit naturel, ni droit des gens, ni droit contractuel, ni aucune sorte de droit autre que la Force. Tel fut, en dernier résultat, l'état du droit public admis par l'antiquité; l'anarchie internationale la plus complète et la plus générale n'y fut pas même contenue par le droit contractuel, elle ne le fut que par la force du grand empire qui savait imposer aux peuples « les mœurs de la paix. »

VI. Or, cet empire croulant, les mœurs de la paix devaient cesser d'être imposées !... On voulut y parer ; et comme le Christianisme avait répandu des idées que l'antiquité avait ignorées ou repoussées, on entreprit, sous l'empire de ces idées, de faire ce que l'antiquité n'avait pu faire, on entreprit de contenir l'anarchie internationale à l'aide du droit contractuel, et de fournir à ce droit la sanction morale que l'antiquité n'avait pu lui donner.

On avait deux moyens de rencontrer la sanction morale que l'antiquité n'avait pu trouver ni dans la crainte d'une divinité commune aux nations contractantes, ni dans les consciences individuelles inspirées uniformément : on pouvait, ou suivre la voie indiquée par les Stoïciens et par Cicéron, et faire appel aux consciences, à l'idée pure du devoir, assuré qu'on était par la connaissance d'un Dieu unique que cette idée du devoir

serait la même chez tous les hommes issus du même
Dieu et subissant la même loi morale; ou bien l'on pouvait, suivant la voie indiquée par Ennius et par les premiers Romains, chercher cette même sanction morale
dans la crainte de la divinité, irritée d'un manque de foi
et de la rupture d'un pacte juré. Le matérialisme, et le
peu de crainte de châtiments futurs qu'il inspire, ne
s'opposeraient plus à ce que cette sanction morale fût
efficace.

VII. Ce fut cette dernière voie qu'on adopta. Pour
suivre la première, il aurait fallu reconnaître l'existence
des consciences individuelles, reconnaître l'existence de
la liberté humaine, et l'on avait des raisons, que nous
avons dites ailleurs (1), pour se refuser à cette reconnaissance. On suivit donc la voie indiquée par les premiers Romains; la *fides alma* fut remplacée par la
conception et la reconnaissance d'une divinité autrement puissante que la divinité d'Ennius, elle fut remplacée par le vrai Dieu, par le Dieu unique, par le
créateur et le conservateur de toutes choses qui, ainsi
que le dit Lucrèce :

« *Immensa potestas, varia motu, quæ candida sidera vortet.* »

Ce Dieu puissant et unique, dont la volonté imprimait
à l'univers, aux soleils, aux planètes, leurs mouvements variés et réguliers, saurait bien, — qui en pourrait douter, — obliger au respect de la foi jurée. Les

(1) *Recherches historiques du Juste et de l'Autorité,* 3ᵉ partie, liv. 1ᵉʳ
ch. 3, § 2.

traités, désormais, auraient pour effet de créer tout à la fois un *droit* et un *devoir;* et l'on pouvait admettre, dans le droit nouveau, les usages du droit ancien, on pouvait s'en fier au droit contractuel, et négliger de reconnaître que le droit naturel préside tout aussi bien aux rapports internationaux qu'aux rapports individuels.

VIII. Il en fut ainsi, nous le savons; les traités furent admis en droit chrétien, comme ils avaient été admis en droit païen, à constituer le droit des gens international. Et pour que rien ne manquât à leur solidité, on les accompagna, ainsi que l'avaient fait les païens, de serments solennels par lesquels on chargeait le Dieu tout-puissant et unique de punir ceux qui auraient l'étrange audace de violer leurs serments.

Ce n'était pas assez. Le Dieu universel avait à s'occuper d'une multitude de choses qui auraient bien pu distraire son attention au moment où il aurait été opportun qu'elle fût éveillée. On prévit ce cas, et l'on chargea les saints, sur les reliques desquels on prêta serment, de veiller avec vigilance, et de prévenir l'Être suprême, afin qu'il châtiât en temps utile celui qui violerait ou éluderait son serment.

On ne pouvait guère faire autre chose, on ne pouvait guère faire autrement que de confier à Dieu le soin de faire respecter les traités, car si l'on eût confié ce soin aux consciences, non-seulement c'eût été reconnaître leur existence, et mettre en péril l'*omnis potestas a Deo,* mais c'eût été faire intervenir le droit naturel dans les rapports internationaux ; et bien des usages, notamment celui des guerres internationales, n'auraient pu résister à cette intervention.

IX. Cependant on ne tarda pas à s'apercevoir que, pas plus que la *fides alma* des anciens, le Dieu universel des chrétiens ne s'acquittait avec une exactitude bien scrupuleuse du soin de châtier les infracteurs de la foi jurée. On avait tout employé pour attirer son attention et solliciter son intervention ; on avait juré sur les Évangiles, on avait juré sur le bois de la vraie croix ; rien n'y faisait, et le *mentem injuratam gero* était toujours impuni. Ce fut alors que l'intervention de la Papauté fut imaginée, et que les foudres de Grégoire VII furent chargées de faire ce qui, jusque-là, n'avait encore pu être fait.

X. Mais les foudres de Grégoire VII furent éteintes, et les jurisconsultes du droit érastianique se chargèrent, à leur tour, non point de fournir la sanction du droit contractuel international, — ils y auraient rencontré les mêmes difficultés que l'antiquité y avait rencontrées, — mais de fournir des règles à l'aide desquelles il serait possible de continuer la pratique de ce droit sans trop avouer qu'on ne le reconnaissait pas pour un droit. Pour ces jurisconsultes, imbus de la phraséologie scolastique et de la méthode discursive, qui, on le sait, se contente de peu et s'arrête volontiers à la forme afin de se dispenser de pénétrer au fond des choses, pour ces jurisconsultes, le devoir de respecter la foi jurée, de respecter les traités, fut ce qu'ils appelèrent *un devoir imparfait;* ce qui revient à dire un devoir dépourvu de sanction, et qu'on pouvait violer en toute sécurité si l'on avait la force de se défendre contre les suites de cette infraction.

C'était là un devoir fort peu gênant, on en conviendra ; et le droit correspondant à ce devoir était un droit d'une singulière nature, un droit qui n'était pas un droit, qui n'engendrait pas de devoir, qui ne savait créer que des pactes nus, entièrement nus. Et cependant tous les jurisconsultes admirent que le droit résultant des traités ainsi souscrits devait être respecté. Grotius, en traitant cette question, ne paraît pas se douter qu'on puisse hésiter à reconnaître le caractère obligatoire des traités internationaux, — dont il venait de dire qu'ils n'engendraient que des *devoirs imparfaits,* — et il leur accorde une force telle qu'il va jusqu'à se demander si ces traités sont des *pactes réels* ou des *pactes personnels,* des pactes engageant seulement les rois qui les ont souscrits, ou des pactes engageant eux et leur postérité à tout jamais.

XI. Grotius aurait dû dire que ces pactes, que ces traités, engendrant des devoirs dépourvus de toute sanction soit morale, soit matérielle, n'engagent pas plus les « rois qui les souscrivent » qu'ils n'engagent leur postérité. Mais il n'en décida point ainsi, et considérant les rois comme la personnification des peuples, il déclara que les peuples sont liés par le pacte souscrit par celui qui les représente. Or, les peuples ne périssent point comme périssent les hommes, et, dès lors, les engagements qu'ils contractent doivent durer autant que leur existence. Donc, sans décider formellement si les pactes internationaux sont réels ou personnels, le jurisconsulte hollandais conclut que les engagements d'un monarque doivent passer à ses successeurs à tout jamais, « parce que la souveraineté exercée par un roi ne « cesse pas d'être la *souveraineté du peuple* (1). »

C'était beaucoup dire, c'était dire trop, et l'histoire prouve que, rarement, les successeurs ont ratifié la théorie de Grotius en exécutant scrupuleusement les traités souscrits par leurs prédécesseurs. Mais, peut-être, ces successeurs ne reconnaissaient-ils pas, avec l'arminien Grotius, « que la souveraineté exercée par « un roi ne cesse pas d'être la souveraineté du peuple? » Les principes érastianiques ne se prêtaient guère, en effet, à la reconnaissance de cette souveraineté populaire. Ce n'était donc pas, pour les érastiens, le peuple qui s'était engagé par la bouche de son roi lors des traités; le peuple n'avait point le droit de s'engager, d'engager sa volonté, car le peuple n'avait pas de volonté. Et si ce n'était pas le peuple, dont la vie est plus longue que celle d'un individu, fût-il roi, et investi par Dieu d'une portion de son éternelle puissance, il fallait bien que ce fût la seule volonté du roi qui se fût liée lors des traités qu'il avait souscrits. De quel droit cette volonté prétendrait-elle se survivre à elle-même? De quel droit un monarque engagerait-il son successeur qui,

____

(1) V° Grotius, liv. II, ch. 16, art. 15, n° 1.

tout aussi bien que lui, puise en Dieu sa puissance?...
Les pactes internationaux, pour les érastiens, n'étaient
donc, et ne pouvaient être, que des pactes personnels;
et, bien qu'on les eût qualifiés de *pactes perpétuels*,
bien qu'on eût déclaré dans leurs contextes qu'ils établissaient entre ceux qui les souscrivaient une alliance
perpétuelle ou une paix perpétuelle, ces pactes cessaient
d'exister à l'instant où l'un de ceux qui les avaient souscrits cessait d'exister lui-même.

Telle devait être, telle était la théorie des jurisconsultes érastiens qui, plus logiques que Grotius, ne faisaient point dériver le pouvoir *héréditaire* des rois
d'une élection populaire originelle. Pendant longtemps,
cette théorie fut admise dans la pratique, et il fut
d'usage de renouveler, avec les successeurs, les traités
souscrits par les prédécesseurs.

Il y avait des inconvénients cependant; les successeurs ne consentaient pas toujours, ils consentaient
même rarement à renouveler les pactes contractés par
leurs prédécesseurs. Et comme le droit des gens n'était
autre chose alors que le droit conventionnel, il en résultait que le droit des gens était soumis à une instabilité
fort dangereuse, et tout à fait semblable à l'anarchie
internationale que les Romains avaient voulu faire
cesser en imposant leur joug à tous les peuples de la
terre. Pour remédier à cette anarchie et à cette instabilité du droit contractuel, on se mit à chercher un
moyen de rendre les traités plus stables, sans les laisser
dévier cependant de l'ordre d'idées érastianique; car

on ne voulait, à aucun prix, accepter la théorie de Grotius.

XII. On trouva ce moyen : des jurisconsultes imaginèrent d'appliquer les règles du droit civil au droit des gens; ils firent remarquer que le droit civil distingue très justement les pactes réels des pactes personnels ; que les premiers engagent les biens, engagent les terres, et acquièrent la perpétuité que possède leur objet, tandis que les seconds n'engagent que les personnes et ne leur survivent pas. Est-ce que les monarques ne sont pas propriétaires des terres de leur royaume? dirent-ils. Pourquoi, dès lors, ne considérerait-on pas les pactes internationaux comme des pactes réels? Ces monarques peuvent engager leurs possessions, ils peuvent les céder, les partager, les perdre par la conquête et les accroître de la même façon; nous sommes tous d'accord à leur reconnaître ces divers droits; et nous devons tous reconnaître, par conséquent, que les engagements qu'ils contractent grèvent leurs terres, grèvent leur royaume, qu'ils sont *réels* et passent à leurs successeurs. Si un particulier possédant des terres, continuèrent-ils, peut, en contractant, engager ces terres et obliger ses héritiers, s'ils veulent s'emparer de ces terres en vertu de leur droit d'héritage, à exécuter les engagements dont il les a grevées, un monarque peut faire de même, il peut grever les terres de son royaume des engagements qu'il contracte envers un autre monarque, et, par ce moyen, obliger ses successeurs à respecter ses engagements.

De cette façon, poursuivaient ces jurisconsultes, l'instabilité dont on se plaint cessera, le droit contractuel international deviendra un droit véritable, tous les traités internationaux deviendront des traités réels, et il faudra bien que, s'ils veulent hériter, les successeurs exécutent les engagements contractés par leurs prédécesseurs.

XIII. C'était là ce que soutenait Vattel (1), c'était là ce que soutenait Martens (2), et c'est là à peu près ce que soutiennent encore MM. Heffter et de Hautefeuille, ainsi que presque tous les publicistes modernes (3). Tous s'imaginaient, tous s'imaginent qu'en transformant ainsi le droit issu des traités en un droit réel, grevant les biens, ils donnent à ces traités la même fixité que les contrats civils donnent aux engagements entre particuliers ; tous se persuadent que la sanction du devoir résultant des traités, vainement recherchée soit dans l'intervention de la *fides alma* des anciens, soit dans l'intervention du Dieu unique et tout-puissant du moyen âge, est enfin rencontrée dans cette assimilation du droit des gens au droit civil ; et tous ne voient pas que si, en droit civil, les héritiers sont tenus d'exécuter les engagements souscrits par leurs auteurs, c'est qu'une loi positive et pourvue d'une *sanction matérielle* les y oblige ; que

---

(1) V° Vattel, *Droit des gens*, liv. II, ch. 12.

(2) V° Martens, *Précis du droit des gens moderne de l'Europe*, liv. II, ch. 2, § 52.

(3) V° Heffter, *Le Droit international public*, traduction de M. Bergson, § 83, et Hautefeuille, *Des Droits et des devoirs des nations neutres*, t. I", p. 9, 2° éd.

s'ils négligent d'obtempérer aux injonctions de cette loi positive, le magistrat civil saura bien les y contraindre; et que, en droit international, il n'existe ni loi positive, ni magistrat civil, ni contrainte matérielle possible autre que la guerre. En fait, l'assimilation du droit des gens au droit civil, et la transformation des pactes internationaux en pactes réels, a laissé les droits issus de ces pactes internationaux tout aussi bien dépourvus de sanction qu'ils l'étaient avant l'invention de cette ingénieuse mais fausse assimilation.

Au surplus, de même que la théorie de Grotius, — qui soutenait la perpétuité des traités, parce que, disait-il, ce sont les peuples qui les souscrivent en réalité, — disait trop et imposait aux nations des engagements trop prolongés, de même la théorie des Érastiens, — qui soutenaient la perpétuité des traités, parce qu'ils grèvent le sol impérissable, et non les personnes mortelles, — disait trop, elle aussi, et imposait aux nations des engagements qu'elles ne pouvaient accepter sans s'exposer à périr. Il fallut se rétracter, il fallut dire que les traités perpétuels n'étaient pas perpétuels, il fallut dire que ces prétendus traités perpétuels ne pouvaient avoir d'autre perpétuité que celle de l'intérêt national qu'ils avaient eu pour but de servir ou de sauvegarder; il fallut ainsi désavouer la théorie domaniale de l'Érastianisme, et refuser au monarque le droit d'engager un domaine dont cette théorie lui attribuait la propriété.

Il fallut bien plus, il fallut retirer aux rois même la

souveraineté, et reconnaître que cette souveraineté n'appartient et ne peut appartenir qu'aux peuples. En effet, en donnant pour durée aux traités souscrits par les souverains la durée de l'intérêt des peuples sur lesquels régnaient ces souverains, c'était, au fond, placer cet intérêt, placer la volonté populaire, qui sert d'organe à cet intérêt, au-dessus de la volonté du souverain qui avait contracté le traité, et permettre à cette volonté populaire d'annuler le contrat formé par la volonté royale.

XIV. Et cependant tous les jurisconsultes que nous avons cités plus haut, Martens, Heffter, Hautefeuille, et Vattel lui-même, n'hésitent pas à placer ainsi l'intérêt et la volonté des peuples au-dessus de la volonté des rois et du respect de la foi jurée par ces rois; tous reconnaissent que quand un traité nuit aux intérêts vitaux d'un peuple, celui-ci a le droit de le rompre. La loi de conservation, disent-ils unanimement, autorise les peuples à briser les traités qui compromettraient leur conservation, elle défend le suicide aux États comme elle le défend aux particuliers, elle domine le respect de la foi jurée, elle domine, dès lors, le droit domanial et le droit de souveraineté des monarques, elle domine tout. Donc, ajoute à ce propos Pinheiro-Ferreira, « le plus sage sera de s'abstenir de se lier « par des traités (1). »

Ce sont donc bien les peuples qui, ainsi que le disait

____

(1) Sur Vattel, *Droit des gens,* liv. II, ch. 12, § 152.

Grotius, contractent par l'entremise de leurs rois. Ceux-ci n'ont point le droit de faire des *pactes réels*, puisque les peuples peuvent les désavouer; les terres de leur royaume ne leur appartiennent point, puisqu'ils ne peuvent les grever d'obligations transmissibles à leurs successeurs; et enfin les peuples ne sont tenus à respecter les traités contractés en leur nom qu'autant qu'ils ont intérêt à le faire : donc, répétons-le, ils sont souverains d'eux-mêmes, puisqu'ils ont le droit d'apprécier leurs propres intérêts, et le droit de vouloir que cet intérêt prévale sur la parole engagée de leur monarque.

XV. Autant valait dire que les traités sont inutiles, qu'ils n'ont aucune force obligatoire, que le droit contractuel n'est pas un droit, qu'il n'existe pas, que chaque peuple n'étant tenu de respecter les traités que lorsqu'il a intérêt à les respecter, le traité ne contient en lui-même aucune force obligatoire, et que le plus sage, ainsi que le disait Pinheiro-Ferreira, est de s'abstenir de faire des traités.

Comment concevoir que, en présence de semblables conclusions contenues implicitement, mais très réellement, dans les théories érastianiques relatives aux traités internationaux, tous les jurisconsultes aient cependant persisté à distinguer dans les traités les pactes réels et les pactes personnels, les alliances perpétuelles et les alliances passagères, les pactes de familles royales et les unions défensives ou offensives entre peuples amis ou voisins? Certes, Pinheiro-Ferreira y voyait plus clair que ces jurisconsultes lorsqu'il disait : « La justice des

« contrats repose sur la réciprocité d'intérêts des deux
« parties contractantes, et chacun sait que cet équilibre,
« même s'il a présidé à la conclusion du traité, doit for-
« cément cesser d'avoir lieu tôt ou tard (1). »

Ainsi les jurisconsultes du droit érastianique, après
avoir professé, à peu près comme les anciens, que le
droit des gens n'est autre chose qu'un droit conventionnel, et que, en dehors des traités, il n'existe pas de
droit des gens ; après avoir professé que les traités sont
des pactes réels, et que, de plus, ils peuvent être déclarés *perpétuels;* ces jurisconsultes, disons-nous, ne
rencontrant, pas plus encore que les anciens, la sanction qui pouvait rendre ces traités obligatoires, étaient
contraints de reconnaître que cette sanction réside uniquement dans l'*intérêt* que peuvent avoir les peuples à
les respecter. La notion du Juste, la notion du Droit,
pour ces jurisconsultes, se résumait en ceci : L'INTÉRÊT !...
La source d'où leur provenait cette notion ne différait
pas sensiblement de celle où l'*alma fides* des anciens
puisait son origine; et les consciences individuelles, —
tout autant que l'antiquité esclavagiste, qui ne pouvait
écouter leur voix, — étaient impuissantes à sanctionner
un droit que nulle force, autre que la guerre, ne pouvait sanctionner.

XVI. Bien plus, ce droit contractuel international,
qui n'engendrait pas de devoirs, engendrait cependant
des occasions de guerre assez fréquentes. Il n'était pas

(1) Sur Vattel, liv. II, ch. 12.

toujours facile de reconnaître les cas qui, d'après le texte des traités d'alliance, donnaient naissance au *casus fœderis :* souvent les alliés étaient en désaccord sur ce point. Un peuple allié, peu disposé à se mêler d'une guerre qui ne l'intéressait pas, trouvait mille prétextes pour se dispenser d'y prendre part. Et si cette guerre se terminait avantageusement pour le peuple à qui l'assistance avait été refusée, il arrivait toujours que ce peuple, prenant prétexte du refus d'assistance, qu'il appelait une violation du pacte d'alliance, déclarait la guerre à son ancien allié pour le châtier de son manque de foi (1).

On le voit, le droit conventionnel, le droit contractuel international, non-seulement n'était pas un droit véritable pour les jurisconsultes qui en enseignaient les règles, mais il était, d'après eux-mêmes, un droit, ou plutôt un usage dangereux, qui rendait les guerres plus fréquentes, et qui, impuissant à faire régner la justice, était impuissant, dès lors, à faire régner la paix.

L'inconséquence et les contradictions des publicistes n'empêchèrent pas cependant les gouvernements de persister dans l'usage des traités d'alliance et des traités de paix ou d'amitié, pompeusement annoncés comme *perpétuels.* Vainement les faits, imitant les contradictions des juristes, donnaient des démentis constants à cette perpétuité; l'usage subsistait toujours, et il subsiste encore. De nos jours, comme lors du traité de

(1) Voir sur ce point Vattel, *Droit des gens,* liv. III, ch. 6, § 94 et note.

Westphalie ou des traités de Campo-Formio et de Tilsitt, quand un État fait la paix avec son vainqueur et lui abandonne un territoire qu'il ne peut retenir, un traité de paix et d'*amitié perpétuelle* survient; sauf à être violé dès que l'État vaincu croira ses forces assez rétablies pour que son *intérêt* lui permette de rompre la paix perpétuelle qu'il avait jurée par faiblesse.

XVII. Que conclure d'un pareil état de choses, trop ancien et trop persistant pour que le droit démocratique n'y rencontre pas un enseignement dont il puisse profiter? Faut-il en conclure que si le droit contractuel n'a pu, sous l'ancien droit, s'élever au rang de véritable droit, c'est que cet ancien droit ne pouvait rencontrer dans les consciences la sanction morale qui caractérise le droit véritable; mais que le droit démocratique, plus heureux, reconnaissant l'existence des consciences humaines, peut leur confier le soin de sanctionner les pactes internationaux, et reconnaître, dès lors, l'existence du droit contractuel, la sainteté des contrats internationaux, et la perpétuité des obligations et des engagements qui en résultent?

Faut-il, au contraire, reconnaissant que, pour les peuples, la loi de conservation est une loi supérieure, déclarer que les traités n'ont de valeur que tant qu'ils ne violent pas cette loi de conservation; et que l'intérêt des peuples est, dès lors, la mesure de la durée des traités. Ce qui revient à dire, on l'a vu plus haut, que le droit contractuel international n'existe pas, que rien ne s'oppose à ce qu'une nation se dégage des engagements qu'elle a pu souscrire dès que ses intérêts lui conseillent de le faire, et que l'usage des traités est un usage auquel il faut renoncer, puisqu'il n'ajoute rien de réel, rien d'effectif aux motifs que les nations peuvent avoir d'être ou de demeurer alliées ou amies?

Certes, le droit démocratique, en rendant hommage à la liberté humaine, en proclamant le principe de souveraineté populaire, a restitué aux consciences la réalité, que les anciens aussi bien que les métaphysiciens et les juristes du moyen âge avaient été contraints de leur refuser. Par suite, la sanction morale des engagements résultant des traités peut être rencontrée dans les consciences individuelles, tandis que l'antiquité et le moyen âge ne pouvaient la trouver que dans l'intervention immédiate ou différée d'un souverain moral confisquant tout à la fois les consciences individuelles et la liberté de l'arbitre humain. D'où il semblerait résulter que, en droit démocratique, la fixité, vainement recherchée par le droit antérieur, serait obtenue au moyen de la sanction conscientielle, au moyen de l'intervention, dans la question de droit contractuel international, des consciences individuelles, qui se refuseraient à violer les traités, non point par crainte d'un châtiment présent ou futur, mais parce qu'elles trouveraient injuste de rompre un contrat, un pacte librement consenti par ces mêmes consciences.

Cela est vrai, cela est certain, si les consciences individuelles, éclairées par la notion du Juste, — qu'elles sont aptes à percevoir, — trouvent injuste de rompre les traités internationaux après les avoir contractés, elles ne les rompront pas, et le droit contractuel pourra être considéré comme faisant partie du droit démocratique. La souveraineté populaire pourra, elle aussi, se lier par des traités, elle pourra faire ce que faisait la souveraineté érastianique ; avec cette différence, toutefois, que, en droit démocratique, les traités auraient une fixité et une perpétuité qu'ils n'avaient pas et ne pouvaient avoir en droit érastianique.

XVIII. Mais la question est de savoir si les consciences individuelles trouveront injuste de rompre les traités après les avoir contractés ; la question est de savoir si la souveraineté populaire pourra se considérer comme perpétuellement liée par les pactes internationaux qu'elle aura souscrits ?... Deux motifs peuvent en faire douter : le premier, — les jurisconsultes érastiens se sont chargés de nous le fournir, — ils l'ont tiré de la loi de conservation : Si les consciences peuvent trouver injuste la violation d'un pacte international, ont-ils dit, elles peuvent aussi trouver injuste le respect d'un pacte international qui obligerait un État à se sacrifier, à s'exposer à périr, par la seule raison que, sous l'empire de circonstances qui n'existent plus, il a promis à un autre État de l'aider et de l'assister en toutes circonstances.

Quant au second de ces motifs, qui peuvent faire douter que les consciences trouvent injuste la violation d'un traité international, il résulte de ceci : que bien que Grotius ait soutenu que les traités internationaux doivent être respectés parce que ce sont, en réalité, les peuples qui les souscrivent, et que les peuples sont doués d'une vitalité plus persistante que celle des individus, en fait, les peuples ne sont que des entités, des êtres purement intelligibles, qui n'agissent pas plus qu'ils ne contractent. Ce qui agit et contracte, ce sont les générations : or, une génération peut-elle en engager une autre, peut-elle engager toutes les autres générations, peut-elle les lier à tout jamais?... Nous avons précisément soutenu le contraire, et nous ne pouvons que renvoyer à ce que nous avons dit sur ce point lorsque nous avons traité de la souveraineté.

XIX. L'ancien droit, au surplus, nous a appris lui-même que les générations présentes n'ont pas le droit d'engager la volonté des générations futures : il ne reconnaissait pas à un prince le droit de lier ses successeurs. Telle était, notamment, la doctrine professée par J. Bodin (1) ; et nous avons vu que, pour remédier à cet état de choses, les jurisconsultes érastiens avaient essayé d'assimiler le droit des gens au droit civil en déclarant que les pactes internationaux étaient des pactes réels, des pactes grevant les biens, et n'obligeant les successeurs que parce qu'ils succédaient à ces biens.

Il serait difficile, en droit démocratique, d'admettre l'expédient imaginé par les anciens juristes, et de considérer les traités internationaux comme des pactes réels. Les principes domaniaux du droit démocratique, faisant reposer le droit de propriété sur la tête des individus,

(1) V° J. Bodin, *République,* p. ult., liv. V.

ne permettraient plus de considérer le chef du pouvoir exécutif, ou l'État lui-même, comme ayant engagé les terres des particuliers lorsqu'il a souscrit un traité avec un autre État.

Soit donc que le devoir de se conserver impose aux États le devoir de rompre les traités dont l'exécution pourrait mettre leur existence en péril, soit que l'indépendance entière des générations les unes vis-à-vis des autres les autorise à décliner les engagements pris par les générations précédentes, il nous paraît pour le moins douteux que, en droit démocratique, les traités internationaux puissent acquérir une fixité qu'ils ne pouvaient posséder sans le droit antérieur ; et il nous paraît certain que le mot *perpétuel*, employé dans la rédaction des traités, doit continuer, sous le droit démocratique, d'être un mot ambitieux, qui ne trompe personne d'ailleurs, et qui ne signifie autre chose que ceci : le présent traité durera tant que l'intérêt réciproque des parties se prêtera à sa durée; il sera rompu dès que l'une des parties, cessant d'avoir intérêt à son maintien, aura ou se croira la force de le rompre.

XX. Et si, en droit démocratique, les traités ne peuvent plus lier à perpétuité; si les consciences ne peuvent pas plus donner la sanction morale que, sous le droit antérieur, ne le pouvait le souverain moral, —qu'il s'appelât *fides alma* ou *Tout-Puissant;* — si ces traités ne peuvent plus être considérés comme des *pactes réels;* si enfin, en droit démocratique, le droit naturel régit les rapports internationaux aussi bien que les autres rapports, et s'est substitué au droit des gens et au droit contractuel ou traditionnel de l'antiquité et du moyen âge, n'en faut-il pas conclure que les traités internationaux sont inutiles en droit démocratique comme ils étaient inutiles en droit érastianique; n'en faut-il pas conclure que le droit contractuel international n'existe pas; que, seul, le droit naturel, le sentiment du Juste existe, et que ce droit, ce sentiment du Juste suffisent à régir les rapports internationaux?... Si l'exécution des traités internationaux ne peut être assurée par une sanction matérielle; si, pas plus en droit démocratique qu'en droit érastianique, la sanction morale ne les peut rendre perpétuellement exécutoires, à quoi bon des traités?

Cela ne veut pas dire, on l'a compris déjà, que les peuples démocratiques ne puissent avoir entre eux aucunes relations suivies et stables. Tout au contraire, la fermeté et la stabilité des relations entre peuples démocratiques résultent des principes mêmes de la démocratie. La seule chose que cela veuille dire, c'est que les peuples démocratiques n'ont plus besoin de se jurer amitié pour être amis; qu'ils n'ont plus besoin de se jurer une paix perpétuelle pour être en paix; qu'ils n'ont plus besoin de faire des traités pour avoir des rapports de commerce et de voisinage, et que si un fait quelconque les oblige à se secourir mutuellement, même par les armes, la simple notion du droit et de la justice, unie à celle de leur intérêt, suffit à leur faire prendre les armes, sans qu'il soit besoin d'invoquer le texte d'un traité, dont la force obligatoire était niée autrefois aussi bien qu'elle le serait aujourd'hui.

Tels sont, tels nous paraissent les principes du droit démocratique international; ils ne peuvent admettre le droit contractuel, ils ne peuvent admettre le droit résultant des traités, parce qu'ils admettent que le droit naturel, se confondant avec le droit des gens, supplée aux traités; qu'il rencontre dans les consciences la sanction qui lui est nécessaire, tandis que les traités ne l'y rencontrent pas toujours; et que cette sanction consciencielle, résultant d'une notion du juste uniforme, commune à tous, *constans, sempiterna, naturæ congruens, et diffusa in omnes,* ainsi que le disait Cicéron, n'a pas besoin de demander à un texte écrit une force, qu'il ne peut lui donner, et qu'elle possède naturellement.

Nous terminerons ici cet aperçu, cette esquisse des modifications que le changement de principe autoritaire a dû ou devra apporter soit dans le droit public externe, soit dans le droit public interne (1). Mais il est d'autres modifications encore que le changement du principe de souveraineté a pu, dû ou devra introduire dans la conception juridique. Tous les rapports sociaux que domine le principe d'autorité ne sont pas contenus dans ce qu'on appelle le droit public, soit externe, soit interne; il y a encore les rapports économiques, rapports qui, eux aussi, ressortissent du principe d'autorité et doi-

____

(1) Voir sur ce point notre ouvrage intitulé : *De la Démocratie en Europe.* Paris, 1875, Guillaumin, éd.

vent refléter les changements qu'il peut subir. Pour
compléter notre étude, il nous faudra donc, nous plaçant
toujours au point de vue du droit démocratique, jeter un
coup d'œil sur les rapports économiques, et rechercher
les modifications que le changement de principe autoritaire a dû ou devra introduire dans ces rapports.

Cette recherche, dont nous ne nous dissimulons ni
les dangers ni les difficultés, mais qui nous paraît des
plus opportune cependant; cette recherche, si ardem-
ment poursuivie dès les débuts du siècle, objet de tant
de controverses, auxquelles l'aperception d'un principe
a fait généralement défaut, cette recherche fera désormais l'objet de nos études et de nos travaux.

FIN.

TABLE

ANALYTIQUE ET SYNOPTIQUE

DES MATIÈRES

CHAPITRE II.

CHAPITRE III.

CHAPITRE IV.

I. Les anciens publicistes, considérant l'état de guerre comme un droit
avaient pour but unique d'en adoucir les rigueurs. — II. L'antiquité ignorait le *droit des belligérants*. — III. L'introduction et
le développement de ce droit peuvent être considérés comme des
symptômes d'effacement du régime guerrier. — IV. L'esprit de
Charité, répandu dans le droit nouveau, et l'esprit guerrier du
droit antique, ont concouru, l'un et l'autre, à l'édification du droit
des belligérants. — V. Ce fut l'esprit guerrier qui exigea que l'état
de guerre fût considéré comme une « relation de gouvernements, »
étrangère aux populations. — VI. Les levées en masse et les
guerres de « *partis bleus* » interdites par les publicistes érastiens.
— VII. Bien que la guerre fût fondée sur le droit de *punir*, ces
jurisconsultes ne permettaient pas qu'on *punît* ceux qui faisaient
ou ordonnaient la guerre. — VIII. Les peuples, qui ne faisaient
pas et ne pouvaient ordonner la guerre, étaient seuls *punis*. —
IX. Le droit démocratique ne peut permettre de frapper les innocents et d'épargner les coupables. — X. Il ne peut interdire ni les
levées en masse ni les guerres de « *partis bleus*. » — XI. Il ne
peut permettre d'égorger les citoyens qui défendent leurs foyers.
— XII. Les peuples, bien que devenus souverains, ne peuvent cependant jouir des immunités dont jouissaient les souverains érastianiques. — XIII. Les biens des particuliers doivent-ils, en droit
nouveau, être à l'abri des ravages de la guerre?... — XIV. Divergences des anciens jurisconsultes sur ce point. — XV. Les principes du droit de propriété ne peuvent céder devant les exigences
du droit nouveau en matière de responsabilité. — XVI. Telle était
l'opinion de Vattel, qui, tout érastien qu'il fût, admettait le droit
individuel de propriété. — XVII. La Révolution française professa,
en ce point, les mêmes principes que Vattel. — XVIII. Y a-t-il lieu
de distinguer entre la propriété mobilière et la propriété immobilière relativement aux droits des belligérants?... — XIX. Si la
propriété mobilière aussi bien qu'immobilière doit être, en tant
que droit, respectée par les belligérants, il n'en est pas de même
de la simple possession. — XX. La possibilité de privation de la
possession peut suffire à réfréner les passions agressives. —
XXI. Cette transaction entre les exigences du droit domanial et
celles du droit international était impossible sous l'ancien droit.
— XXII. De la *postliminie* sous le droit moderne. — XXIII. En
droit moderne, comme sous le droit antérieur, les belligérants
doivent vivre sur le territoire occupé. — XXIV. De la rançon des

prisonniers de guerre, justement abolie par le décret du 25 mai 1793.

CHAPITRE V.

CHAPITRE VI.

CHAPITRE VII.

CHAPITRE VIII.

CHAPITRE IX.

CHAPITRE X.

DES TRAITÉS, OU DU DROIT CONTRACTUEL INTERNATIONAL.   343

FIN DE LA TABLE DES MATIÈRES.

Pagination incorrecte — date incorrecte

NF Z 43-120-12

www.ingramcontent.com/pod-product-compliance
Ingram Content Group UK Ltd.
Pitfield, Milton Keynes, MK11 3LW, UK
UKHW022054120726

13694UKWH00001B/136